KB117230

팩트
체크

JTBC 뉴스룸 팩트체크 제작팀 지음

중앙books

F A C T C H E C K

서문

무모한 도전, 수많은 난관을 극복한 팩트체크팀 영원하길

누가 봐도 무모한 도전이다. 팩트를 매일 체크한다니…. 그런데 지난 1년 동안 팩트체크 팀은 그 일을 매일 해왔다. 듣자 하니 전 세계에서 매일 팩트체크를 하는 방송은 우리밖에 없단다.

이 코너는 처음 제안이 있었을 때는 실현되지 않았다. 도무지 가능할 것 같지 않아서였다. 당시는 〈뉴스룸〉이 아닌 〈뉴스9〉 시절이었다. 우선은 방송시간이 짧아 뉴스 내에서 팩트를 체크할 만한 충분한 시간 확보가 불가능했다. 그리고 무엇보다도 우리의 역량이 충분치 못했다. 그래서 개편 아이디어로 나온 것을 그냥 묵혀두게 된 것이었다. 그로부터 꼭 1년 뒤인 2014년 9월에 〈뉴스룸〉이 출범하면서 '팩트체크'는 살아났다. 두 가지가 있었기에 가능했다. 첫째는 김필규 기자라는 존재이고, 둘째는 그와 함께 일하는 제작진의 열의와 헌신이다.

김필규 기자는 원래는 중앙일보로 입사한 신문기자였다. 그러나 방송기자로서의 자질도 이미 뉴스에서 증명해 보여주고 있었다. '팩트체크' 코너를 만들기로 했을 때 나는 사실 담당 기자를 택하는 데에 그리 많은 시간을 들이지 않았다. 다른 기자들도 모두 동의해 주었다. JTBC 기자들은 각각의 영역에서 매우 뛰어나다. 취재, 중계, 제작, 토크 등에서 모두가 특장점이 있어 다른 공중파들의 절반도 안 되는 인력으로 그들을 능가하는(적어도 내 생각으로는 분명히 그렇다) 방송뉴스를 만들어 낸다. 그러나 '팩트체크'는 나나 누구든 김필규를 떠올렸다. 그렇다. 때로 방송쟁이들은 치밀하거나 과학적이지 않다. 그냥 느낌, 소위 말하는 감으로 선택할 때가 많은데 이상하게도 그렇게 해서 성공한 사례가 많다. 하지만 가만 생각해보면 무조건 감으로 그를 떠올렸던 것은 아니다. 그는 취재기자로서뿐 아니라 연출가적 자질도 보여주고 있었다. 그는 지금도 방송되고 있는 〈다섯시 정치부 회의〉의 산파였고 연출자였다. 지금의 〈다정회〉가 갖고 있는 독특한 포맷과 탄탄한 구조는 김필규와 기자들이 만들어낸 것이다.

제작진으로는 작가 두 사람이 합류했다. 임경빈 작가는 〈다섯시 정치부 회의〉에서 김필규 기자와 함께 일한 작가였다. 처음부터 '팩트체크'로 옮겨오길 열망했을 정도로 코너에 대한 애착이 컸다. 박수주 작가는 〈뉴스룸〉의 전신인 〈뉴스9〉 시절부터 출연자 섭외 등을 맡아서 일했는데, 평소에 지켜보던 바 일에 대한 집요함이 있어서 '팩트체크' 작가로서 적역이라고 보았다.

대부분의 방송쟁이들이 그렇지만, 팩트체크팀도 비록 주중에만 방송된다 하나 주말이 없다. 끊임없이 체크해야 할 대상들을 찾아내야 하기 때문이다. 집에서나 회사에서나 늘 무엇인가를 찾아내야 하는 강박 속에서 산다는 것은 쉽지 않은 일이다. 그렇게 해서 대상을 찾았다 해도 그것이 팩트냐 아니냐를 검증하는 것은 더욱 더 어려운 일이다. 인터넷을 검색하고 논문을 찾아보기도 하며, 걸핏하면 해외 인물들과의 인터뷰도 감행해야 한다. 그것도 대개 하루에 하나가 아닌 두세 개의 팩트체크 거리를 준비해야 안심이 되는 불쌍한(?) 존재들이다. 어디 그뿐이랴. 매일 아침이면 그 두세 개의 아이템들을 보고받고, '딴 거 더 찾아봐'라고 가볍게 비토를 놓거나, 그렇게 준비해서 들어간 방송에서 툭하면 돌발 질문에 '숙제'까지 던져주는 나쁜 앵커도 있다.

이 모든 난관을 뚫고 책까지 내게 된 팩트체크팀이여 영원하라….

덧붙임: 독자들이 잘 모르는 사실 몇 가지. 김필규 기자의 둘째 아들은 '팩트체크'와 태어난 날이 같다. 그래서 김 기자는 둘째가 세상에 나오는 현장에 있지 못했다. 박수주 작가는 일을 쉬고 있지만 여전히 팩트 찾기 직업병에 시달리고 있단다. 박 작가 대신 차지혜 작가가 새롭게 합류했는데 밥 먹을 때는 늘 내가 안 보이는 쪽에 앉아서 먹는다. 이 코너를 제작하는 이진우 프로듀서는 노래를 워낙 잘해서 노래방에선 그 복잡한 랩을 한 번도 틀린 적이 없으며 방송 화면에서는 딱 두 번밖에 오타를 내지 않았다. 늘 인상적인 컴퓨터 그래픽 화면을 만들어내는 이지원 씨는 집이 군부대 내에 있어서 출퇴근 때마다 위병소를 통과하는 매우 특별한 디자이너다.

손석희 JTBC 보도담당 사장

거짓 정보의 공해 속에서 팩트에 귀 기울여 주길

'팩트체크'라는 코너를 만들어보라는 이야기를 처음 들었을 때, 머릿속에선 할 수 없다는 이유가 100가지나 떠올랐다. 설사 시작하더라도 몇 개월 못 버티고 끝날거라는 생각마저 들었다. 그만큼 위험하고 방송에서는 구현 불가능한 포맷이라는 걱정이 앞섰던 것이다.

팩트체크는 미국 미디어에서 먼저 시작된 분야다. 주로 선거 기간 등에 정치인들이 내놓은 발언을 검증하는데, 〈워싱턴포스트〉는 그 거짓말 정도에 따라 피노키오 개수를 부여한다. 〈탬파베이타임스〉의 '폴리티팩트(PolitiFact)'에서는 '진실-반만 진실-반은 거짓-거짓'으로 구성된 '진실게이지(Truth-O-Meter)'로 판정을 내린다. 면전에 대고 "당신 거짓말 하고 있소"라고 이야기하는 셈이니 정치인들 입장에선 팩트체커들이 달가울 리 없다. 그런 이유에서 팩트체크는 항상 정파성 논란에 휘말리기도 한다. 정치적 의도를 가지고 특정 진영을 공격하는 수단으로 활용된다는 것이다. 특히 온라인 매체 위주로 팩트체크가 진행되다 보니 그런 비판의 여지가 더 많은 면도 있다.

이런 배경을 알고 있기에 방송이라는 매체를 통해서는, 특히 사소한 실수에도 심의와 소송의 위협이 도사리고 있는 국내 미디어 환경에선 팩트체크라는 포맷을 도입한다는 것이 무모하다는 판단이 들었다. 하지만 개편 과정에서 이런 항변은 받아들여지지 않았다. 오히려 '5분 이상, 매일 해야 하며, 다른 기자와 번갈아 하지 말고 혼자 진행해야 한다'는 조건만 덧붙여졌다. 구성이나 제작 방식 역시 알아서 하라는 지시였다. 퇴로는 없었다.

결국 여러 고민 끝에 '한국판' 'TV판' 팩트체크에서는 소재를 정치인의 발언에 한정 짓지 않고 다양한 분야로 넓히기로 했다. 경제 통계의 오류, 잘못된 건강 상식, 납득하기 힘든 사건 판결 등을 모두 팩트체크의 영역으로 삼았다. 그리고 복잡한 주제를 다루더라도 방송의 긴장감을 유지할 수 있도록 손석희 앵커와 대화를 주고받는 방식을 택했다. 그렇게 2014년 9월 22일 첫 방송이 시작됐고, 당초 '기대'와 달리 팩트체크는 1년을 지나, 200회를 넘어 지금 이렇게 책으로까지 나오게 됐다.

팩트체크의 하루

팩트체크의 하루는 오전 8시에 시작해 밤 10시에 끝난다. 사무실로 출근해 조간과 인터넷으로 화제가 되고 있는 소식들을 확인한 뒤 준비한 그날 기삿거리를 가지고 보도총괄과 각 부장들이 참석하는 아침 편집회의에 들어간다. 이곳에서 그날 아이템이 정해지면 곧장 팩트체크 팀원들과 함께 취재 방향을 논의한 뒤 본격적인 업무에 들어간다. 취재한 내용을 바탕으로 오후에 1차 기사 작성을 마치면 PD, 그래픽디자이너와 함께 구성 회의를 시작한다. 아무리 좋은 내용이라도 시청자들에게 어렵다면 아무 소용이 없다. 그래서 가장 이해하기 쉬운 전달 방식을 찾아내는 게 이 회의의 관건이다(복잡한 이론을 애니메이션으로 설명하거나 덜 익은 돼지고기를 직접 먹어본 것, 앵커와 직접 셀카봉으로 사진을 찍어보는 등의 아이디어도 이런 취지에서 나온 것이다.).

논의된 구성 방식에 따라 기사를 최종 완성하는 시간이 보통 오후 5~6시. 앵커와 함께 기사 내용을 점검한 뒤 간단한 저녁식사를 마치면 어느새 방송 들어갈 시간이다. 하루가 빡빡하게 돌아가기 때문에 사전 제작은커녕, 리허설을 해볼 시간도 없다. 거의 '날 방송'을 하는 셈이지만 '방송 9단' 앵커의 리드 덕분에 자연스럽게 잘 진행되어왔다.

이렇듯 '방송을 통해' '매일 하는' 팩트체크는 다른 나라 팩트체커들이 보기에도 이례적이었던 모양이다. 영국 런던에서 31개국 70여 팩트체커들이 참석했던 '글로벌 팩트체킹 서밋(Global Fact Checking Summit)'에서도 한국 JTBC의 팩트체크에 대해 많은 이들이 관심을 보였다. 폴리티팩트의 설립자로서 지금은 듀크대 언론정보학과에서 강의하고 있는 빌 아데어(Bill Adair) 교수는 "팩트체킹은 세계 각지에서 '책임 저널리즘'의 강력하고 중요한 새로운 형태로 자리 잡았다"면서 "팩트체크의 다음 영역은 방송인데 그런 면에서 JTBC 팩트체크가 훌륭한 모델"이라고 평가하기도 했다.

귀이개, 사이다, 효자손.

팩트체크 200회 특집으로 '팩트체크에 바라는 점'에 대한 온라인 설문조사를 진행했는데 거기서 나왔던 팩트체크에 대한 표현들이다. 아마도 시청자들의 목마름을 해소해주고 가려운 곳을 긁어줬다는 평가인 듯하다. 간혹 방송 후 인터넷 댓글이나 SNS를 통해 'JTBC가 있어줘서, 팩트체크가 있어서 고맙다'

부시
대통령
딕 체니
부통령
럼스펠드
국방장관
콜린 파월
국무장관
콘돌리자 라이스
국가안보보좌관

식품포장 빈 공간 비율
포장 횟수
2회 이내
제과류
20%↓
환경부령 제 553호
팩트체크

는 글을 남기는 분들도 있다. 매일 매일 채워야 하는 분량 때문에 허덕이고 방송 후엔 항상 아쉬움을 삼키며 스튜디오를 나서는 입장에선 과분하면서도 반성케 하는 반응이 아닐 수 없다.

앞서 팩트체크라는 포맷에 대한 여러 어려움을 언급했지만, 사실 가장 부담이 되는 것은 코너명에 있는 '팩트'라는 단어다. 흔히들 팩트를 이야기하지만 그 단어가 가지고 있는 무게감은 상당하다. 그래서 심지어 사석에서, 회사 동료들과 잡담을 하다가도 "팩트체커가 팩트를 틀렸네"라는 말은 항상 스트레스가 된다. 방송 직전이라도 한 번 더 전화해 보고, 한 번 더 확인하고, 기사에 쓴 단어 표현 하나도 다시 짚어보게 되는 것도 그런 이유에서일 것이다.

이제 15년 차 기자가 되지만 아직도 이런 코너를 진행하기에 부족함을 많이 느낀다. '분석기사의 달인'이라는 모 주간지 기자, 경제 현안 설명에 있어서 타의 추종을 불허한다는 모 방송사 기자, 오랜 정치부 경험으로 정치인의 말 바꾸기를 콕 집어내는 모 신문사 기자가 부러울 때가 많다. 그럼에도 이 책을 기획하게 된 것은 그동안 다뤘던 이슈들을 다시 한 번 되짚어보며 앞으로 더 나은 팩트체크를 만들어보자는 취지에서다. 또 전파를 통해선 짧게 스쳐 지나갔던 내용들을 한데 묶음으로써 이제 걸음마 단계인 한국에서의 팩트체크에 대한 기록을 남기고자 함도 있다.

인터넷, 모바일 시대에 쏟아지는 정보의 양은 어마어마하다. 그러다 보니 거짓 정보, 필요 없는 쓰레기 정보도 참 많다. 디지털 시대에는 진실이 드러나지 못하는 일이 없을 거라고 봤는데, 워낙 거짓 정보가 많다 보니 드러난 진실도 묻혀서 사라지는 경우가 많아졌다. 어쩌면 예전보다 더 혼탁한 상황인지 모르겠지만 그래도 어찌 보면 팩트체크가 등장할 수 있었던 것도 이런 거짓 정보의 공해 덕분이다. 완전히 새로운 소식은 아니더라도, 참과 거짓을 가려주는 뉴스에 많은 시청자들이 귀를 기울여준 것이다.

지금 미국에는 44개 언론매체와 기관에서 팩트체크를 하고 있다. 유력 정치인이라면 내놓는 발언마다 수술메스를 들고 달려드는 이들을 상대해야 한다. 그러다 보니 백악관에는 팩트체커들만 전담해 상대하는 2명의 스태프가 있고, 힐러리 클린턴을 비롯한 각 대선 주자 캠프에서도 팩트체커 전담 보좌관을 두고 있다. 내년 총선과 그 다음 해 대선을 앞두고 있는 한국에서도 이처럼 팩트체크가 활성화되기를 바라는 마음 역시 이 책의 기획 의도 중 하나다.

그리고 JTBC 팩트체크가 앞으로 나올 여러 팩트체커들 가운데 진정 시원함을 주는 귀이개, 사이다, 효자손이 될 수 있도록 노력하겠다는 다짐 또한 이 책을 내면서 다시금 해보게 된다.

김필규 JTBC 정치부 기자,

'팩트체크' 진행자

차 례

2장 알수록 피가 되고 살이 되는 것들
× 경제 체크

3장 우리는 어떤 목소리를 내야 하는가
× 정치 체크

4장 과연 무엇이 문제인가
× 사회 체크

5장 머리와 마음을 채우기 위해 알아야 할 것들 × 상식 체크

1장

우리는 무엇에 눈 뜨고 귀 기울여야 하는가

×

이슈 체크

F A C T C H E C K

'장그래법'은 정말 비정규직을 위한 것인가

시한부 환자에게 가장 괴로운 일은
남은 시간이 정해져 있다는,
바로 그 사실이라고 한다.

대한민국 고용시장에서 최약자,
비정규직 노동자들 역시 마찬가지다.
그들에게 주어진 시간은 2년.

'비정규직 보호법'에 따라 2년 이상은
같은 곳에서 비정규직으로 일할 수 없다.
정규직으로 전환되거나,
아니면 직장을 떠나야 한다.

그래서 정부 · 여당이 '장그래법'을 내놨다.
그런데 핵심은 비정규직 기간을
4년까지 늘리겠다는 것이다.

'시한부 직장'의 기간이 늘어나면,
이 땅의 '장그래'들은 행복할 수 있을까?

정부, 비정규직 종합대책 발표

일명 '장그래 방지법'

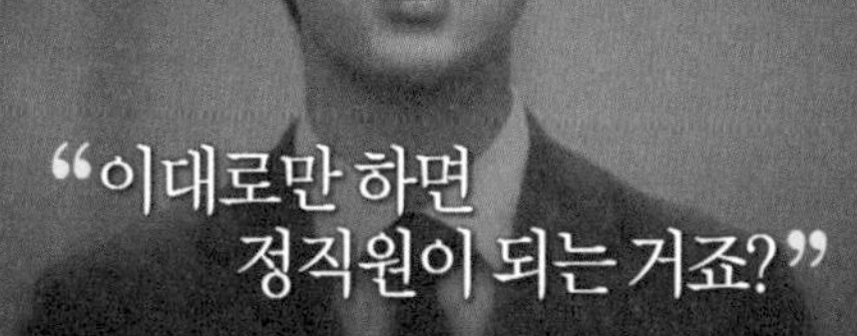
"이대로만 하면
정직원이 되는 거죠?"

최근 정치권의 가장 뜨거운 감자 중 하나가 일자리 문제다. 이미 곪을 대로 곪아 있고, 그냥 놔두면 앞으로 심각한 후유증과 함께 터질 수 있다는 점을 모두 알고 있다. 하지만 그 원인에 대한 진단과 치료법은 제각각으로 갈린다.

2014년 11월 어느 날, 기획재정부(이하 기재부) 고위 관계자가 기자실에 내려와 예정에 없던 브리핑을 했다. 그러다 비정규직 종합대책에 대한 질문을 받자 "정규직 해고의 절차적 요건을 합리화하는 방안이 국정과제에 들어 있다. 그런 취지의 대응을 논의하고 있다"는 대답을 내놨다. 결국 '해고를 쉽게 하는 방안을 정부가 논의하고 있다'는 이야기이다 보니 기자실은 발칵 뒤집어졌다. 곧 관련 기사가 온라인으로 쏟아져 나왔고, 논란은 점차 확산됐다.

논란이 커지자 기재부는 부랴부랴 해명자료를 냈다. 비정규직 종합대책에 대해 구체적으로 논의한 적이 없다는 것이었다. 하지만 2014년 10월 2일 최경환 경제부총리는 '정규직 과보호가 문제'라는 취지의 발언을 공개석상에서 한 바 있다. 이미 이 문제와 관련해 군불을 지펴 온 것이다.

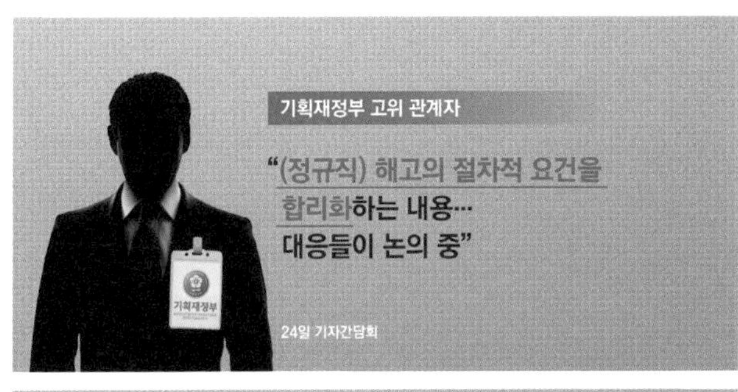

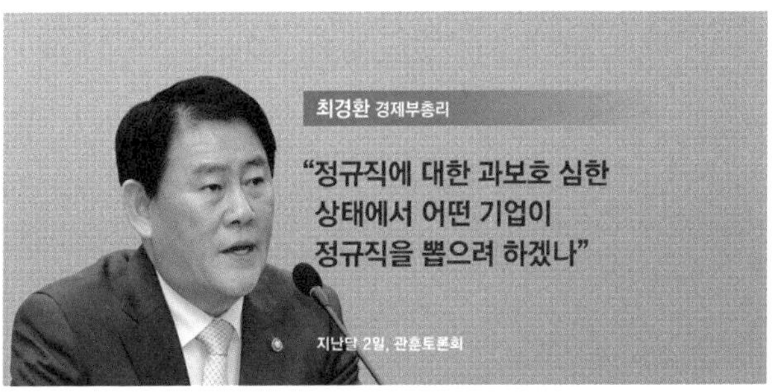

정규직은 정말 과보호되고 있나

'노동시장' 관련 논의를 할 때 많이 언급되는 것이 캐나다에 있는 프레이저 연구소의 노동시장 경제자유 순위다. 2011년 기준으로 홍콩, 미국, 피지, 브루나이 등이 상위권이고, 한국은 133위로 상당히 낮은 편이다. 쉽게 말하면 홍콩이 해고하기 가장 쉬운 곳이고, 한국은 굉장히 어렵다는 이야기다. 이 자료는 한국 노동시장에서 노동자들이 과보호되고 있다는 근거로 사용된다.

이런 분석을 뒤집는 자료도 있다. 한국노동사회연구소에서 경제협력개발기구(OECD) 자료를 바탕으로 분석한 바에 따르면 한국의 비정규직 근로

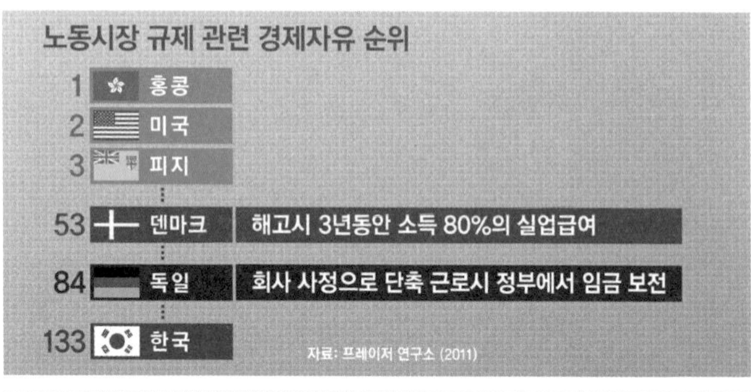

OECD 내 한국 노동시장 순위

비정규직 비율	27.5%	2위
단기근속자 비율	37.2%	1위
장기근속자 비율	16.5%	23위
평균 근속년수	4.9년	21위

비정규직= 임시직+비자발적 파트타임

자료: 한국노동사회연구소(2009)

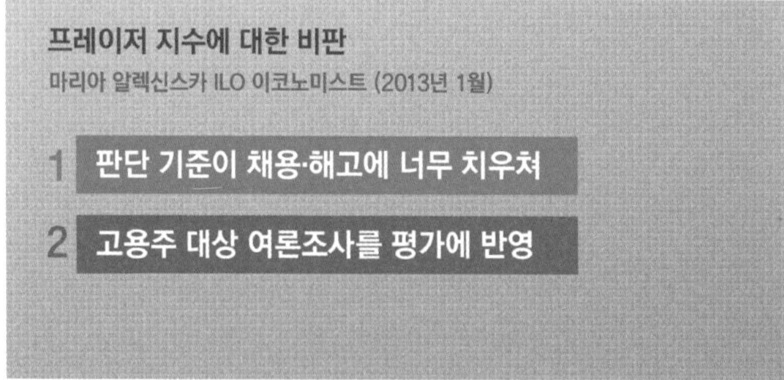

자 비율은 27.5%로 스페인 다음으로 가장 높다. 또 1년 미만 일한 단기근속자 비율은 1등인 반면 10년 이상 오래 근무한 사람 비율은 OECD 국가들 중 가장 낮다. 평균 근속연수도 4.9년. 조사 대상 중 최저다. 사실상 한국 노동시장은 고용이 가장 불안한 상태이며, 한국의 고용 유연성도 주요 선진국보다 높다는 반론이 가능하다.

더 심각한 문제는 프레이저 지수에서 우리보다 순위가 높은, 즉 해고가 쉽다고 하는 덴마크나 독일의 경우 실업에 대한 대책이 잘 마련돼 있는 국가라는 점이다. 우리처럼 사회보장 장치가 부족한 곳에서 해고 요건을 완화한다면 전혀 다른 이야기가 펼쳐질 수 있는 것이다.

그래서 국제노동기구(ILO)에서도 프레이저 지수의 문제를 지적하고 있다. '해고가 쉬우냐 어려우냐' 하는 부분에 너무 많은 비중을 두고 있으며, 또 고용주를 대상으로 '당신 국가의 노동 규제에 대해 어떻게 생각하느냐'라는 주관적 설문 내용을 평가 항목으로 두고 있어 신뢰도가 상당히 떨어진다는 것이다.

박근혜 정부의 공약은 '일자리 지키기'였는데?

박근혜 정부는 지난 대선 기간 '늘.지.오'라는 일자리 공약을 내건 바 있다. 새 일자리를 '늘리고', 기존 일자리는 '지키고', 일자리의 질은 더 '올린다'고 해서 '늘지오'라는 이름을 붙였다. 분명 '일자리를 지키겠다'고 했는데 해고 요건을 완화한다는 것은 또 무슨 이야기일까?

확인 결과 기재부에선 '해고 요건 완화' 역시 새 정부 국정과제였고, 공

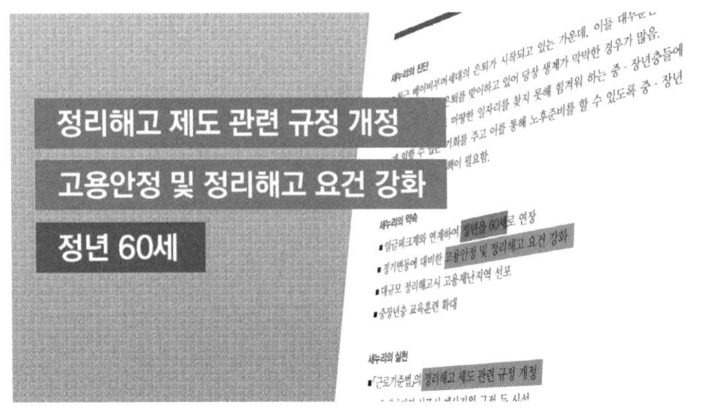

약에도 있었다고 해명했다. 실제 공약집에는 '새누리의 실천: 근로기준법의 정리해고제도 관련 규정을 개정하겠다'는 내용이 실려 있다. 그러니 해고 요건을 완화하는 쪽으로 법을 바꾸는 것이 공약 파기는 아니라는 설명이 되는 것이다. 하지만 같은 페이지 바로 위를 보면 '고용 안정 및 정리해고 요건 강화'라는 문구도 분명히 적혀 있다. 공약집 한 페이지 안에 서로 완전히 다른 이야기가 적혀 있는 셈이다.

왜 이렇게 스텝이 꼬이게 됐을까. 관훈토론회에서 최경환 부총리가 한 발언에서 그 이유를 찾을 수 있다.

> **"솔직히 현재 상황에서, 정규직에 대한 과보호 상황에서, 정년이 60세까지 늘어난 상황에서, 누가 정규직 뽑으려 하겠습니까? 비정규직은 양산되고, 정규직은 한 번 뽑았다 그러면 평생 먹여 살려야 되고, 이렇게 노동시장 양극화가 심화되고 있습니다."**

'정년 60세 연장'으로 노동시장 양극화가 심해지고 있고, 그래서 정규직에 대한 과보호를 없애야 한다는 것인데, '정년 60세 연장' 역시 여당의 중요 일자리 공약 중 하나다. 하지만 공약 발표 당시에는 이 공약이 '정규직 과보호 철폐'라는 꼬리표가 달려 있는 것인지는 아무도 제대로 알지 못했다. 그렇기 때문에 부총리와 기재부 관계자 발언에 유권자들은 더 당황스러울 수밖에 없는 것이다.

2년 계약 연장해 비정규직 보호하겠다?

이어서 12월 29일, 정부는 〈비정규직 종합대책〉을 야심차게 내놨다. 이름하여 '장그래 방지법'. 2014년 하반기 엄청난 인기를 끈 드라마 〈미생〉의 비정규직 신입사원 '장그래'에게서 이름을 딴 것이었다. 드라마 속에서 주인공 장그래는 누구보다 열심히 일했고, 또 인정도 받았지만, 끝내 정규직이 되지 못했다. 드라마에서와 같은 비운의 주인공들의 고통을 없애겠다는 게 이 법안의 취지였다.

이 대책에서 가장 눈에 띄는 것은, 35세 비정규직 노동자의 경우 원한다면 현재 2년인 계약기간을 4년까지 늘릴 수 있게 한다는 내용이었다. 현재는 규정상 2년 일한 뒤 정규직 전환이 되지 않으면 더 이상 일할 수 없게 돼 있는데, 그러다 보니 비정규직들이 2년마다 새 직장을 찾아나서야 한다. 그러니 아예 2년을 더 늘려 4년간 일할 수 있게 해주자는 이야기였다. 그렇게 해서 4년간 일한 뒤에도 정규직으로 전환이 되지 않으면 '이직수당'이라는 금전적 보상도 해준다는 것이었다.

사실 기존 규정 역시 정규직 전환을 유도하고 비정규직을 보호하기 위한 취지였는데 제 기능을 하지 못하면서 이런 아이디어가 나온 것이었다. 그런데 2년으로 돼 있던 계약기간이 4년으로 는다고 상황이 얼마나 달라질 수 있을까? 합법적으로 비정규직으로 일할 기간만 늘어날 뿐 정규직 전환에 대한 보장은 없는 것 아닌가?

이기권 고용노동부 장관은 이에 대해 묻는 기자들의 질문에 "현장의 목소리를 들어야 한다. 기간제 근로자들에게 설문조사를 했더니 80% 이상이 계약기간 연장을 원하더라"고 답했다. 과연 어떤 설문이었는지 찾아보지 않을 수 없었다. 노동부에서 어렵사리 제공한 설문지 전체를 보니 기간제 근로자 80% 이상이 찬성했다는 해당 문항은 다음과 같았다.

'2년 근무한 뒤 계약기간을 연장했는데, 정규직으로 전환하지 않고 계약을 종료할 경우 금전으로 보상하는 방안에 대해 어떻게 생각하십니까?'

앞뒤 질문 자체에 정규직 전환 가능성은 아예 차단돼 있고, 2년 근무한 뒤 계약기간을 연장한 상황이라는 게 질문의 전제조건으로 묶여 있다. 응답자 입장에서 "No"를 대답한다는 의미는 '다 필요 없고 4년을 시켰으면 무조건 정규직으로 전환시켜야 한다'는 의사일 것이다. 하지만 현실적으로 이것이 가능할 거라고 보는 이는 많지 않다. 그렇다면 결국 '정규직 못 되면 돈으로라도 받자'는 생각을 할 수밖에 없고, 그래서 울며 겨자 먹기로 "Yes"라는 답을 하게 됐을 것이다. 그런데 이 장관은 이런 결과를 두고 "기간제 근로자 80% 이상이 계약기간 연장을 원하더라"는 결론을 낸 것이다.

이것은 마치 계약기간이 끝나 원인터내셔널의 퇴사를 앞두고 있는 장그래 사원에게 인사팀 직원이 와서 "혹시 모르니 비정규직으로 조금 더 다녀볼래?"라고 묻는 거나 마찬가지인 설문인 셈이다.

비정규직 노동자는 정말 계약기간 연장 원하나?

비슷한 시기 한국노총에서도 비슷한 내용으로 설문조사를 했다. 오히려 반대가 69%로 훨씬 많았고 찬성은 19%에 그쳤다. 이처럼 전혀 다른 결과가 나온 이유, 역시 드라마 〈미생〉의 한 장면으로 설명이 가능하다.

드라마 마지막에서 장그래 사원의 선임인 김동식 대리가 회사를 그만두고 나온다. 35세가 넘은 그가 다른 회사에 계약직으로 들어간다고 가정할 때, 이번 대책에 따르면 2년이 지나도 비정규직으로 2년을 더 연장할 수 있고, 4년째가 되면 회사가 정규직 전환을 검토할 수 있게 된다. '4년 정도 일했으면 그 회사에 꼭 필요한 숙련직이 돼 있을 거다, 이직수당이란 안전장치도 마련해놨으니 웬만하면 정규직으로 전환될 것'이라는 게 정부의 생각이다.

회사가 김 대리를 정규직으로 전환시켜주기 위해서는, 그를 자르고 새로 비정규직을 뽑는 비용보다 그냥 김 대리를 정규직으로 전환해주는 편익이 낫겠다는 판단을 내려야 한다. 그런 비용과 편익을 판단할 수 있는 기준이 바로 회사가 비정규직 노동자에게 지급해야 할 이직수당이다. 정부 대책에 따르면 비정규직으로 2년 일한 뒤 2년을 연장했는데 정규직이 안 될 경우, 추가 기간 동안 받은 임금의 10%를 회사가 주도록 했다. 그런데 최근 고용실태조사에 따르면 우리나라 비정규직의 평균 연봉이 1,750만 원으로 밝혀졌다.

이에 준해 생각해보면 김 대리가 이 회사에서 정규직 전환에 실패했을 때 받을 수 있는 이직수당은 350만 원에 불과하다. 물론 경력에 따라 차이는 나겠지만 회사 입장에선 그렇게 큰 비용이라고 보기 힘든 액수다. 그러니 이번 정부의 대책대로 계약기간이 연장된다고 해도, 단지 비정규직 기간만 늘어날 거란 판단을 하게 되는 것이다.

현 정부의 비정규직 대책, '장그래 방지법'이라고 할 수 있을까?

그동안 비정규직 노동자는 1년 이상 일해야 퇴직금을 받을 수 있었다. 그런데 현 정부가 내놓은 비정규직 대책은 이 기간이 3개월로 줄어든 점, 또 비정규직 차별이 있을 때 그동안은 개인이 싸워야 했지만 노조가 나설 수 있게 한 점은 진일보했다는 평가를 받는다.

다만 "비정규직 노동자들이 많은 사업장에는 노조 자체가 없는 경우가 많아 이런 조치가 큰 성과를 발휘할 거라고 기대하기 힘들다"는 전문가들의 우려도 나온다. 아직 정부에서는 "비정규직의 확대를 막을 수 있는 보다 근본적인 정책이 없다"는 것이 이번 '장그래법'에 대한 노광표 한국노동사회연구소 소장의 평가다.

그렇다면 정부가 이번 비정규직 대책에 '장그래 방지법'이란 이름을 붙인 것에 대해 장그래 본인은 어떤 느낌일까? 드라마 〈미생〉의 원작자인 윤태호 작가에게 직접 소감을 들어봤다.

"일단 그분들이 제 만화를 보셨는지 모르겠어요. 만화를 보셨다면 어떤 의도로 보셨는지도 잘 모르겠네요. 어쩜 이렇게 만화와 전혀 다른 의미의 법안을 만들면서 '장그래'라는 이름을 붙였는지… 고통을 연장하는 것이 기회의 연장이라고 생각하는 건 무리가 있다고 봅니다. 정책을 입안하시는 분들이 좀 더 고민을 해줬으면 좋겠습니다."

F A C T C H E C K

매매가를 넘어선 전세도 나오는데… 살림살이 나아졌다고?

〈서울은 만원이다〉라는 영화가 나온 게 1967년.
그러니까 이미 반세기 전부터
대도시를 향한 인구 집중은 문제를 낳고 있었다.

2015년 현재,
전세가격은 날이 다르게 치솟고
전세를 찾는 서민들은 차고 넘치는데
정작 전셋집은 줄어들고 있다.

"이러다 집 사는 게 더 싸겠다"는 말이
더 이상 농담이 아닌 상황에서,
한국의 정책 결정자들은
과연 얼마나 이 문제를 심각하게 받아들이고 있을까.

종종 튀어나오는 말실수를 보면,
우리네 '장관님들'이 전세살이의 서러움을
잘 모른다는 사실 하나는 명확해 보인다.

주거 복지,
악화되진 않았다?

'철모르는 위정자' 얘기는 왕정시대부터 전통 있는 풍자의 소재다. 배고프니 빵을 달라는 백성들의 외침을 듣고 "빵이 없으면 고기를 먹으면 되잖아"라고 했다는 어느 나라 귀족들의 이야기부터, 버스비가 얼마냐는 질문에 "50원쯤 되나요?"라고 30년 전 물가를 얘기했던 모 정치인까지, 변주도 다양하다. 그런데 2014년 국회 국정감사에서는 서승환 당시 국토교통부 장관이 이 목록에 새로운 주인공으로 추가됐다.

문제의 발언은 2014년 10월 13일 국정감사장에서 나왔다. 치솟는 전세가에 대한 질타가 이어지자, 서 장관이 "2013년에 비해 2014년 전세가 증가율이 더 낮고, 월세는 마이너스여서 임차인의 전체적인 웰페어(복지) 수준은 오히려 증가했을 수도 있다"고 답한 것이다.

서 장관 말대로 2013년 5.7%였던 전세가 상승률은 2014년 2.5%로 떨어졌고, 월세 상승률은 몇 년째 하향세였다. 이런 상황을 들어 세입자들의 살림살이가 그렇게 나빠지진 않았다고 얘기한 것이다. 과연 그럴까?

'작년보다 덜 올랐으니 괜찮다'는 장관의 인식이 먼저 전문가들의 비판을 받았다. 변창흠 세종대 행정학과 교수는 2009년 3월 이후 5년째 오르고

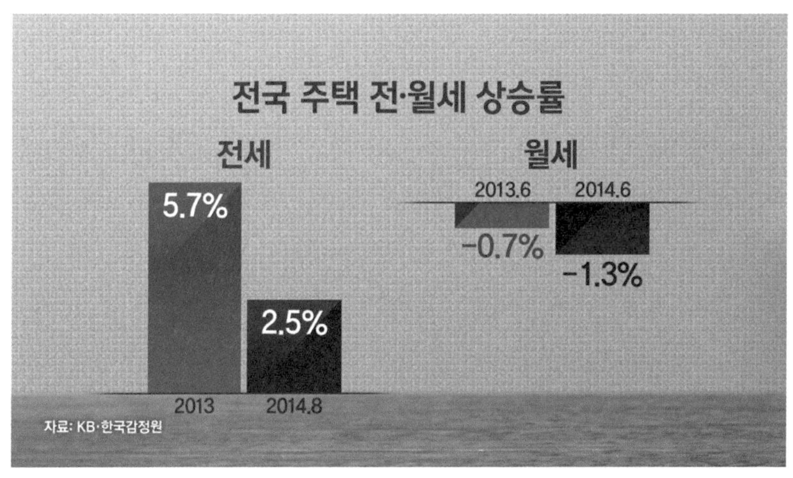

있는 전세가 추이를 봐야 한다고 지적했다. 역대 이렇게 장기간 계속해서 전세금이 오른 적이 없는 상황에서, 주거복지가 나아졌다고 하면 "서민들이 땅을 칠 노릇"이라고 평하기도 했다.

'계약 폭탄'이 되어 돌아오는 전세 계약

'땅을 칠 노릇'이란 말이 과장이 아닐 정도로 전세금은 가파르게 올랐다. 실제 집값 대비 전세가를 뜻하는 '전세가율'이 전국 아파트 기준으로 70%를 넘어섰고, 수도권 평균 전세가는 2014년을 기점으로 2억 원을 돌파했다. 이렇게 계속 오른 걸 생각하면 작년에 비해 좀 덜 올랐으니 부담이 작아졌다고 순진하게 얘기할 순 없는 것이다.

또 한 가지 중요한 점은, 전세 계약은 2년 단위로 이뤄진다는 점이다. 작년에 오르고 금년에 또 오르면, 상승분은 계속 축적이 되어 내년에 '계약 폭탄'이 되어 돌아온다.

예를 들어 전세 2억 원인 집에 살고 있었다면, 2013년 재계약 때 10% 오른 2억 2000만 원에 계약을 했을 것이다. 그런데 2014년 인상률이 5%니까 2013년 인상분에 추가로 올라서 2억 3100만 원이 된다. 그러니 2015년에는 2년 전보다 3100만 원이나 더 줘야 하는 것이다. 서민들이라면 쉽게 감당할 수 있는 폭이 아니다.

상승폭이 마이너스라는 월세 세입자의 경우는 어떨까? "월세가 다소 안정된 것은 맞지만 전세에서 월세로 전환되면서 세입자들이 부담하는 금액 자체가 훨씬 커지고 있다는 점을 놓치면 안 된다"고 변창흠 교수는 지적했다. "과거에 비해서 전세 물량이 부족하고 반전세나 순수 월세로 전환해야 되는 세입자들이 많은데 그로 인한 부담에 대해서는 정부가 미처 파악하지 못한 것 같다"는 우려도 덧붙였다. 특히 비싼 아파트보다는 저가 아파트나 원룸에서 전세에서 월세로 전환되는 비율이 많기 때문에, 매달 돈을 내야 하는 부담은 저소득층에서 더 커지고 있다.

정부는 시중금리를 내리고 부동산 경기를 부양하는 등 '집값을 띄우는 정책'이 전세난을 해결해줄 것이라 주장하고 있었다. 박근혜 정부는 인수위원회 시절부터 이 부분을 강조해왔다. 하지만 이렇게 되면 오히려 전세난이 엄청나게 가중될 거라는 전망이 우세했다.

그러나 한국금융연구원의 신용상 선임연구위원은 이는 굉장히 단기적인 시각이라고 말했다. 주택가격이 뜨면 전세가격도 뜨고, 전세가격이 뜨면 주택가격이 뜨는 모양이 부동산의 속성이기 때문이다. 매매가의 흐름과 전

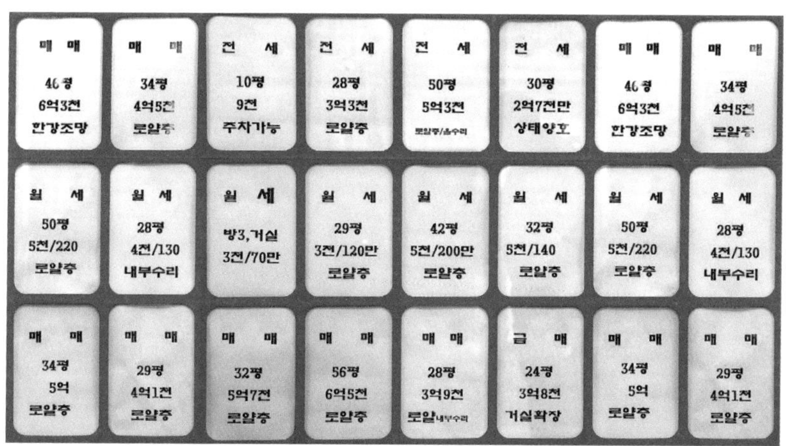
매매 46평 6억3천 한강조망
매매 34평 4억5천 로얄층
전세 10평 9천 주차가능
전세 28평 3억3천 로얄층
전세 50평 5억3천
전세 30평 2억7천만 상태양호
매매 46평 6억3천 한강조망
매매 34평 4억5천 로얄층
월세 50평 5천/220 로얄층
월세 28평 4천/130 내부수리
월세 방3,거실 3천/70만
월세 29평 3천/120만 로얄층
월세 42평 5천/200만 로얄층
월세 32평 5천/140 로얄층
월세 50평 5천/220 로얄층
월세 28평 4천/130 내부수리
매매 34평 5억 로얄층
매매 29평 4억1천 로얄층
매매 32평 5억7천 로얄층
매매 56평 6억5천 로얄층
매매 28평 3억9천 로얄
급매 24평 3억8천 거실확장
매매 34평 5억 로얄층
매매 29평 4억1천 로얄층

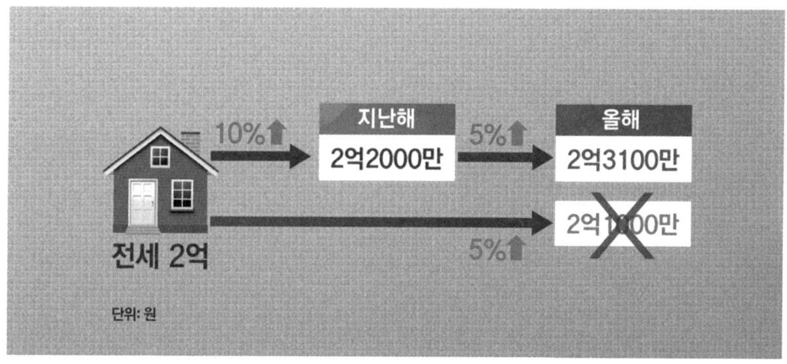
10%
지난해
2억2000만
5%
올해
2억3100만
5%
전세 2억
단위: 원

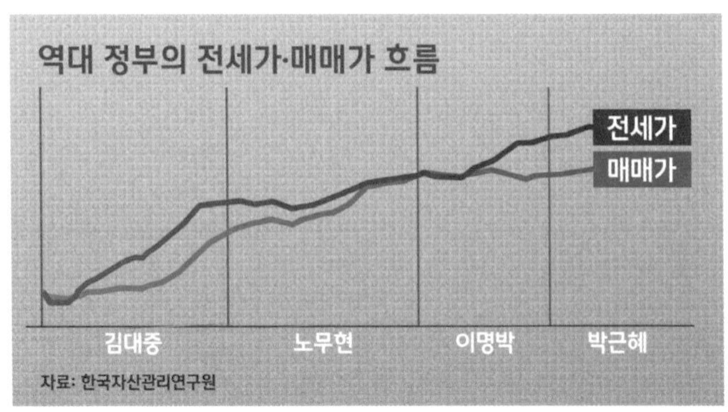

세가의 흐름을 보여주는 그래프를 보면, 장기적으로 역대 정부를 통틀어 집값과 전셋값은 같이 움직이는 모습을 보인다. 그러니 주택 매매가를 올려 전세가를 잡겠다는 이야기는 성립되기 어렵다.

그런데 이런 문제는 정작 발언의 주인공인 서승환 장관도 잘 알고 있었다. 최악의 전세난이었다는 2010년, 서 장관이 한 신문에 기고한 '전세난민을 위하여'라는 제목의 칼럼에 그 내용이 나온다. 전셋값이 오르는 경우에는 오른 전세금을 감당할 수 없어서, 월세로 바뀐 경우에는 매달 내야 하는 임대료를 감당할 수 없어서 지금 살고 있는 집을 떠나 더 열악한 다른 셋집을 얻을 수밖에 없다는 내용이다. 2015년 '전세난민'들의 상황과 비슷한 풍경을 연세대학교 교수 시절 글에서 밝히고 있다.

그때에 비해서 5년이 지난 지금, 전세난은 좀 나아졌을까? 과연 세입자들의 '웰페어'가 좋아졌나? 이번엔 서 장관도 선뜻 대답하기 어려울 것이다.

매매가 뛰어넘는 '전세 하극상' 나올까

결국 이런 심각한 전세가 상승은 또 다른 기형적 현상으로까지 이어졌다. 집을 담보로 하는 전세가가 오히려 집값에 거의 육박하는 '하극상'이 나타나기 시작한 것이다.

2015년 새해 들어 서울 종암동의 한 아파트 전세가 2억 4000만 원에 나왔는데, 아파트 매매가가 2억 7500만 원이었으니 전세가율이 87.3%에 달했다. 동네 공인중개사에 따르면 2억 5000만 원에 내놔도 될 정도로 경쟁이 치열하고, 대기자도 많다고 한다. 집값의 90%를 넘는 전세금을 주고도 들어오겠다는 사람이 넘친다는 얘기다.

2014년 12월을 기점으로 전국의 평균 전세가율은 이미 70%를 훌쩍 넘어선 상황. 이러다 보니 '집값보다 비싼 전세'도 가능한 것 아니냐는 얘기가 나오기 시작했다. 실제로 일부 지방도시에서는 전세가율 100%를 넘는 집들이 등장하기도 했는데, 집값이 오를 기미는 전혀 보이지 않는데 전세 수요가 갑자기 생길 경우에는 이런 일이 종종 있다. 특정지역이 혁신도시 등에 선정돼서 공기업 직원들이 대거 들어오게 되면, 가족들은 여전히 서울에 있기 때문에 굳이 재산세나 취득세까지 내면서 집을 살 필요를 못 느낄 수밖에 없다. 그러면 집값을 넘어서는 '배짱 전세'라도 들어오게 된다.

하지만 통계에 넣기 애매한 이런 특수한 경우를 제외하고, 실제로 전세가 매매를 넘어서기는 어렵다는 게 대부분 전문가들의 설명이었다. 전셋값이 집값을 넘어가게 되면 결국 집을 팔아도 전세금을 못 돌려주게 된다. 그런 위험부담을 안고 전세를 들어올 사람은 없다. '전세 하극상'은 실제로는 호사가들의 입담 거리일 뿐이다.

그렇다고 또 전세가율이 더 이상 오르지 않을 것이냐, 하면 그것도 아니다. 기본적으로 주택가격이 전혀 오를 가능성이 없다면 집값과 전셋값이 같아질 수밖에 없다. 매매가격 상승에 대한 기대가 거의 없는 지역에서는 경제학적으로 매매가와 전세가가 '수렴'하는 현상은 충분히 가능하다. 그러니까 앞으로도 전세가격은 꾸준히 오를 수 있다는 진단이다.

대한제국부터 이어진 전세제도의 역사

지금까지 나온 정부의 정책들은 주로 매매와 월세 전환 활성화 쪽에 초점을 맞추고 있다. 전세라는 제도는 장기적으로 소멸할 것으로 보고 있다는 얘기도 나왔다. 하지만 전세는 그렇게 쉽게 없어질 수 있는 제도가 아니다.

전세는 전 세계에서 한국만 가지고 있는 독특한 주거양식인데, 대한제국 말기에 처음 생겨 해방 이후에도 이어지다가 1970~80년대 개발시대에 정착된 제도다. 그만큼 세입자들에게는 오랜 기간 동안 익숙해진 제도라고 할 수 있다. 스타아시아파트너스의 김일수 대표가 전세가 없어지기 어렵다고 진단하는 것도 이 때문이다. 김 대표는 집값이 다시 오르거나 주택 공급이 급격하게 늘어나는 경우에는 시기와 상황에 따라서 다시금 전세의 비중이 늘어나는 등 유연한 상황이 나타날 것으로 예상했다. 그러니까 정부는 '결국 없어질 전세'라는 방식으로만 접근해서는 안 된다는 것이 전문가들의 한결같은 주문이었다.

계속해서 오르는 전세가, 높아지는 주거비용. '이미 만원인 대한민국'에서 서민들은 고통 받고 있다. 그런데도 위정자들이 여전히 '웰페어는 나빠지지 않았다'는 식으로 안일한 태도만 유지하고 있다가는, '빵 대신 고기'라던 옛 유럽 귀족의 전례를 따를 수밖에 없을 것이다.

F A C T C H E C K

아이 맡기기 불안한 엄마들… '어린이집 학대' 판별법

"영유아 교육 · 보육을 국가 책임 하에 둬야 한다."
2011년, 황우여 당시 한나라당 원내대표가
무상보육 정책 도입의 필요성을 강조하면서 한 말이다.

그 말은 박근혜 대선 후보의 공약이 되어
2013년부터 '누리과정' 시행으로 이어졌고,
황우여 원내대표는 교육사회부총리가 되어
누리과정 시행을 총괄하고 있다.

그런데 과연 국가는 아이들의 보육을
'제대로' 책임지고 있는 걸까?

잊을 만하면 불거지는 어린이집 학대 사건.
CCTV를 통해 확인한 충격적인 장면들.

우리 애가 받은 것은 학대일까 훈육일까.

이 논란의 한가운데서,
보육을 책임진다는 국가는 어디에 있는가.

불안해서 어린이집 어찌 보내야하나요

애기나면 불안해서 회사를 그만두던지 해야지..

요즘 왜 이런일들이 자꾸 일어나는지..ㅠㅠ

애기가 가기싫어서 인지
뒷걸음질도 치고 그랬다더라구요

불안한 엄마들…

어린이집을 둘러싼 논란,
진실은?

'공평한 교육과 보육 기회의 보장'을 목표로, 2013년부터 만 3~5세 모든 어린이에 대한 누리과정이 시작됐다. 누리과정은 한마디로 '국가가 책임지는 보육 정책'이다. 그 나이 대에 해당하는 모든 어린이가 무상으로 어린이집에 다닐 수 있게 된 것이다. 유아 학비와 보육료를 국가가 지원하다 보니 그야말로 어린이집 전성시대가 된 것이다.

하지만 제대로 된 어린이집을 찾아 입소시키는 것은 늘어난 혜택과 반비례해 오히려 더 어려워졌다. 아이가 어린이집에서 혼났다는 이야기라도 들으면 정말 훈육을 받은 것인지, 아니면 학대를 받은 것인지 덜컥 겁부터 난다.

그렇다면 아이가 어린이집에서 받은 행위에 대해 학대다, 아니다를 어떻게 판단할 수 있을까. 판단하기 애매할 때가 많은데, 사례별로 꼼꼼하게 따져볼 필요가 있다.

실제 팩트체크 제작팀으로 들어온 제보 중에는 "연필로 네 살 아이 손바닥 때린 것이 학대인가요"라는 질문도 있었다. 결론은, 이런 경우도 학대에 해당한다. 정부 규정에 따르면 '36개월 이하의 영아에게 가해진 체벌은 어떠한 정황에서도 학대'라고 밝히고 있기 때문이다. 네 살 아이, 36개월 미만이

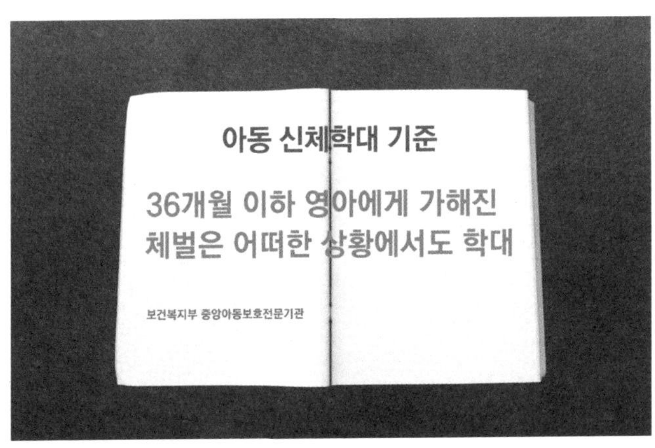

라면 연필이건 종이 뭉치건 무엇으로 때려도 학대가 되고, 이는 '5년 이상의 징역 또는 3천만 원의 이하의 벌금'도 물릴 수 있는 불법 행위다. 이뿐 아니라 아이를 떠밀거나 팔을 심하게 움켜쥐는 것, 또 붙잡고 격하게 흔드는 것, 모두 신체 학대에 해당한다.

말 안 듣는 아이에게 필요한 훈육법?

말 안 듣는 아이를 불이 꺼진 화장실에 잠시 혼자 두는 것은 어떨까? 보통은 이런 행위를 훈육방식 중 하나로 생각하기 쉽지만 이 역시 학대에 해당한다. 신체적인 폭력은 아니지만 아이에게 공포감을 주었기 때문에 학계에서는 '정서 학대'라고 이야기한다.

정부가 정서 학대라고 규정한 사례들을 보면, 상당히 폭이 넓고 다양한 방식들이 있다. 아이가 매운 음식을 먹을 때 물을 못 마시게 하거나, 밥 먹는

“말 안 듣는다고 불 꺼진 화장실에
가두는 경우”

정서 학대 사례
자료: 중앙아동보호전문기관

속도가 또래보다 느리다고 실제 연령보다 낮은 반, 즉 동생들 반으로 내려 보내 수치심을 느끼게 한 경우도 있다. 또 낮잠을 안 자는 아이에게 '네 부모 닮아 말을 안 듣냐'라는 폭언을 하거나, 19개월 미만 유아에게 오랫동안 가만히 앉아서 예배를 드리게 하는 것 역시 정서 학대에 포함된다.

이런 내용들은 보건복지부 산하 중앙아동보호전문기관에서 2012년 집계한 실제 사례들로 나타나 있다. 부모들이 생각하는 것보다 훨씬 다양한 형태의 정서적인 학대가 이뤄질 가능성도 있다.

CCTV도 잡아내지 못하는 정서 학대

그런데 문제는 신체 학대와 달리 정서 학대는 어린이집에 설치한 CCTV에도 잘 포착되지 않는다는 점이다. 이번 사건을 두고 많이 나왔던 이야기 중 하나가 "민간 어린이집에는 더 이상 못 보내겠다. 국공립 어린이집에 보내는 것이 낫겠다"는 것이었다.

실제 학부모들 사이에 국공립 어린이집에 대한 선호도는 굉장히 높아서 경쟁률도 상당하다. 국공립 어린이집에 대한 선호도를 가장 잘 보여주는 지표가 바로 국공립 어린이집 입학 대기기간이다. 육아정책연구소 조사에 따르면 2013년 기준으로 국공립 어린이집에 들어가기 위해 7개월 이상 기다렸다는 사람이 22.1%나 됐다. 대기기간 없이 국공립 어린이집에 들어간 경우는 절반에도 못 미치는 48.6%였다. 반면 민간 어린이집은 10명 중 8명이 아무 대기기간 없이 그냥 입소할 수 있었다.

이런 선호도는 과연 근거가 있을까? 정부의 조사 결과를 보면 전국 어린

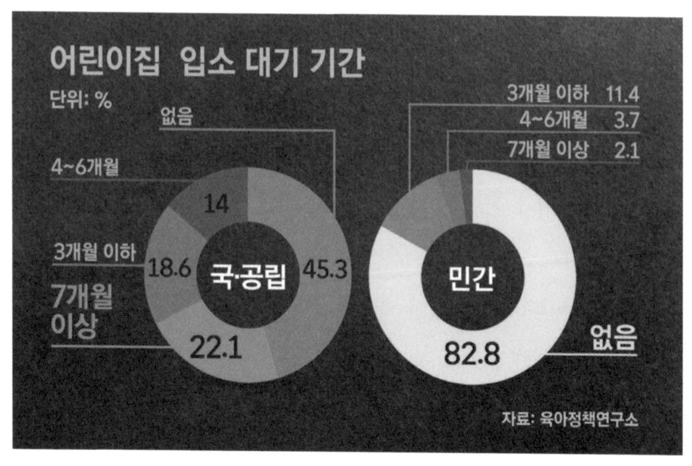

이집에서 민간 어린이집이 차지하는 비중이 34% 정도 되는데, 아동 학대가 발생한 건수를 따져 봤더니 민간 비중이 58%나 됐다. 민간 어린이집 학대가 더 많이 일어나는 셈이다.

또 부모들이 '최후의 보루'로 생각하는 CCTV가 설치된 비율은 국공립이 60.5%, 민간이 32.9%였는데, 가정 어린이집은 4.2%밖에 안 됐다. 이런 상황이다 보니 부모들이 국공립 어린이집을 더욱 선호할 수밖에 없는 것이다.

그렇다면 '보육을 책임지겠다'던 국가의 모습은 어디에 있는 것일까? 실제 박근혜 정부는 국공립 어린이집 확충을 대선 공약으로 내걸고 매해 150여 개씩 늘려가겠다는 계획이다. 하지만 국공립 어린이집 확대가 모든 문제의 해결책은 아니라고 전문가들은 지적한다.

경희대 아동가족학과 장경은 교수는 기존 어린이집의 '질적 보완'을 강조했다. "보육교사의 처우 문제, 근무환경 문제, 이런 것들이 병행되어야 진

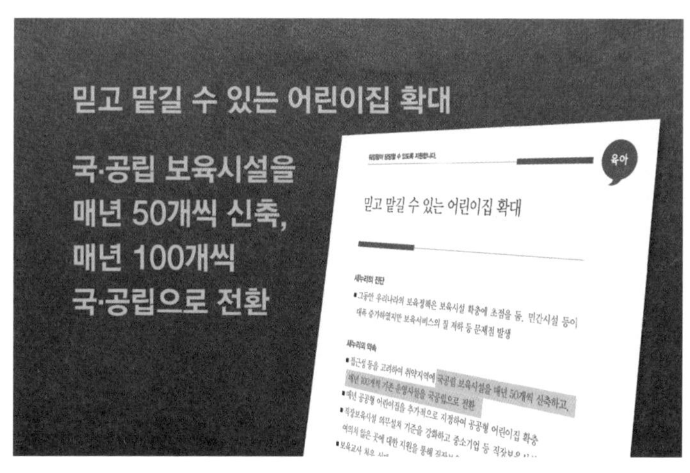

짜 효과가 나온다"는 게 장 교수의 지적이다. 서울대 경제학부 이준구 명예교수는 어린이집 학대 사건에 대해 '효율 임금 이론'이라는 경제학 개념을 들어 비판했다. 노동자가 받는 임금이 그 노동자의 효율성을 결정한다는 건데, 즉 현재와 같은 척박한 환경에서는 양질의 보육교사를 기대하기 힘들다는 것이다. 그만큼 교사의 처우 개선이 보육의 질 개선과 연결된다는 이야기다.

우리 아이들 보육을 아직까지 민간에 의존할 수밖에 없다면, 아이들을 돌보는 교사들을 위한 국가의 고민이 먼저 선행되어야 할 것이다.

F A C T C H E C K

'갑'의 사회 대한민국에서 일어난 '땅콩 회항'

끊이지 않는 '갑의 횡포' 관련 뉴스들.
그 논란의 정점을 찍은
대한항공 '땅콩 회항' 사건

결국 사명에서 '대한'이란 이름을
떼어내야 한다는 이야기까지 나왔다.

재판정에 선 재벌 부사장의
운명을 결정할 핵심은
'항로 변경' 여부

법정에 선 '갑'과
거세게 몰아붙인 수많은 '을'의 여론.

과연 이번 사건으로
대한민국의 '갑을 관계'는
무엇이 얼마나 변했을까?

대한항공 회항 사건

'항로변경일까 아닐까'

By AIMEE PICCHI / MONEYWATCH / December 12, 2014

Korean Air cha

apologizes for '

daughter

t rage' delayed Korean Air plane

KOREAN AIR

코리안 코리안 코리안

2014년 12월 5일 대한민국을 떠들썩하게 한 사건이 미국 뉴욕 JFK공항에서 벌어졌다. 인천행 KE086편 1등석에 탔던 조현아 대한항공 부사장이 이륙을 위해 활주로로 이동하던 비행기를 멈춰 세웠다. 그러고는 비행기를 다시 탑승구로 돌렸다. 마카다미아를 제공하던 승무원이 매뉴얼에 따라 하지 않았다는 게 문제였다. 이에 대해 해명하던 박창진 사무장과 승무원을 질책하던 조 부사장은 박 사무장을 비행기에서 내리게 했고, 결국 비행기는 그를 뉴욕에 남겨둔 채 인천으로 향했던 것. 바로 유명한 '땅콩 회항 사건'이다.

이런 내용이 드러나면서 국토부는 항공법, 운항 규정 위반에 대한 조사에 들어갔고, 대한항공은 입장자료를 통해 사과하는 한편 조 부사장은 대한항공 관련 보직에서 물러났지만 논란은 가라앉지 않았다. 결국 참여연대에서 조 부사장을 서울서부지검에 고발했고, 사건은 재판정으로 넘어갔다.

여러 쟁점이 있었지만 그중에서도 가장 핵심은 '항로라는 것을 어떻게 봐야 하느냐'는 부분이었다. 이에 대한 해명을 위해 대한항공 측에서는 이례적으로 회항 당시의 영상을 공개하기도 했다. 일단 검찰이 제기한 조 전 부사장의 혐의는 다섯 가지였다. 항공기 항로변경죄를 포함, 안전운항 저해 폭행

조현아 전 부사장 혐의

혐의	형량
항공기 항로변경죄	징역 1~10년
안전운항 저해 폭행죄	징역 5년 이하
강요죄	
업무방해죄	징역 5년 이하 또는 1500만원 이하 벌금
위계에 의한 공무집행방해죄	징역 5년 이하 또는 1000만원 이하 벌금

죄, 강요죄, 업무방해죄, 위계에 의한 공무집행방해죄 등이다. 재판 결과에 따라 받을 수 있는 형량도 조금씩 다른데 그중에서도 항공보안법상 항공기 항로변경죄가 인정될 경우 1년 이상, 10년 이하의 징역에 처할 수 있어 가장 형량이 높다. 따라서 해당 비행기가 되돌아간 길이 항로냐 아니냐에 따라 이 죄의 여부가 결정되는 상황이 된 것이다.

'항로'의 사전적 정의는 다음과 같다.

'항로는 항공로와 같은 개념으로 항공기가 통행하는 공로, 공중의 길을 말한다.'

여기서 공중의 범위는 보통 지상 200m 이상의 높이로 보는데, 항공기 기장들이 쓰는 '항로지도'라는 것을 보면 공중의 하늘 길이 복잡하게 표시돼 있다. 따라서 기장들은 항로라고 하면 보통 이 항공로를 떠올리는 것이다. 조 전 부사장 측이 주장하는 바도 200m 이상 높이의 길을 항로로 봐야지 활주

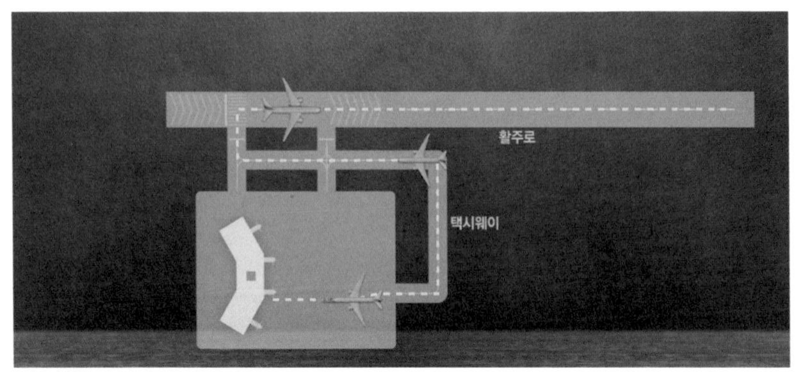

로까지 가는 땅 위의 길을 포함해선 안 된다는 것이었다.

대한항공에서 회항 당시 영상을 공개한 것도 그런 주장을 뒷받침하기 위해서였다. 영상에서는 뉴욕 JFK공항의 탑승구 앞에 조 전 부사장이 탔던 대한항공 A380기와 함께 이를 활주로로 인도할 견인차의 모습이 나온다. 탑승구가 닫히고 곧이어 비행기가 견인차에 이끌려 뒤로 이동하는데, 이때 움직인 거리가 17m에 불과하다는 게 대한항공 측 주장이었다. 3분 2초간 제자리에 서 있던 비행기는 다시 견인차에 이끌려 탑승구로 돌아온다.

비행기가 탑승구를 정상적으로 떠났다면 '택시웨이'라는 유도로를 따라 계속 이동하게 된다. 그리고 활주로에 이르러 이륙한다. JFK공항의 경우에는 탑승구에서 택시웨이까지가 200m, 또 활주로까지는 3.2km를 이동해야 한다. 이런 거리로 볼 때 탑승구 앞에서 17m 이동한 것은 움직인 것도 아니라는 게 조 전 부사장 측의 주장이었던 것이다.

항로와 항공로에 대한 명확한 규정 부재

검찰의 생각은 달랐다. 공개된 영상을 본 서부지검 관계자는 "같은 영상을 보며 다른 논리를 펴고 있다. 항로와 항공로는 법상 완전히 다른 개념"이라고 반박했다. 검찰이 언급한 법은 항공보안법이다. 이 법에서는 항공기 문이 닫힌 순간부터 도착해서 문이 열릴 때까지를 '운항상태'라고 보는데, 그러니 17m가 아니라 1m라 하더라도 문을 닫고 이동했으면 항로에 들어섰다고 볼 수 있다는 이야기였다.

이에 대해선 국토교통부도 마찬가지 입장이었다. 국토부 운항정책과 장만희 과장은 "항공보안법상 나와 있는 항로변경죄는 운항 중인 항공기의 항로를 변경하는 경우를 이야기하는 것"이라며 "문을 닫고 출발할 때부터를 '운항'으로 보니 지상에서의 이동 경로까지 항로에 포함된다고 보는 것이 타당하다"고 말했다.

결국 법적으로 항로와 항공로에 대한 명확한 규정이 없다 보니 이런 논란이 벌어진 것인데, 정윤식 청주대 항공운항과 교수는 이런 상황을 두고 재미있는 비유를 하기도 했다.

"만약 비행기가 탑승구를 막 떠났는데 그 안에 테러범이 타고 있다가 비행기 돌리라고 했다면 어쩌겠습니까? 이것은 항로 변경입니까, 아닙니까? 이런 경우에도 테러범에게 항로변경죄를 적용하지 않을 겁니까?"

그렇다면 외국에서는 항로를 어떻게 보고 있을까? 영어에서는 항로와

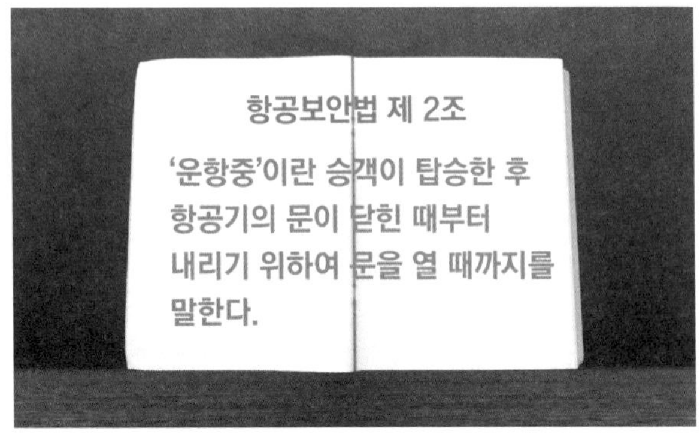

항공법 2조

'항공로'란 국토교통부 장관이 항공기의 항행에 적합하다고 지정한 지구 표면상에 표시된 공간의 길.

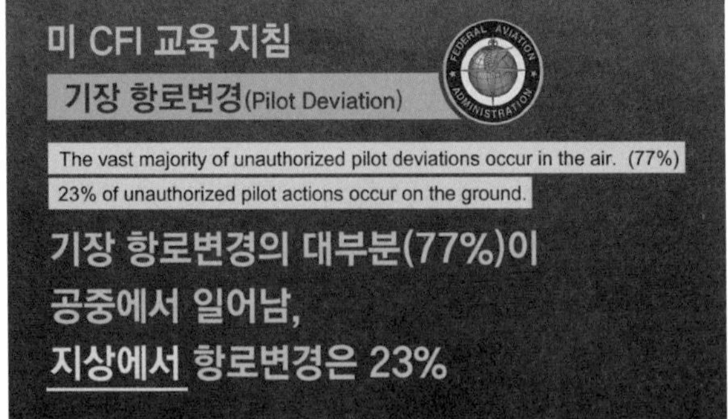

항공로에 대한 특별한 구분이 없으며, '항로 변경'을 '데비에이션(Deviation)'이라고 부른다. 미국 연방항공청(FAA) 산하의 조종사 자격 코스인 CFI 지침에서 '데비에이션'에 대한 설명을 찾아볼 수 있었는데, '항로 변경의 대부분은 공중에서 일어나지만 23%는 땅 위에서 일어난다'고 명시하고 있었다. 그러니 지상에서의 움직임도 항로 변경의 대상이 될 수 있다는 이야기였다.

조 전 부사장이 143일 만에 석방된 이유

그런데 '지상에서의 움직임'을 어디까지 항로 변경이라고 볼 것인가 하는 문제가 남는다. 비행기가 견인차에 이끌려 택시웨이에 들어가기 직전도 항로에 들어선 것으로 볼 것인지, 아니면 택시웨이에 들어선 이후부터를 항로에 들어선 것으로 볼 것인지도 쟁점이 될 수 있는 것이다. 조 전 부사장 측은 '어디에도 항로에 대한 명확한 규정이 없다. 법으로 명확하지 않은데 이를 문제 삼는 건 죄형법정주의에 어긋난다'는 주장을 폈다.

드디어 재판이 열렸고, 1심에서 재판부는 징역 1년의 실형을 선고했다. 비행기의 17m 이동을 항로에 접어든 것으로 본 것이다. 그러나 이듬해 5월에 열린 항소심에서 재판부의 생각은 달랐다. "비행기의 계류장 내 이동은 항공기의 지상 이동 중에서도 가장 위험성이 낮은 단계이고, 이 사건의 램프리턴(항공기를 탑승게이트로 되돌리는 일)과 같은 계류장 내 회항은 비교적 자유롭게 허용되므로 이를 항로 변경으로 보는 것은 형벌 법규를 지나치게 확장 해석한 것"이라는 게 재판부의 설명이었다. 항로에 대한 정확한 정의가 없는 상황에서 활주로를 '항공로'로 인정하는 것도 죄형법정주의에 어긋난다고 했다.

결국 조 전 부사장은 징역 10개월에 집행유예 2년을 선고받고 143일 만에 석방됐다. 항공사상 초유의 '땅콩 회항' 사건은 이렇게 마무리됐지만 '항로냐 항공로냐'를 둘러싼 논란은 여전히 진행 중이다.

대한민국 이미지에 먹칠을 한 '대한항공' 이름 회수해야 할까

그런데 이 사건으로 여론이 나빠지면서 '대한항공'의 사명으로까지 불똥이 튀었다. 인터넷과 SNS를 통해 대한민국 이미지에 먹칠을 한 '대한항공'의 영문명인 '코리안 에어(Korean Air)'라는 사명을 회수해야 한다는 주장이 퍼진 것이다. 포털사이트 다음의 아고라에는 '대한항공을 한국과 무관한 이름으로 변경하게 해달라', '한진항공으로 개명하라'는 청원 글이 올라왔다.

일단 이와 관련한 법은 상표법이다. 이 법 6조 1항을 보면 '보통 명칭이나 현저한 지리적 명칭, 이런 것들을 상표로 등록할 수 없다'고 돼 있다. 그러

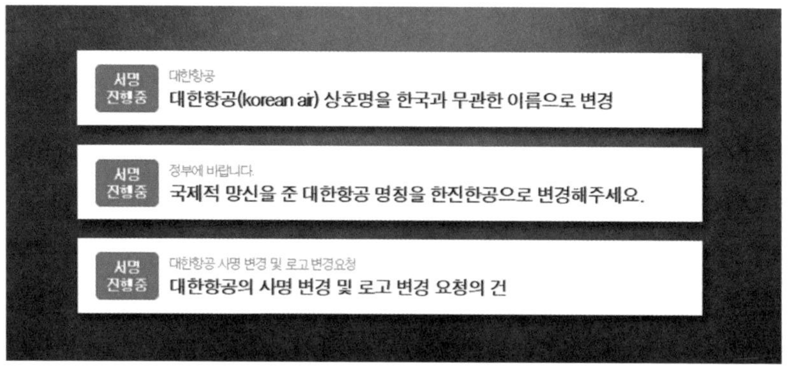

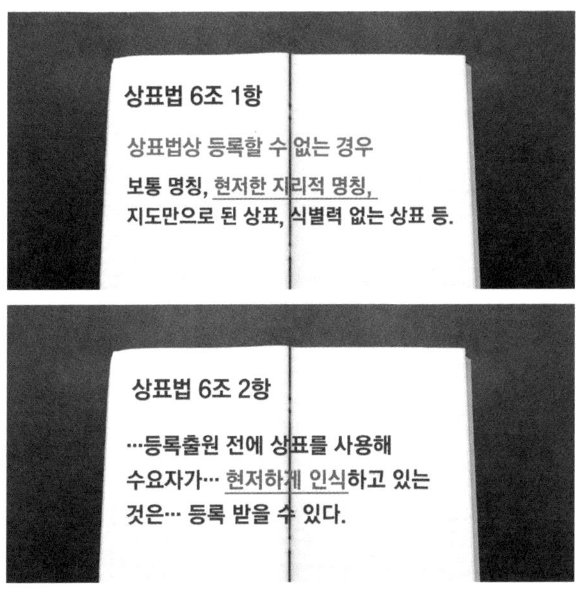

니 대한항공, 영문명 Korean Air도 현저한 지리적 명칭을 쓰고 있다는 점에서 부당한 것 아니냐, 정부에서 회수할 수 있는 것 아니냐는 주장이 나온 것이다. 하지만 '현저한 지리적 명칭'을 쓰고 있는 기업은 대한항공뿐만이 아니다. 한국타이어, 한국일보, 대한통운도 마찬가지이고, 고려대 역시 영문 표기는 Korea University다. 이런 법인들은 어떻게 이 법을 피할 수 있었던 것일까? 상표법 6조 2항을 보면 이런 부분에 대한 부가설명이 있다. 기업이 등록출원하기 전에 이미 이 상표를 사용함으로써, 소비자들이 Korean Air라고 하면 '아 이게 한진에서 운영하는 항공사구나', Korea University는 '고려대구나'라는 것을 충분히 인식하고 있다면 문제가 없다는 내용이다. 그러니 현행법상으로 대한항공의 명칭 문제를 지적할 수는 없는 상황이다.

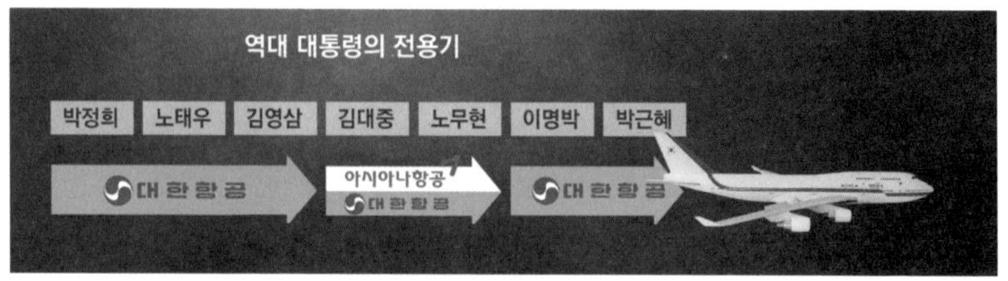

대한항공의 모태는 1962년 세워진 국영 대한항공공사였다. 당시에는 부채도 많고 자금 사정도 어려웠다. 그러자 1969년에 박정희 대통령이 조중훈 한진 회장을 불러 이 회사를 인수하라고 했다. 그때 민영항공사가 되면서 대한항공, Korean Air lines라는 이름을 그대로 물려받은 것이다. 이를 줄여 통상 KAL이라고 불렀는데 이후 추락사고 등 이런저런 부정적인 사건들 때문에 이미지 쇄신 차원에서 영문명을 Korean Air로 바꿨다는 이야기도 있다.

그러니 한 번도 대한항공이 국책항공사로 지정된 적은 없었지만 여러모로 그런 지위를 누려온 것도 사실이다. 경쟁자인 아시아나항공이 출범한 1988년까지는 업계에서 독점적인 위치였다. 한국을 대표하는 대통령 전용기의 경우 박정희 대통령 때부터 김영삼 대통령까지 대한항공이 독점적으로 비행기와 서비스를 제공했다. 김대중, 노무현 대통령 때는 아시아나와 대한항공을 번갈아가며 탔는데, 이명박 대통령 때는 아예 대한항공과 전속계약을 맺었고, 박근혜 대통령도 대한항공을 이용하고 있다. 이렇게 오랜 기간 대한항공은 코드원, 대한민국 1호기 역할을 하고 있는 셈이다.

태극문양의 기업 사용, 문제 없을까?

대한항공이 한국을 대표하는 항공사라는 이미지를 가지게 하는 또 다른 요인 중 하나는 CI에 있는 태극문양이다. 사명 변경이 필요하다고 주장하는 측에서는 이 태극문양의 회수 필요성도 거론했다.

대한항공이 처음부터 태극문양을 쓴 것은 아니었다. 처음에는 화살표 모양도 썼고, 나중에는 새 모양도 썼다가 1984년에 이르러 태극문양의 로고를 처음 쓰게 됐다. 태극문양을 CI에 써도 되는지에 대해서는 상표법 7조에서 다루고 있는데, '대한민국의 국기, 국장 등과 동일하거나 유사한 상표는 등록할 수 없다'라고 돼 있다. 그렇다면 대한항공이 쓰고 있는 태극문양은 어떻게 된 걸까?

이와 관련해서는 1971년 대법원 판결을 볼 필요가 있다. 태극문양과 비슷한 로고를 쓰는 펩시콜라의 상표를 우리나라에서 써도 되느냐가 논란이 됐다. 당시 대법원의 판결은 "위가 적색이고 아래가 청색이라고 해서 다 태극은 아니다. 또 중간에 영문명이 적혀 있으니 태극도형과 유사하다고 볼 수 없다"는 것이었다. 마찬가지로 대한항공의 태극문양도 국기 모양을 통째로 가져다 쓴 게 아니라, 변형이 있기 때문에 괜찮다는 해석이 가능한 대목이다. 그럼에도 불구하고 '유사성'의 범위에 대해서는 논란의 여지가 남는다.

실제로 '국토부가 대한항공 명칭 회수에 나설 것'이라는 일부 언론 보도도 있었지만 국토부에서는 "검토한 바 없다"는 해명을 내놨다. 그러자 또 일각에선 '그렇다면 대한항공이 일련의 사건들에 대한 책임을 지고 명칭을 자진 반납하는 방법도 있지 않으냐'는 이야기도 나왔다. 하지만 이 역시 현실적

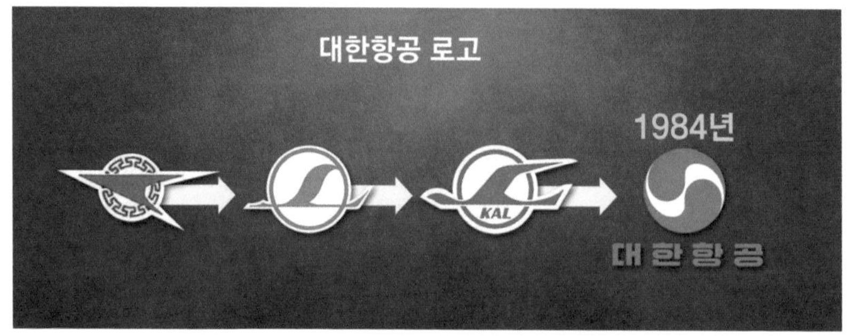

으로 불가능하다는 게 전문가들 의견이었다. 사명을 변경한다는 것은 그간 사용해 온 CI를 완전히 교체해야 한다는 이야기인데, 그 과정에서 상당한 비용이 발생하기 때문이다.

이덕재 변리사는 대한항공 규모의 대기업이라면 최소 5억 원 이상의 CI 개발 비용을 예상했다. 게다가 이를 권리화하기 위해 각 나라마다 등록하고, 새 이미지를 알리기 위한 홍보 작업까지 감안하면 엄청난 비용을 감수해야 한다고 봤다. 특히 비행기 외벽엔 고온과 저온 모두에 잘 견딜 수 있는 특수 도료를 써야 한다. 따라서 비행기 한 대를 새로 칠하는 데 드는 비용이 보통 1억 5000만 원 정도에 이른다. 2014년 말 현재 대한항공 보유 항공기가 148대니까 CI를 새로 바꾸게 되면 비행기 외벽 칠하는 데만 200억~300억 원 든다고 볼 수 있다. 그 밖에 각 공항에서 간판 교체 등으로 발생할 비용까지 감안하면, 멀쩡히 영업하던 회사로서는 CI 교체를 생각하기 쉽지 않은 것이다.

결국 조 전 부사장은 집행유예로 풀려났고, 명칭 회수를 청원했던 해당 아고라 사이트도 잠잠해졌다. 그리고 태극문양을 단 Korean Air는 지금도 아무 일 없었다는 듯 전 세계 하늘을 누비고 있다. 앞서도 봤듯이 Korean Air에

코리아가 붙을 수 있는 것은 많은 국민이 '현저하게 인식을 해줬기 때문'이다. 그런 만큼 그 이름에 걸맞은 책임이 필요하다는 것, 이번 '땅콩 회항' 사건으로 더 명확해졌다.

F A C T C H E C K

대한민국,
이제는 남녀평등 사회라고?

"성 차별은 이미 옛날 얘기다"
"한국은 오히려 여성 상위 사회다"
"요즘은 남자들이 '역차별' 받고 있다"

최근 온라인상에서 남녀를 대비시킨 이야기가 나오면
어김없이 따라붙는 반응들이다.
이런 이야기들은 폭발력도 상당히 높기 때문에
언론매체들도 자주 기사로 다룬다.
그리고 기사에는 또다시
'역차별'을 호소하는 댓글들이 줄줄이 달린다.

그런데 이런 주장들은 정말 근거가 있는 것일까?
과연 대한민국은 남녀평등을 넘어, '남성 역차별' 사회일까?

여전한 남녀 간의 연봉 격차,
경력 단절에 시달리는 기혼 여성들,
유리천장에 부딪혀 승진은 꿈도 못 꾸는 현실.

2014년 조사 결과,
여성 임원이 아예 없는 대기업이 210곳.
전체의 73.9%에 달한 상황에서
과연 '역차별'을 얘기할 수 있을까?

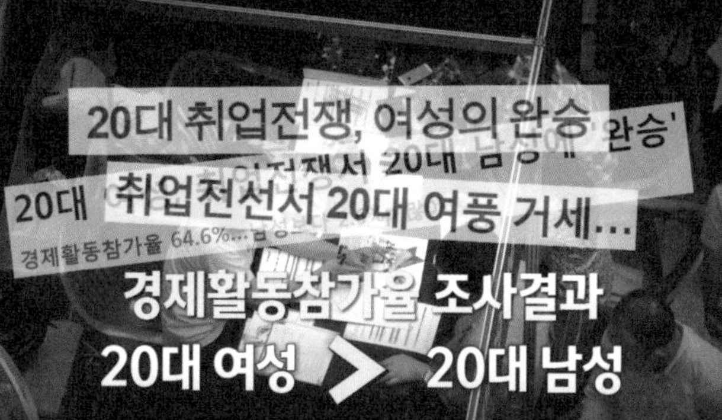

Soul****
어제도 설거지하고 출근한 남자임…

메리**
외벌이 하는데 내가 알아서 차려 먹고 분리수거도 내가 한다

**포님
남자들 욕만 하지 말고, 북유럽 여성 사회진출률도 봐야

2014년 하반기 공개채용 시즌. 이 시기가 되면 쏟아져 나오는 스테레오 타입의 기사들이 있다. 여성들이 취업시장에서 성과를 거두고 있다는 식의 '남녀 대결 조장' 기사들이다. '20대 여성, 취업시장서 남성에 완승'이라는 타이틀의 기사들이 어김없이 나왔고, 많은 호응을 받으며 회자되었다. 그만큼 여성이 취업시장에서 유리했다는 얘기인데, 폭발적인 호응을 받은 것에 비하면 상당히 빈약한 기사가 많았다.

기사들이 근거로 드는 것은 통계청에서 발표한 2014년 2분기 경제활동참여율 자료였다. 20대 여성이 64.6%, 20대 남성이 62%를 기록해 20대 여성이 남성을 앞섰다는 것이다. 취업전선에서 20대 여성이 남성을 압도했다, 여성의 압승이다, 이런 기사들이 나온 배경이다.

그런데 통계청 발표 1주일을 사이에 두고 전혀 다른 통계가 나왔다. 한국교육개발원이 2013년 8월과 2014년 2월 졸업자들을 대상으로 취업 현황을 조사한 결과, 4년제 대학 졸업자의 취업률은 남자 58.6% 대 여자 51.1%로 남성 취업률이 더 높았다. 대학원 졸업자로 가면 차이가 더 벌어진다. 남성이 74.6%, 여성이 57.4%로 10%p 넘게 차이가 나는데, 결국 대졸 이상의 경우엔 오히려 남성이 취업에 더 유리했다는 판단을 할 수 있다.

'여성이 취업시장에서 완승'이라는 내용의 기사들은 통계용어를 교묘하게 가져다 쓴 측면이 있다. 이들이 활용한 통계청 자료는 20대의 경제활동 참여율 지표를 바탕으로 하고 있다. 하지만 경제활동 참여율과 취업률은 엄연히 다른 개념이다. 경제활동 참여율에는 취업자뿐 아니라 지금 직장은 없지만 열심히 이력서를 내면서 취업 의지를 보이고 있는 실업자도 포함돼 있는 반면, 취업률은 취업한 사람들에만 초점을 맞추고 있다. '취업시장'에서의 성패를 따지려면 취업률도 고려해야 하는 것이다. 통계청 자료만 보면 취업시장에서 여성에 대한 차별이 상당히 해소된 것처럼 보일 수 있지만, 그것은 착시효과일 수 있다는 얘기다.

게다가 실제 소득 등을 따져보면 더욱 그렇다. 2012년 남녀 취업자의 월평균 근로소득을 비교해보면 남성이 262만 2000원, 여성이 192만 8000원으로, 남녀 간 임금격차가 70만 원 가까이 된다. 취업률뿐만 아니라 '취업의 질' 측면에서 봐도 젊은 여성들이 취업시장에서 남성에게 완승을 거뒀다는 이야기는 통계의 착시다.

맞벌이 많은 젊은 층 '가사 분담 비율'의 진실

직장에서도 그렇지만, 가정에서도 여전히 남녀 간의 평등한 분담 문제는 해결해야 할 부분이 많다. 한국의 가사노동 분담률이 전 세계 꼴찌 수준이라는 조사 결과도 나왔다. 통계청에서 매년 '한국의 사회동향'을 발표하는데, 이 중 '가족 내 역할 분담'이라는 내용이 논란이 됐다. '집에서 식사 준비를 누가 주로 하느냐'라는 질문에 '부부가 공평하게 한다'고 답한 비율이 한국은 9.3%였다. 30%가 넘는 노르웨이 등 북유럽에 비해 훨씬 적은 수치고, 일본·대만에 이어 뒤에서 세 번째 성적이다. 세탁을 부부가 공평하게 한다는 응답도 한국은 8.8%로, 20% 수준인 영국·스웨덴과는 차이가 크고, 또 '아픈 가족이 있을 경우 누가 주로 돌보느냐'는 질문에 공평하게 한다는 대답은 31%, 뒤에서 두 번째였다. 그 밖에 장보기, 집안 청소 같은 항목들 역시 한국은 하위권이었다.

한국 남성들은 이런 연구 결과에 대한 반감이 심했다. "그 정도는 아니다"라는 것이다. 관련 기사마다 댓글이 수천 개씩 달렸는데, "어제도 내가 설거지하고 출근했다", "밥은 내가 알아서 차려 먹고, 분리수거나 청소도 내가 한다"는 반응부터, 북유럽과 비교한 것을 두고 "그 나라 여성의 사회 진출 비율도 함께 따져봐야지, 이런 내용을 그대로 기사화하면 어떻게 하느냐"는 항변까지 있었다.

댓글의 항변처럼, 실제로 한국의 맞벌이 비율이 선진국에 비해 낮은 것은 사실이다. 핀란드나 영국·미국의 경우 맞벌이 비율이 60%를 넘었고, OECD 평균이 57%인 데 비해 한국은 43% 정도다. 이 대목에서 가사 분담률의 차이가 날 수 있다는 이야기는 어느 정도 일리 있는 셈이다.

그러나 이 통계에도 함정이 있다. 맞벌이 여부가 가사 분담을 가로막는 장벽이라면, 맞벌이가 많은 젊은 층의 가사 분담 비율이 높게 나타나야 한다. 그런데 통계청 자료의 연령별 통계를 따져보면 젊은 층이나 중장년층의 가사 분담 비율에 별 차이가 없었다.

집안 청소를 남녀 공평하게 한다는 비율이 평균 19.7%로 필리핀·멕시코 다음으로 하위권이었는데, 한국 30대 부부의 경우 19.8%로 평균과 별 차

"집안청소 공평하게 한다"
한국 평균
19.7%
한국 30대
19.8%
자료: 한국종합사회조사 (2012)

"식사준비 공평하게 한다"
한국 평균
9.3%
한국 30대
9.5%
자료: 한국종합사회조사 (2012)

"세탁 공평하게 한다"
한국 평균
8.8%
6.3
9.0
8.1
7.4
30대
40대
50대
60대 이상
자료: 한국종합사회조사(2012)

이가 없었다. 식사 준비 면에서도 공평하게 한다는 30대 부부가 9.5%, 역시 평균과 차이 없었고, 세탁 같은 경우는 30대 부부가 6.3%로, 오히려 40대나 50대, 심지어 60대 부부보다 낮은 수준이었다. 어떤 면에서는 젊은 사람들이 오히려 가사 분담을 안 하는 셈이다.

가사를 돕는다, 가사를 분담한다?

사회문화적 차이가 있으니 국가별 비교를 가지고 모든 걸 설명할 순 없다. 하지만 이런 현상의 원인은 생각해볼 필요가 있었다. 서울대 아동가족학과 한경혜 교수는 이를 일종의 '문화 지체 현상'이라고 지적했다. 문화는 바뀌었는데, 행동은 그 문화만큼 많이 바뀌지 않으면서 차이가 생긴다는 것이었다. '젊은이들은 요즘 좀 다르지'라고 생각하는 건 문화가 바뀐 거지만, 실제 행동은

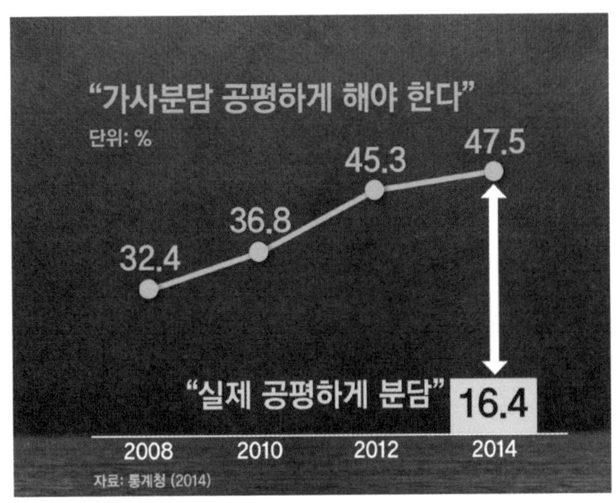

생각만큼 그렇게 안 바뀐 부분이 분명히 확인된 셈이다.

통계청 자료 역시 이런 현상을 그대로 보여준다. "가사를 공평하게 분담해야 한다고 생각하느냐"는 물음에 '그렇다'는 응답이 2008년에는 32% 수준이었지만, 점점 올라서 2014년에는 절반 가까운 47.5%까지 치솟았다. 그런데 "실제 공평하게 가사 분담을 하느냐"는 질문에는 16.4%만 '그렇다'고 털어놨다. 가사 분담을 확실히 하고 있는 남자들에게는 좀 억울한 일이겠지만, "내가 가사를 도와준다"가 아니라 "같이 분담한다"는 개념으로 전환해야, 이런 생각과 실제의 괴리감을 좁힐 수 있다.

한국 사회의 남녀평등 역시 마찬가지다. "한국은 남자가 오히려 역차별 받는다"는 자기 최면보다, 직접 실천하는 행동이 사회의 변화를 만들어낼 것이다.

F A C T C H E C K

담뱃값 인상, 정말 국민건강지수를 높였나

담뱃값은 정치권에서 '금기'에 속하는 이슈다.
담뱃값을 올린 정권과 여당이
이어서 치러진 선거에서 족족 패배한 징크스 때문이다.

실제로 1994년 김영삼 정부 이후 2004년까지
7번 이뤄진 담뱃값 인상 이후 선거에서
당시 여당이 7번 모두 패했다.

물론 선거 패배가 꼭 담뱃값 인상 탓만은 아니겠지만,
'서민의 친구' 담배와 관련된 이슈는
그만큼 예민하고 조심스러운 사안이다.

2014년, 박근혜 정부와 새누리당은
'국민건강 증진'을 명분으로 다시 담뱃값 인상을 시도했다.
이번에는 '담배의 정치학'을 뚫고 인상에 성공했다.
그리고 그 과정에서 숱한 논란과 충돌이 빚어졌다.
담뱃값 인상은 정녕, 우리의 건강지수를 높였을까?

담뱃값 인상 추진을 둘러싼
'서민 증세' 논란

담뱃값 인상
서민증세가 아니라 부자증세?!

2014년 9월 22일, 〈뉴스룸〉 개편과 함께 시작된 코너인 '팩트체크'가 가장 먼저 선택한 이슈가 바로 담뱃값 인상 논란이었다. 당대의 가장 뜨거운 관심을 받는 논란이자 사회적으로 이슈가 된 내용을 심층적으로 파헤쳐서 사실관계를 따져보는 '팩트체크'의 취지에 가장 잘 들어맞는 이슈였기 때문이다.

당시 정부와 여당은 담뱃값 인상이 서민들의 건강 증진을 위한 것이며, '서민 증세'라는 비판과는 달리 오히려 '부자 증세'라는 주장까지 펼치고 있었다. 여당인 새누리당의 당시 정책위 부의장이었던 나성린 의원이 "담뱃세 부담은 서민층보다 상위 10% 계층 부담이 더 높은 것으로 나타났다"며 "서민보다는 중산층과 고소득층 부담이 더 많다"고 말한 것이 불씨가 됐다. 그렇다면 담뱃값 인상은 정말 '부자 증세' 효과가 있는 것일까?

나 의원이 인용한 자료는 2009년 조세재정연구원에서 조사한 것으로, 소득 수준에 따른 담배 소비량을 보니 하위 10%가 전체 담배 소비량의 5.5%에 불과했다는 내용이었다. 나 의원은 서민의 기준을 소득 하위 10% 아래서 10분의 1만 서민이라고 본 셈이다. 이는 기준을 너무 엄격하게 잡았다는 지적을 받을 수밖에 없다.

소득수준별 담배소비량 비중

단위: %
자료: 조세재정연구원 2009

1분위	2분위	3	4	5	6	7	8	9	10
5.5	6.0	10.3	10.4	10.4	13.3	11.8	10.5	11.9	9.9

32.2%

______담배 소비세, 서민 부담만 커진다

서민의 사전적 정의는 '경제적으로 중류 이하의 넉넉지 못한 생활을 하는 사람'으로, 그동안 정부가 내놓은 서민 지원 대책에서 기초연금이나 양육수당을 받을 수 있는 기준은 소득 하위 70%였다. 또 금융위원회도 "복지 측면에서 보면 하위 5분의 2, 40%까지를 서민으로 본다"고 밝힌 바 있다. 이 기준에 따라 자료를 다시 보면, 전체 담배 소비량에서 서민들이 차지하는 비중은 보수적으로 봐도 30%를 훌쩍 넘어간다.

그런데 체감효과로 보면 담뱃값 인상으로 서민층이 느끼는 부담은 더욱 커진다. 담배에 부과하는 소비세는 서민이나 부자나 일정하기 때문에, 일종의 '역진성'을 가지고 있기 때문이다.

서민 庶民 [서:민]
: 경제적으로 중류 이하의 넉넉지 못한 생활을 하는 사람.

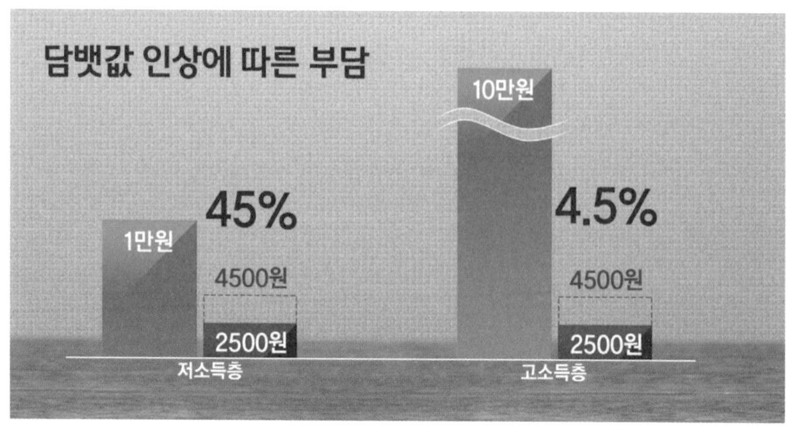

예를 들어 하루에 1만 원 정도 버는 저소득층과 하루에 10만 원을 버는 고소득층을 비교해보면 쉽다. 둘 다 하루에 담배 한 갑을 피우는데 담뱃값이 2500원에서 갑자기 4500원으로 뛰게 되면, 저소득자의 경우에는 담배를 사는 부담이 하루 수입의 45%까지 훌쩍 올라간다. 10만 원을 버는 사람은 여전히 4.5%에 불과하다. 똑같이 담뱃값을 올렸을 때 서민이 느끼는 부담이 훨씬 큰 셈이다. 그런데 담뱃값의 상당 부분을 세금이 차지하고 있기 때문에 '서민 증세'라는 이야기가 충분히 나올 수 있는 상황인 것이다.

담뱃갑 경고 그림, 흡연과 행복추구권 침해일까?

그렇다면 국민 건강을 위해 담뱃값을 올려 금연을 유도하겠다는 정부와 정치권의 주장은 설득력이 있는 것일까? 실제 드러난 행동을 보면 그렇지 않아 보인다. 담뱃세 인상 법안을 2014년 통과시킬 때 약속했던 '담뱃갑 경고 그

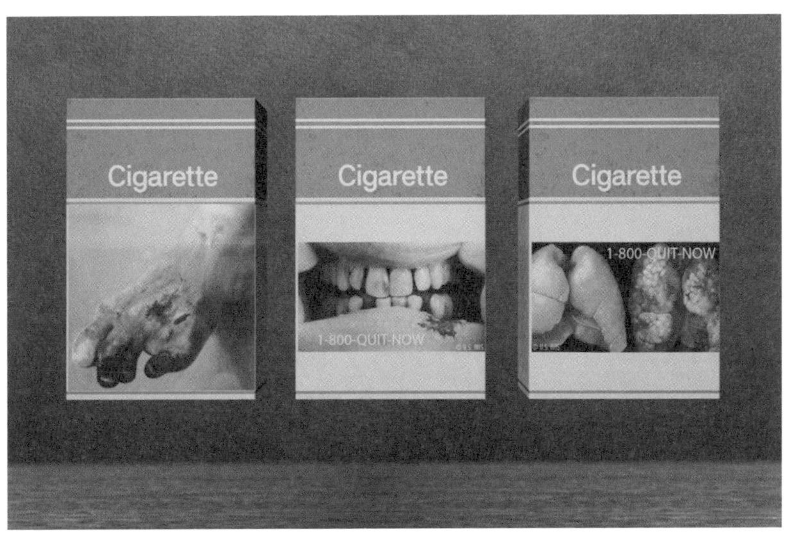
Cigarette
Cigarette
Cigarette
1-800-QUIT-NOW
1-800-QUIT-NOW

SMOKING CAUSES BLINDNESS
WARNING
Brand
Variant
PROTECT CHILDREN DON'T MAKE THEM BREATHE YOUR SMOKE
WARNING
Brand
Variant
20
Marlboro
WARNING
CIGARETTES CAUSE MOUTH DISEASES
du MAURIER

림 삽입'조차 제때 이뤄지지 않았기 때문이다.

실제 2014년 12월 2일 팩트체크 취재 당시, 여야 정치인들은 경고 그림 삽입 관련법을 2015년 첫 회기 때 꼭 처리하겠다고 약속한 바 있다. 그런데 엉뚱하게도 담뱃갑 경고 그림이 흡연자들의 '행복추구권'을 침해한다는 핑계로 법안 통과가 흐지부지되었다.

관련 개정안의 국회 통과를 저지한 새누리당 김진태 의원은 "담배 피울 때마다 흉측한 그림을 봐야 하는 것은 흡연권, 행복추구권 침해다. 또 담뱃갑의 50% 이상에 하라는 건 과도한 규제다"라고 주장했다. 그러나 행복추구권 개념이 이 사안에 적절하지 않다는 비판이 제기됐다.

행복추구권은 1776년 미국 독립선언과 버지니아 권리장전에 명시된 인간의 기본권으로, 우리 헌법은 1980년 8차 개정 때부터 적용하고 있다. 미국에서는 담뱃갑에 경고 그림을 부착하지 않고 있는데, 이는 행복추구권 때문이 아니라 담배회사들의 소송 때문이었다.

사실 미국에서는 담뱃갑에 시체나 손상된 폐 사진을 넣으라는 내용의 '가족 흡연 방지와 담배 통제법'이 2009년 연방 의회에서 통과되었다. 우리보다 6년 빠르게 논의가 진행된 셈이다. 그러나 "경고 사진이라는 것은 정부의 메시지인데 담뱃갑을 무료 광고판으로 활용하려고 한다, 이건 담배회사의 표현의 자유를 제한하는 수정헌법 1조 침해"라고 주장하는 담배회사들의 소송에 발목이 잡혔다.

결국 대법원은 담배회사들의 주장을 받아들이지 않았지만, 이 과정에서 사진 삽입이 미뤄지게 됐다. 때문에 '행복추구권'의 원조인 미국에서는 언제든 여건만 되면 경고 그림이 들어갈 수 있는 상황인 셈이다.

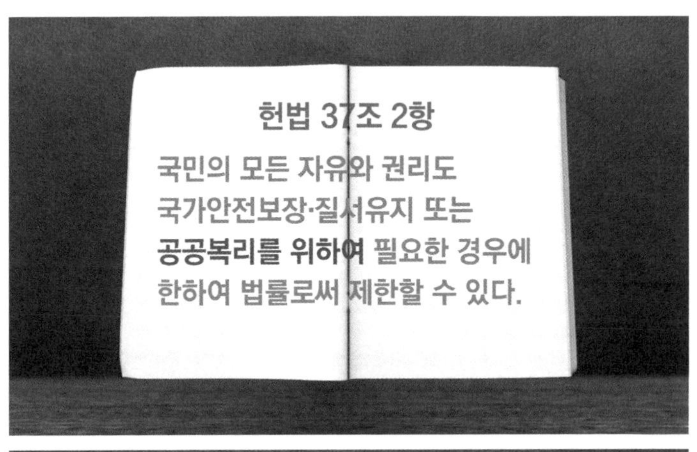

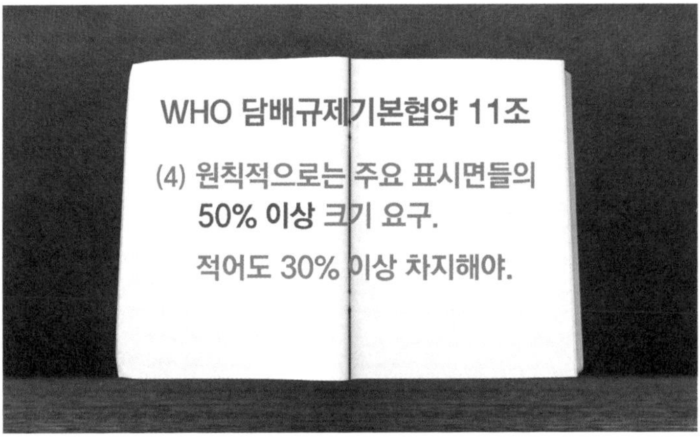

WHO 담배규제기본협약 11조

(4) 원칙적으로는 주요 표시면들의
50% 이상 크기 요구.
적어도 30% 이상 차지해야.

한국의 경우에도 담배 경고 그림이 헌법에 위배될 가능성은 낮다는 게 대부분 전문가들의 의견이었다. 헌법학자인 한상희 건국대 법학과 교수는 행복추구권을 '제한'하는 것과 '침해'하는 것은 다르다고 못박았다. "어떤 공공의 목적이나 국가안보, 사회질서 같은 공공복리를 위해서 법률로써 약간 못하게 하는 것을 '제한'이라고 하고, 그 정도를 넘어서 제한하는 것을 '침해'라고 한다. '제한'은 합헌이고, '침해'는 위헌이다"라는 게 한 교수의 지적이었다. 만약 경고 그림 때문에 행복추구권이 침해됐다고 하면, 이전에 담배 가격을 올린 것부터 금연구역 확대까지 모두 위헌으로 봐야 한다는 것이다.

김진태 의원이 문제 제기한 전체 담뱃갑의 50% 이상을 채우는 경고 그림 역시 문제가 없다는 결론이었다. 세계보건기구(WHO)에서 2003년 담배규제기본협약(FCTC)을 맺었고, 한국도 여기에 서명했다. 협약 내용을 보면 원칙적으로 주요 표시면의 50%, 적어도 30% 이상 크기로 경고를 넣으라고 명시해놨고, 실제 전 세계 60여 개국이 50% 이상을 채우고 있었다. 80% 이상을 채운 나라도 있을 정도다. 그러니까 50% 이상 채운 경고 그림이 과도하다고 보기는 어려운 것이다.

담배를 둘러싼 정치권의 진짜 속내

'행복추구권'을 명분으로 내세운 담뱃갑 경고 그림 논란은 결국 담배를 둘러싼 정치권의 진짜 속내가 '국민건강 증진'에 있지 않았다는 것을 역설적으로 드러냈다. 담뱃갑 경고 그림 삽입을 위한 법률 개정안이 여론의 질타 끝에 결국 2015년 5월에 통과가 되었는데, 또다시 후퇴 논란에 휩싸였기 때문이다.

경고 그림을 삽입하되, '지나친 혐오감'을 주면 안 된다는 단서조항을 붙인 것이 문제였다. 혐오감을 줘서 금연을 유도해야 할 경고 그림이 동시에 지나치게 혐오스러우면 안 된다는 역설이 탄생한 것이다.

금연효과가 입증된 경고 그림 삽입에는 소극적이고, 금연효과에 논란이 있는 담뱃값 인상에만 열을 올렸으니, 이를 추진한 보건복지부나 여당이 제대로 된 답변을 내놓아야 할 상황이다. 진짜 국민의 '행복추구권'을 위한 답변 말이다.

F A C T C H E C K

전염병 공포, 인간의 무지를 먹고 자라다

인간의 공포는 '무지'를 먹고 자란다.

머나먼 중동의 낙타에게서 시작됐다는,
치사율이 40%를 넘는다는 미지의 질병.
이름조차 낯선 '메르스'가 한반도에 상륙했을 때,
한국인들이 겪은 혼란과 공포 역시
메르스에 대해서 잘 모른다는 점이 중요하게 작용했다.

보건당국이 허둥대며 초동조치에 실패하는 동안
SNS를 통해서 온갖 소문이 확산됐다.
검증 안 된 정보들이 혼란을 부추기는 악순환이 벌어졌다.

그래서 팩트체크는 메르스 사태가 절정을 이룬
2015년 6월, 3주간에 걸쳐 메르스 문제에 집중했다.

확인 안 된 주장들을 검증하고,
정확한 정보를 시청자들에게 전달하기 위해
팩트체크를 시작했던 본령으로 돌아간 것이다.

미지의 전염병 메르스,
'중동호흡기증후군'을 둘러싼 소문과 그 진실은 무엇이었을까.

한국에서 번번이 틀린
메르스 공식

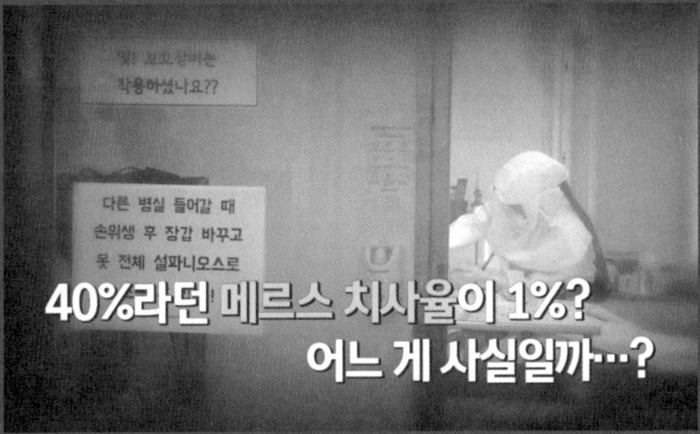

다른 병실 들어갈 때
손위생 후 장갑 바꾸고
옷 전체 설파니오스로

40%라던 메르스 치사율이 1%?
어느 게 사실일까…?

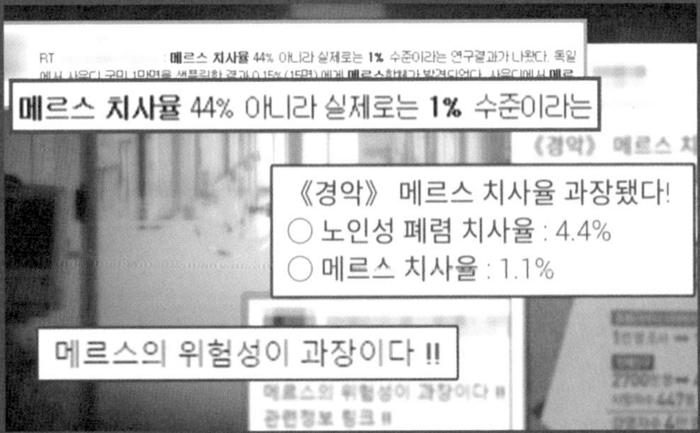

메르스 치사율 44% 아니라 실제로는 1% 수준이라는

《경악》 메르스 치사율 과장됐다!
○ 노인성 폐렴 치사율 : 4.4%
○ 메르스 치사율 : 1.1%

메르스의 위험성이 과장이다 !!

중동호흡기증후군(메르스) 사태가 급격히 확산되면서, 관련 뉴스가 각종 매체를 통해 쏟아져 나왔다. 복잡하고 어려운 의학용어들이 난무하고, 많은 정보가 한꺼번에 양산됐다.

언론 보도를 통해 특히 많이 나온 단어가 '음압병실'이었다. 음압, 즉 기압 차이를 이용해 공기의 흐름을 한쪽 방향으로 통제하는 병실을 말한다. 공기가 밖에서 안으로 들어오는 것만 가능하게 설계되어 있어, 병원균이나 바이러스에 노출된 병실 내 공기가 외부로 확산되는 것을 막을 수 있다.

음압병실의 구조는 두 단계로 구성되어 있는데, 환자가 있는 격리실에 들어가기 위해서는 바깥쪽에 있는 '전실'에서 먼저 소독을 거쳐야 한다. 격리실 안쪽은 기압을 낮춰놓기 때문에, 전실과 격리실 사이의 문을 열어도 상대적으로 기압이 높은 바깥 공기만 안으로 들어올 수 있다. 격리실 안쪽의 공기는 밖으로 빠져나갈 수 없다.

격리실 안쪽의 공기는 출입구가 아니라 별도의 환기구를 통해 내보낸다. 이때 고성능 HEPA필터를 지나도록 했는데, 먼지는 물론 바이러스도 통과할 수 없게 되어 있다.

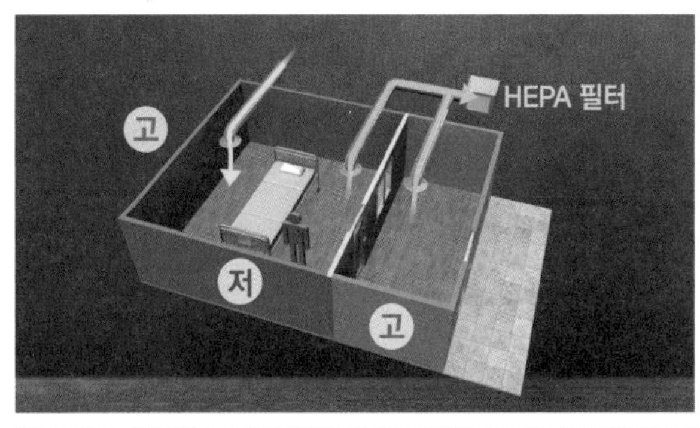

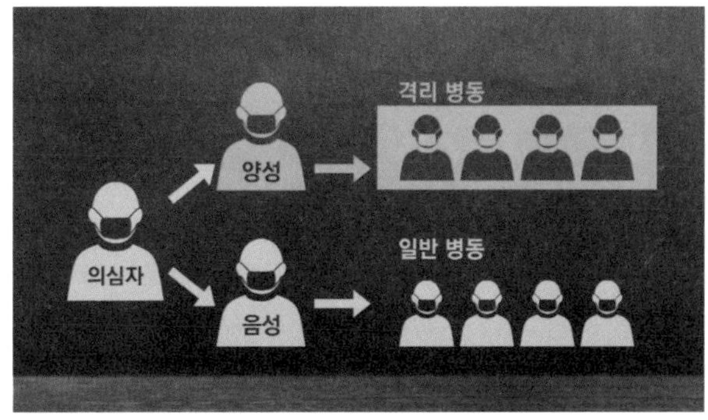

환자나 감염 의심자를 대상으로 '코호트 격리'를 실시한다는 보도도 많았다. 코호트는 사전적으로는 '분류', 혹은 '집단'을 뜻한다. 따라서 코호트 격리는 분류 격리, 집단 격리 정도로 이해하면 쉽다.

병원에서 메르스 의심환자가 발생했을 경우, 검사를 통해 먼저 양성과 음성 반응을 가려낸다. 그런 다음 집단별로 묶어서 한 병동, 혹은 병원을 통째로 격리해 외부와의 접촉을 차단하는 것이다. 환자나 접촉 의심환자는 물론 의료진도 함께 격리되는 셈인데, 이것이 코호트 격리 방식이다. 감염 확산을 막기 위해 신속하게 취해져야 하는 조치 중 하나로 꼽힌다.

전염병 예방수칙

대부분의 감염병이 그렇듯, 메르스 역시 기초적인 예방법만 잘 지키면 건강한 사람은 충분이 예방이 가능하다.

세브란스 가정의학과 강희철 교수는 올바른 손씻기만으로도 일반적인 질환을 막을 수 있다고 강조했다. 먼저 흐르는 물에 손바닥부터 손등, 손가락과 손톱 끝까지 꼼꼼하게 비누로 닦아내는 것이 중요하다. 종이나 타월로 물기를 닦아낸 뒤 손 소독제를 사용하면 메르스뿐만 아니라 감기, 식중독 등 각종 전염병 예방에 큰 도움이 된다.

N95 방역 마스크 등은 품귀현상을 빚을 정도로 많은 사람들이 찾았지만, 사실 방역 마스크는 구하기도 어렵고 평소 일상생활을 하는 동안 쓰고 다니면 숨이 차는 등의 문제가 있다. 전문가들은 KF80 등 인증 받은 황사 마스크 정도로도 예방 효과는 충분하다고 이야기한다.

또 기침할 때는 휴지로 입을 막은 뒤 해야 하고, 사용한 휴지는 반드시 휴지통에 버려야 한다. 휴지가 없을 때는 옷소매 위쪽으로 입을 가리는 에티켓도 중요하다.

자구책의 함정

메르스는 최근 발생한 감염병이기 때문에 아직 예방 백신이나 치료약이 존재하지 않는다. 그러다 보니 엉뚱한 '메르스 예방법'이 SNS를 타고 급속도로 확산되기도 했다.

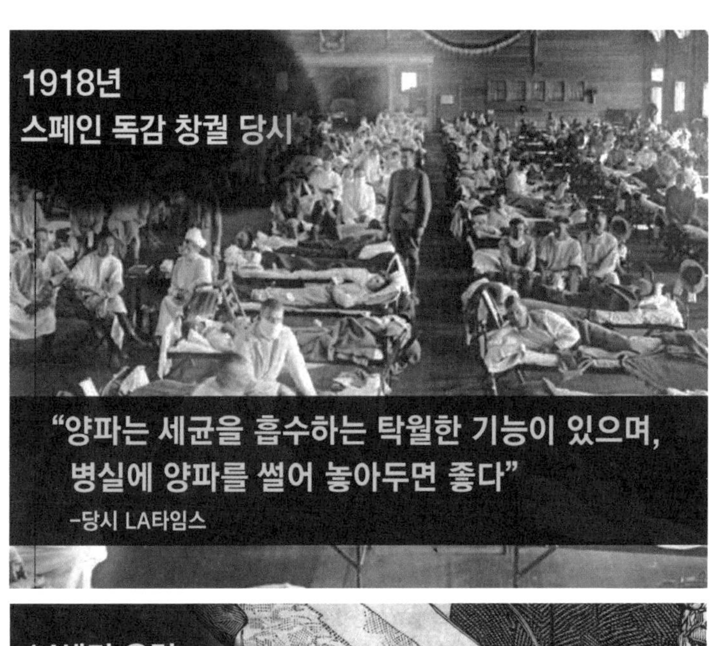
1918년
스페인 독감 창궐 당시
“양파는 세균을 흡수하는 탁월한 기능이 있으며,
병실에 양파를 썰어 놓아두면 좋다”
-당시 LA타임스

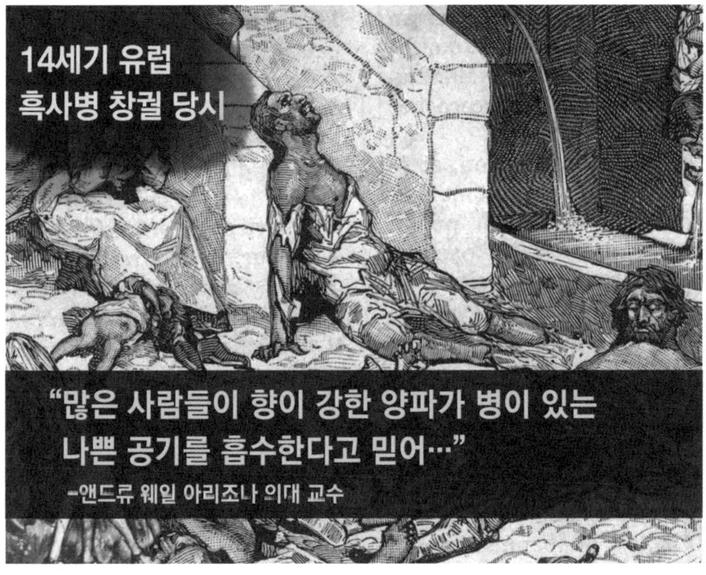
14세기 유럽
흑사병 창궐 당시
“많은 사람들이 향이 강한 양파가 병이 있는
나쁜 공기를 흡수한다고 믿어…”
-앤드류 웨일 아리조나 의대 교수

2003년 사스 유행 당시 감염병과 아무 상관없는 김치나 마늘이 주목받았던 것처럼, 이번에는 양파가 메르스 예방에 좋다는 이야기가 돌았다. 그런데 먹는 게 아니라 양파를 주변에 놔두는 것만으로 바이러스를 막을 수 있다는 점이 달랐다. '방에 5개씩 물러질 때까지 놔두면 효과가 있다'든지, '사무실 책상마다 놔뒀는데 냄새가 장난이 아니다'라는 식의 체험담이 넘쳐났다.

출처는 한 인터넷 커뮤니티의 게시 글이었다. '영국 전역에 독감 환자가 급증한 적이 있는데, 우연히 양파 한 포대를 집 안에 보관한 집에서만 환자가 없었다. 나중에 분석해 보니 양파에 악성 바이러스를 붙잡는 포집 능력이 있었다'는 내용이었다.

'양파가 병을 막아준다'는 얘기는 상당히 오래된 기원을 갖고 있다. 14세기 유럽에서 흑사병이 창궐할 당시에도 양파의 강한 향이 병을 막아준다는 믿음이 있었고, 1918년 스페인 독감이 유럽을 강타했을 때까지 이어졌다. 당시 LA타임스에서는 양파를 얇게 썰어 놓아두는 게 독감을 막는 비법이라고 소개하기도 했다. 그러나 이는 전혀 근거가 없는 낭설이다. 인제대 서울백병원 가정의학과 강재헌 교수에 따르면, 양파가 바이러스를 포집한다는 근거도 없을뿐더러, 설사 양파에 그런 능력이 있다고 해도 메르스 바이러스를 흡수할 수는 없다고 한다. 메르스 바이러스는 상대적으로 무거워 공기 중에 떠다니는 방식으로 전파되지 않기 때문이다.

2013년 아이오와 주립대 루스 맥도널드 교수는 "양파를 밖에 내놨을 때 검게 변하는 건 단순히 썩어버렸기 때문이다"라고 결론내렸다. 양파가 세균을 흡수한 증거는 아니라는 것이다. 양파를 먹으면 건강에 도움이 될 순 있겠지만 놓아두는 것으로 질병을 예방할 순 없다.

한 초등학교에서는 메르스 바이러스가 학교로 들어오는 것을 막기 위한 조치로 운동장에 소금을 뿌리기도 했다. 천일염에서 나오는 미네랄과 음이온이 면역력을 강화시켜 주고, 세균도 잡아준다는 주장이었다. 발 빠른 일부 업체는 메르스 예방에 탁월한 효과가 있다며 '솔트 힐링'이라는 용어로 광고를 내기도 했다. 그러나 운동장에 소금을 뿌리는 것이 먼지를 덜 나게 할 수는 있어도 메르스를 예방할 수는 없다.

대한약사회 정재훈 약사는 어떤 매뉴얼에도 운동장에 소금을 뿌리는 살균소독법은 없다고 강조했다. 운동장의 흙에 메르스 바이러스가 있을 가능성도 없고, 소금을 뿌린다고 세균이 다 죽을 가능성도 없다. 귀신을 쫓겠다고 소금을 뿌리는 것과 큰 차이가 없는 행동이다.

메르스 사태 기간 동안, 비타민C 판매량이 급증하는 현상도 있었다. 치료법이 없으니 건강보조식품으로 면역력을 높여서 메르스를 막겠다는 것이

었다. 특히 동국대 미생물학과 김익중 교수가 SNS를 통해 비타민C의 감염병 예방 효과를 주장하면서, 관련 기사들이 쏟아져 나왔다.

그러나 비타민C의 예방 효과는, 메르스는 물론 일반 감기에 대해서도 검증된 바가 없다. 세브란스병원 가정의학과 강희철 교수는 감기에 대한 비타민C의 예방·치료 효과는 '99% 거짓말'이라고까지 했다. 관련 논문이 수백 차례 발표되었지만 대부분 의미가 크지 않았고, 학계에서도 이 논문들을 주목하지 않고 있다는 것이다. 정부 당국이 신뢰를 주지 못하면서 국민들 나름의 이런 '엉뚱한 자구책'이 판을 치고, 한편에서는 반대로 메르스의 위험성을 낮춰보려는 루머가 나돌았다.

40%라던 메르스 치사율, 사실은 1%?

새누리당 이철우 의원이 '메르스가 독감보다 약하다'고 주장한 것이 메르스 치사율이 진실 여부의 도화선이 됐다. 2009년 신종플루 때 263명이 사망한 것에 비하면 메르스 치사율이 그렇게 높은 편이 아니라는 것이다. 인터넷과 SNS를 통해 메르스 치사율이 실제보다 과장됐다는 주장이 등장했는데, 치사율이 실제로는 1% 정도밖에 안 된다는 것이다.

독일 본 대학의 드로스텐 교수와 사우디아라비아 보건부 차관을 지낸 메미시 박사 팀의 연구 결과가 이런 소문의 진원지였다. 2012년부터 1년간 사우디에서 확보한 1만여 명의 혈액을 분석해 봤더니 이 중 0.15%인 15명의 혈액에서 메르스 바이러스 항체가 발견됐다. 이 수치를 거꾸로 사우디 인구 3000만 명에 대입해 보면, 메르스에 걸린 적이 있거나 원래 메르스를 이길 수 있는 체질인 사람이 4만여 명이 되는 것이다. 이 계산이 문제였다.

그동안 알려진 사우디의 메르스 치사율은 44% 정도로 메르스 확진자 1016명 가운데 사망자가 447명이었다. 그런데 SNS 루머와 일부 언론은 분모를 '확진자' 대신 '항체 보유자' 4만여 명으로 바꿔서 다시 계산했다. 그러면 실제 치사율은 1.1%로 떨어진다.

메르스 치사율이 1.1%라면 노인성 폐렴의 치사율인 4.4%에 한참 못 미

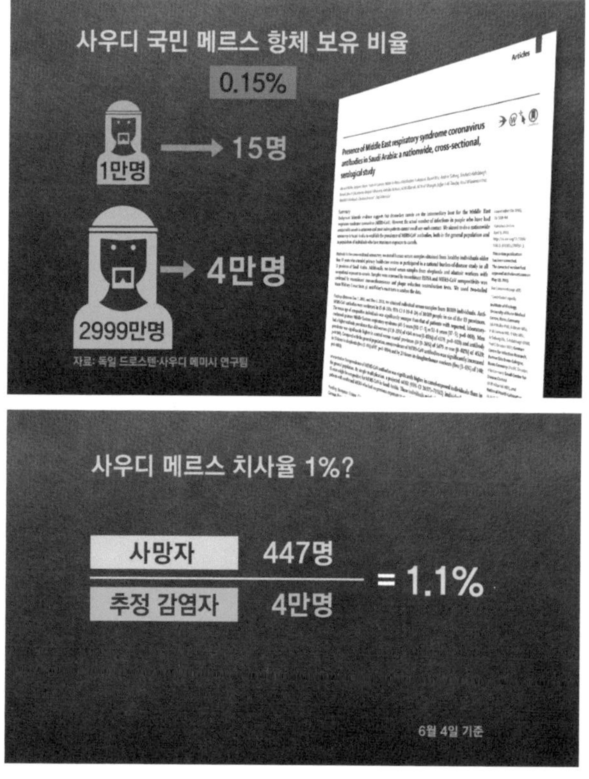

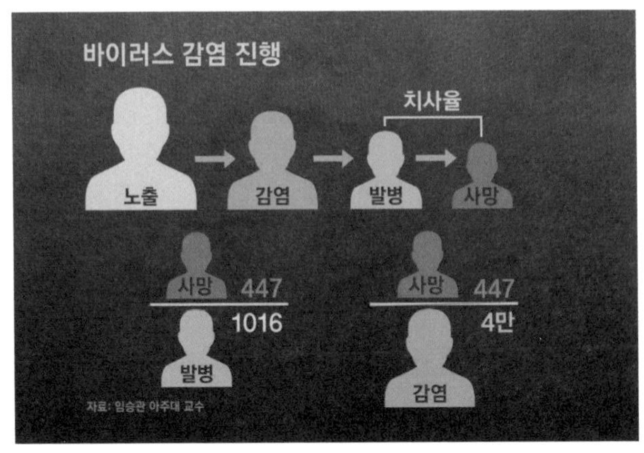

치고, 1% 미만인 독감 치사율과 비슷해진다는 게 이들 주장의 핵심이다. 치사율을 과장해 과도하게 메르스에 대한 공포감이 만들어졌다는 것이다.

그러나 이 '1% 치사율'은 감염의학의 기본을 무시한 셈법이다. 감염 진행은 4가지 단계로 구분된다. 바이러스에 '노출'되면 그중 일부가 '감염'이 되고, 감염된 일부에게서 증상이 나타나는 '발병' 단계 후, 이들 중 일부가 '사망'에 이른다. 치사율은 마지막 발병에서 사망 단계로 가는 비율, 즉 증상이 나타나 병원에서 확진 판정을 받은 사람들 가운데 사망한 사람의 비율이다. 그런데 '1% 치사율' 이론은 중간 단계를 건너뛰어 버렸다. 계산식의 분모를 발병한 확진자 수로 잡지 않고, 감염 단계의 추정치를 가져다 극단적 결과를 도출한 것이다.

아주대 감염내과 임승관 교수는 이런 주장은 병을 일으키는 '병인성'과 실제 사망 비율인 '치사율'을 혼동한 결과라고 지적했다. 이런 식으로 따지면 많은 사람들이 어릴 적 가볍게 앓고 지나가면서 항체가 형성되는 A형 간염은 치사율이 거의 0%가 된다.

애초 드로스텐 교수팀의 논문은 치사율을 밝히는 것이 목적이 아니었다. 낙타와의 접촉 여부를 알 수 없는 1차 감염자의 감염 경로를 밝혀내기 위한 기초연구였을 뿐이다. 논문 저자인 드로스텐 교수 역시 항체 보유자 4만여 명이라는 숫자를 가지고 치사율에 대한 결론을 내릴 수는 없다는 답변을 팩트체크팀에 직접 메일로 보내왔다.

메르스 최초 발생국인 사우디보다 의료 수준이나 환자 관리 수준이 높았던 한국은 19.35%(잠정치) 수준의 치사율을 기록했다. 40%를 넘는 사우디에 비하면 절반 정도지만, '치사율 1%짜리 질병'이라며 경계의 목소리를 '선동'으로 치부할 수 있는 수준은 결코 아니었다.

과도한 공포감을 가지는 것도 문제지만, 잘못된 정보 전달은 감염병 예방에 훨씬 치명적인 독이 된다는 것을 명심해야 할 것이다.

FACT CHECK

한국의 메르스 대응, 해외와 비교하면?

2003년, 사스 광풍이 전 세계를 덮쳤을 때,
한국은 '사스 무풍지대'로 이름을 떨쳤다.
적절한 사전조치와 강력한 방역으로
단 한 명의 사망자도 나오지 않았다.

그 결과 세계보건기구로부터
사스 예방 모범국으로 선정되기도 했다.

그런데 12년 만에
한국 방역망에 대한 평가가 완전히 달라졌다.
메르스 앞에 맥없이 뚫려버리면서
'민폐국'이 되는 것 아니냐는 걱정까지 나왔다.

그동안 한국 방역당국에는 무슨 일이 있었던 걸까.
한국의 방역체계는 다른 나라들과 어떻게 달랐을까.

반성이 제대로 되어야
다시는 실수가 반복되지 않는다.

메르스 발병 1위 사우디아라비아

단숨에 3위로 올라선 대한민국

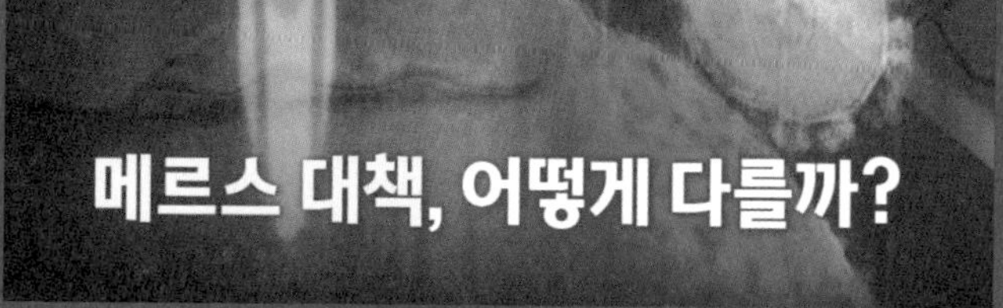

메르스 대책, 어떻게 다를까?

메르스 확산 소식이 연일 이어지던 초기, 불안한 여론의 방향은 온통 메르스 접촉 병원 공개를 요구하는 쪽으로 모였다. '알아야 피하지 않겠느냐'는 것이 당시 대체적인 여론이었다. 하지만 정부는 첫 환자가 발생한 지 2주가 넘게 지날 때까지 메르스 발생 및 접촉 병원 공개를 거부했다. 공익적 실익은 크지 않은 데 비해 병원을 방문한 환자나 의료진 등이 불필요한 오해를 받을 수 있다는 이유였다.

하지만 의료계 일각에선 정부 입장과 다른 목소리도 있었다. 노환규 전 대한의사협회장은 "총체적 난국인 만큼 알권리를 위해서 일반에 공개해야 한다"고 주장했다. 그렇게 해야 국민의 불안감을 없앨 수 있다는 것이었다. 양측의 팽팽한 입장 사이에서 길을 찾기 위해선 해외 사례를 참고할 필요가 있었다.

강력한 전염병의 위험이 노출되었을 때, 해당 병원의 공개 여부는 사례별로 엇갈렸다. 2014년 에볼라 창궐 당시, 미국 조지아 주와 하와이 주에서는 에볼라 바이러스 치료센터를 공개하지 않았다. 반면 미국 내 첫 에볼라 확진 환자였던 토머스 에릭 던컨의 경우 텍사스 건강장로병원에서 치료를 받은 게 공개됐고, 그를 치료하다 감염된 병원 간호사 2명은 각각 메릴랜드의 국립보건원(NIH) 치료센터, 에모리대학병원으로 이송돼 완치되는 전 과정이 모두 공개됐다. 같은 나라, 같은 질병에 대해서도 공개 여부가 달랐던 것이다.

한편 2003년 사스 창궐 당시 홍콩은 병원 이름을 처음부터 공개했고, 이러한 대처는 세계보건기구(WHO)로부터 "대형 전염병으로 번지는 것을 막았다"는 평가를 받기도 했다. 병원 공개 여부에서 국제적으로 명확한 일관성을 확인하기는 어려웠다. 그렇다면 한국의 대처에 대한 국제사회의 평가는 어땠을까?

메르스 원조국인 사우디 정부의 대책과 닮은 우리 정부의 대책

"정부는 과거의 사례로부터 교훈을 얻는 데 실패했다" _뉴욕타임스

"정부가 병원과 소통을 제대로 못 했고 책임감도 부족했다" _로이터

"정부가 바이러스는 못 막으면서 말이 퍼지는 것만 막으려 한다" _보카티브

해외 언론에서 메르스에 대해 보도한 기사의 제목이다. 마치 메르스 비상사태를 겪던 한국의 상황을 두고 쓴 내용처럼 보이지만, 실은 우리나라가 아니라 2014년 사우디아라비아의 상황을 보도한 기사 제목들이다.

2014년 사우디에서도 정부와 병원 간의 소통 문제가 꾸준히 제기됐다. 또한 병원 내에서의 대응이 부실해 오히려 병을 퍼뜨렸다는 시각도 계속 나왔었다. 사우디 정부의 이런 모습에 대해 WHO와 유엔에서 심각하게 문제

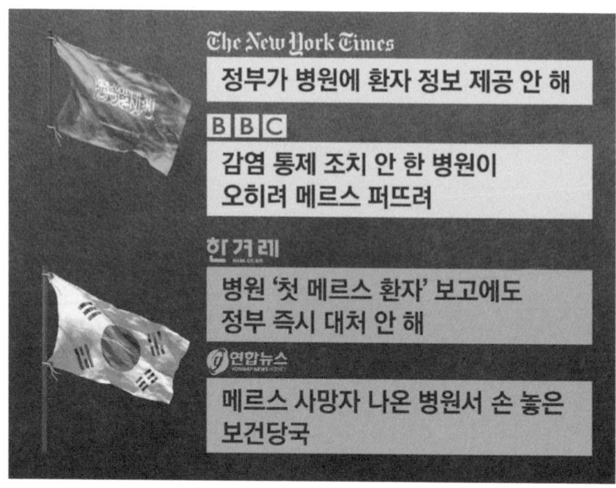

를 제기했다. 게다가 뉴욕타임스는 "정부의 실패가 메르스 대응의 발목을 잡았다"는 제목을 달아 보도하기도 했다.

2014년 사우디 정부의 대응 모습은 전형적인 실패한 방역 사례로 볼 수 있는데, 2015년 한국 정부의 모습이 크게 다르지 않다는 지적이 많았다. 병원명을 공개하지 않은 점, 질병관리본부와 병원 간에 발생한 엇박자, 병원 내 감염 예방 실패 상황 등을 살펴보면 사우디 정부의 대응 모습과 상당히 비슷하다.

한국에서 깨진 메르스 방역 공식

반면 사우디를 비롯해 다른 나라들에서 기존에 확인된 메르스 관련 공식들이 한국에 와서는 제대로 작동하지 않는 경우가 있었다. 이 때문에 초기에 메르스 확산을 막는 데 큰 어려움을 겪어야 했다.

가장 대표적인 것이 감염을 결정하는 '밀접 접촉의 범위'였다. 정부에선 메르스 발생 초기, 감염자와 2m 이내에서 1시간 이상 접촉한 사람을 관리 대상으로 보겠다고 발표했다. 이건 미 질병통제예방센터(CDC) 기준을 그대로 적용한 것이다. CDC 기준을 살펴보면 '클로즈 컨택트', 즉 밀접 접촉 기준을 6피트(약 2m) 정도로 규정하고 있다.

그런데 이 2m 이내에 접촉하지 않으면 감염되지 않는다는 공식이 한국에서 깨졌다. 평택성모병원에서는 감염자가 있던 병실뿐만 아니라 병실 밖에서도 2차 감염이 일어났고, 삼성서울병원 의사였던 35번 감염자가 메르스 환자와 밀접 접촉을 안 했는데도 감염된 사실이 드러났다. '2m 기준'이 그대로 적용되지 않은 것이다.

접촉 시간과 관련된 기준 역시 달랐다. 정부에선 외국 연구 사례를 바탕으로 1시간 이상 감염자와 접촉하면 위험하다고 봤는데, 서울아산병원에서 확진 판정을 받은 청원경찰은 6번 환자와 접촉한 시간이 단 10분에 불과했다. 그랬는데도 전염이 일어났으니, '1시간 기준' 공식 또한 적용되지 않는 것이다. WHO에선 한국에서 5분 접촉 후 감염된 사례가 있다고 밝히기도 했다.

3차 감염자가 보고된 사례는 없다?

가장 큰 논란이 되었던 것이 "전 세계적으로 3차 감염자는 없다"는 당국의 발언이었다. 문형표 복지부 장관이 국회 상임위에서 쏟아진 의원들의 질문에 "아직까지 세계적으로 3차 감염이 보고된 사례는 없다"고 대답했다.

그런데 이 발언은 결과적으로 허언이 되고 말았다. 문 장관의 발언이 나온 지 불과 엿새 만에 세계 최초로 한국에서 3차 감염자가 발생했다. 심지어 이 가운데 사망자도 나와서 3차 감염자는 77명을 넘어서는 상황과 마주하게 되었다. 외신이나 해외기관들도 "한국에서 나타난 3차 감염 사례는 이례적이며 한국은 중대한 국면에 들어섰다"는 내용을 전하기도 했다. 그만큼 정부 발표에 대한 신뢰는 깎여나갔다.

아주대 감염내과 임승관 교수는 국제 기준의 의료 환경과 한국의 의료 환경이 다르다는 점을 알아야 한다고 설명했다. 미국, 캐나다 병원에서의 '환자의 2m 이내, 혹은 같은 병실'이라는 개념을 한국 병원의 '환자의 2m 이내, 혹은 같은 병실'이라는 개념으로 똑같이 생각한 것이 잘못됐다는 지적이었다. 병원의 크기나 환자들 병상의 밀집도, 간호 인력과의 접촉 등에서 다른 나라와 한국은 엄연히 차이가 있다. '병문안'이라는 특유의 독특한 문화도 있다.

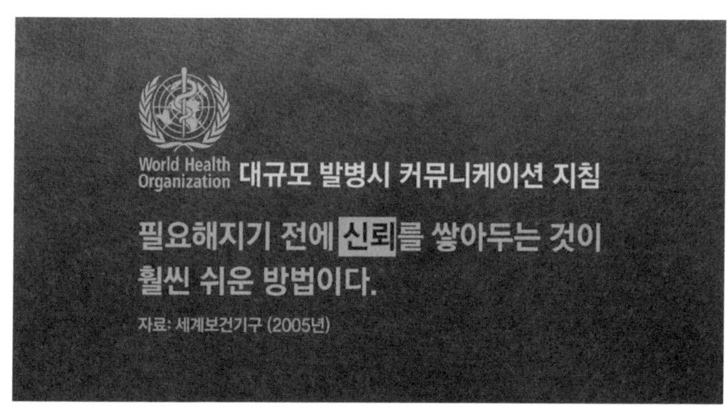

때문에 병원 환경 자체를 다르게 봐야 하며, 외국의 환경에 맞춰 만들어진 기준을 그대로 쓰면 안 된다는 것이다.

메르스와 같은 대규모 발병에 대처할 때 지켜야 할 WHO의 커뮤니케이션 지침을 보면 "필요해지기 전에 미리 신뢰를 쌓아두는 것이 훨씬 쉬운 방법이다"라고 나와 있다. 당장 일이 닥쳤을 때는 신뢰를 쌓기 어려우니, 정책당국이 미리부터 국민적 신뢰를 충분히 쌓아둬야 한다는 것이다.

그런데 메르스 창궐 당시 우리 정부의 위기관리나 소통체계는 이런 지침과 상당히 멀어보였다. 정부의 폐쇄적이고 뒤늦은 위기 대처방식은 결국 국민의 신뢰를 놓치면서부터 꼬이기 시작했다. 그리고 그 피해는 고스란히 국민들이 감당해야만 했다.

F A C T C H E C K

세월호 이후,
우리는 과연 달라졌는가

2014년 4월 16일 수요일 아침.
거짓말 같은 화면이 '뉴스속보'에 등장했다.

온 국민이 생중계로 지켜보는 가운데,
세월호는 속절없이 침몰했다.
대한민국 정부는 아무것도 하지 못했다.

2001년 9월 11일.
미국의 방송들도 엄청난 화면을 생중계로 전했다.

이날, 뉴욕 세계무역센터가
테러리스트들의 공격에 무너져 내렸다.

두 개의 나라, 두 개의 재앙.
그리고 1년이 흘렀다.
한국과 미국은 세월호와 9·11 이후
1년의 시간을 어떻게 보냈을까.
그리고 무엇이 달라졌을까.

이 물음 안에, 국가적 재난을 어떻게 예방하고
또 극복할 것인지 답이 들어있다.

2001년 9.11 테러

2014년 4.16 세월호 참사

9.11 테러 1년과 비교해 본
세월호 참사 1년은?

전대미문의 국가적 재난이었던 세월호 참사 이후, 또 다른 세월호 참사를 예방하기 위해 어떤 조치를 취해야 하는지 한국 사회는 깊은 고민에 빠졌다. 이때 가장 많이 언급됐던 것이 미국의 9·11 사태였다. 사고의 성격 자체는 다르지만 대대적인 진상조사나 국가 차원의 개조 방안을 마련했다는 점에서 참고할 부분이 많았기 때문이다. 참사 발생 후 1년, 세월호와 9·11은 닮은 점도 많고 그만큼 다른 점도 많았다.

한국은 참사 발생 1년이 채 안 되는 시점에 특별조사위원회(특조위)를 만들었다는 점에서, 9·11 참사 이후 미국보다 대응이 빨랐다. 그러나 세월호법 시행령을 둘러싼 줄다리기가 지루하게 이어지고, 특조위의 예산과 중립성 논란이 벌어졌다. 결국 특조위는 1년이 지나도록 정식 출범조차 못했다.

9·11 당시 미국도 우리와 비슷했다. 당시 조지 W. 부시 대통령은 '테러와의 전쟁'에 방해가 된다며 조사위원회 구성을 거부했고, 독립적인 조사위원회를 세우는 데 1년 2개월이라는 시간이 걸렸다. 우리와 마찬가지로 조사위원장의 중립성 논란, 예산 논란이 따라붙었다. 유가족을 둘러싼 '정치성' 논란도 비슷했다.

뉴욕타임스 기자 출신으로, 9·11 후속 대책 관련 전문가인 필립 셰넌은 9·11 발생 1년 후 미국과 한국의 모습이 크게 다르지 않다고 말했다. 미국 정부와 마찬가지로 한국 정부도 전면 조사에 대해 정치적으로 우려하는 점이 있기 때문에, 진상조사위 구성에 오랜 시간이 걸리는 것이 놀랍지 않다는 것이다.

그러나 일단 구성이 되고 난 이후 미국의 움직임은 달랐다. 중립적인 위원장을 중심으로 새롭게 구성된 9·11 조사위는 1년 8개월 동안 활발한 활동을 펼쳤다. 그 기간 동안 1200명이 넘는 사람을 만났고, 총 12차례의 청문회를 열었다. 부시 대통령을 비롯해 딕 체니 부통령, 도널드 럼스펠드 국방장관, 콜린 파월 국무장관, 콘돌리자 라이스 국가안보보좌관까지 전·현직 고위 정부 인사가 모두 증언대 앞에 섰다.

특히 '국가의 실패'를 정직하게 고백하고 유가족들에게 용서를 구했던 리처드 클라크 백악관 대테러수석보좌관의 청문회는 국제사회 전체에 깊은 울림을 던졌다.

"이 자리에 계신 분들과 TV로 보고 계신 여러분, 우리 정부가 여러분을 실망시켰습니다. 우리는 열심히 했지만, 그건 중요하지 않습니다. 우리는 실패했습니다. 모든 사실이 드러날 때 여러분의 이해와 용서를 구하고 싶습니다."

그의 발언은 미국 유명 드라마인 〈뉴스룸〉에까지 소개되는 등 국가의 역할에 대한 성찰을 보여줬다는 평가를 받았다. 9·11 조사위는 이런 과정을 거쳐 567쪽에 달하는 보고서를 발표했고, 진실에 상당히 근접했다는 평가를 받았다.

반면 세월호 특조위는 여전히 제대로 된 예산 편성과 각급 기관의 협조를 얻지 못하고 있으며, 조사에 별다른 진척이 없는 상황이다. 새누리당 김재원 의원을 비롯한 여당 위원들은 특조위 예산과 관련해 '세금도둑'이라는 발언을 해서 논란이 될 정도였다.

참사 1주기 당시 풍경도 한국과 미국은 차이가 있었다. 세월호 1주기 당시 해외 순방 중이었던 박근혜 대통령과 달리, 부시 대통령은 하루 종일 9·11 참사 1주기 관련 행사에 참석했다.

당시 미국 곳곳에서 1주기 추모행사가 열렸는데, 부시 대통령은 아침 일찍 추모예배를 마친 뒤 국방부에서 열린 추모행사에 참석했다. 그러고는 다른 비행기가 추락했던 펜실베이니아 생스빌로 날아가 유족들을 만난 뒤,

9·11 진상조사위원회 활동
▸1년 8개월간 활동
▸10개국 1200여명 증언
▸관련자료 250만 쪽 검토
▸청문회 12차례 개최

부시 대통령
딕 체니 부통령
럼스펠드 국방장관
콜린 파월 국무장관
콘돌리자 라이스 국가안보보좌관

THE
9/11
COMMISSION
REPORT
FINAL REPORT OF THE NATIONAL COMMISSION ON
TERRORIST ATTACKS UPON THE UNITED STATES

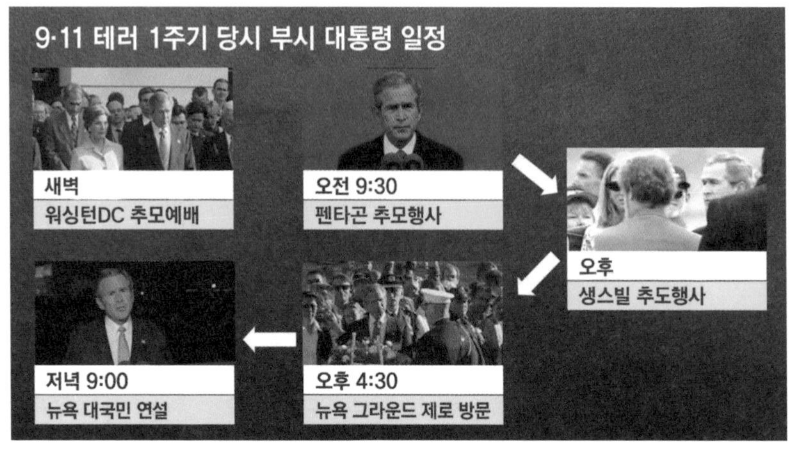

오후에는 다시 뉴욕으로 건너가 무너진 세계무역센터 자리에 만들어진 '그라운드 제로' 현장을 방문했다. 마지막으로 밤 9시에는 자유의 여신상이 보이는 뉴욕에서 대국민 연설을 함으로써 하루 일정을 마무리했다. 하루 종일 9·11 추모를 위해 보낸 셈이다.

박근혜 대통령은 4월 16일 오전에 팽목항을 방문해 대국민 메시지를 발표한 뒤 여당 대표와 청와대에서 긴급회동을 가졌고, 오후에 출국해 중남미 4개국 순방을 떠났다. 국내외 언론에서 대통령의 외유에 대한 비판적 목소리가 쏟아져 나오기도 했다.

한국 사회는 세월호에서 무엇을 배우고 실천해야 하는가

유가족을 둘러싼 논란은 양국 모두에서 똑같이 나타났다. 워낙 희생자가 많았기 때문에 유가족들은 정부와 갈등을 빚는 경우가 많았는데, 이를 정치적·비판적으로 바라보는 시각이 나타났다. 일명 '저지 걸(9·11 참사로 남편을 잃은 부인)'들이 워싱턴에서 시위를 벌이는 등 유족들의 활동이 활발해지자, 유가족을 둘러싼 유언비어가 쏟아졌던 모습도 한국과 비슷했다.

하지만 추후 조사위가 제대로 구성되고, 많은 이들을 증언대에 세운 것은 결국 유가족들의 공이었다는 평가를 받았다. 팩트체크 팀과 직접 인터뷰를 했던 '평화로운 내일을 위한 9·11유가족회'의 탈랏 함다니는 가능한 한 많은 정치인들에게 유가족들이 직접 가서 말해야 한다고 강조했다. 정치인들은 유가족들이 겪는 고통과 슬픔을 직접 보기 전까지 움직이지 않았다. 힘 있는 이들을 움직인 유일한 방법은 결국 고통 받는 유가족들이었다.

10년 이상의 시차를 두고 발생한 서로 다른 두 사건이지만, 9·11 유가족들은 세월호 유가족들에게 깊은 공감을 느끼며 격려와 위로의 말을 전했다. 특히 9·11 때 어머니를 잃은 로빈 번스타인의 말은 한국 사회가 세월호에서 무엇을 배우고 실천해야 하는지 지향점을 보여준다.

"우리가 작은 변화를 만들 때마다 세상을 더 나은 곳으로 만들고 있다는 생각이 듭니다. 세월호 유가족들이 하려는 일도 마찬가지라 생각해요. 다시는 그런 실수, 사고가 없도록 하는 일은 치유과정의 일부이기도 합니다."

유가족들의 참여를 통해 세월호의 진실을 밝혀내는 일은 그들을 위한 치유의 과정이기도 하지만, 세월호와 함께 침몰한 대한민국의 미래를 건져 올리는 치유의 과정이기도 하다.

2장

알수록 피가 되고 살이 되는 것들

×

경제 체크

F A C T C H E C K

기준금리는 내렸는데, 내 대출이자는 왜 그대로인가

한국은행의 기준금리 조정은 '경제 방역'이라고도 불린다.
한국 경제의 상황이 부실해지는 것을 미리 막고
'체질 개선'을 유도하는 게 목적이기 때문에,
질병 예방을 위해 실시하는 의료 방역활동과 비슷하다는 뜻에서다.

하지만 일반 시민들에게 더 관심이 가는 것은
기준금리가 시중은행들의 대출금리에 미치는 영향이다.
팍팍한 살림살이에 지친 서민들 입장에서는
당장 내가 내는 이자가 얼마나 달라질 것인지가 중요하다.

그런데 이상하다.
경기 상황이 좋지 못하다는 이유를 들어
한국은행은 기준금리를 계속 내리는데,
정작 통장에서 나가는 대출이자에는 변화가 없다.

한국은행과 시중은행, 둘 다 은행인데…
이자 계산하는 방법이 다르기라도 한 걸까?

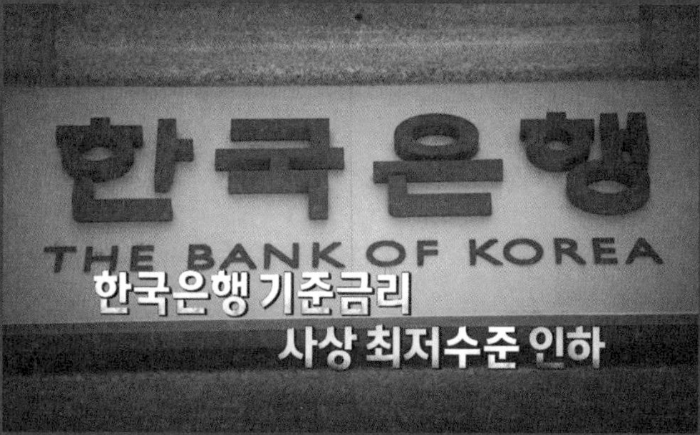

한국은행
THE BANK OF KOREA
한국은행 기준금리
사상 최저수준 인하

하지만
시중은행 대출금리는 요지부동

대출상담창구
기준금리-대출금리,
따로 가는 진짜 이유는?

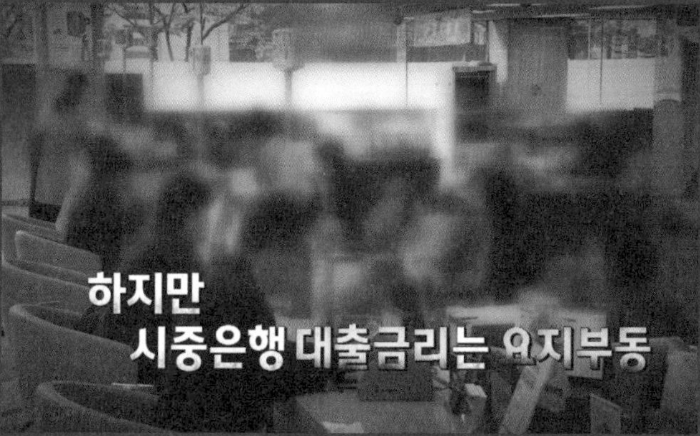

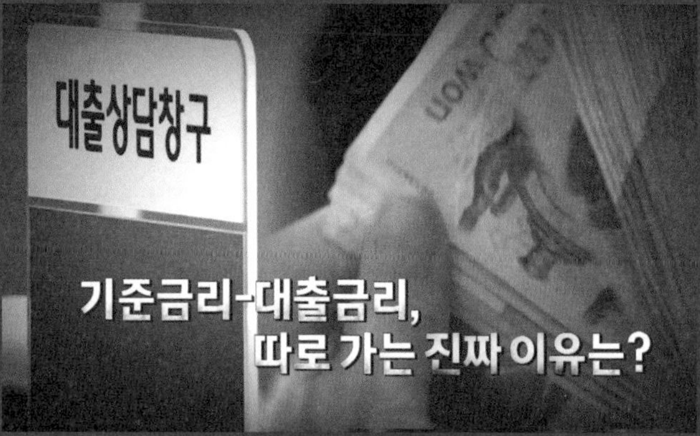

2014년 10월, 한국은행이 기준금리를 사상 최저 수준인 2%로 낮췄다. 2015년 3월과 6월에도 연속적으로 금리를 낮춰 역대 최저 기준금리는 1.5%까지 내려갔다. 그만큼 경기가 좋지 않고, 금리를 낮춰줌으로써 우리 경제에 활력을 불어넣을 필요가 있다는 게 한국은행의 설명이었다.

한국은행의 기준금리는 모든 시중은행이 금리를 책정하는 기준선이 된다. 그렇다면 기준금리가 내려간 만큼 각 가정이 부담하는 대출금 이자도 줄어들었을까? 그런데 막상 현실은 기대와는 조금 달랐다. 2014년 하반기 시

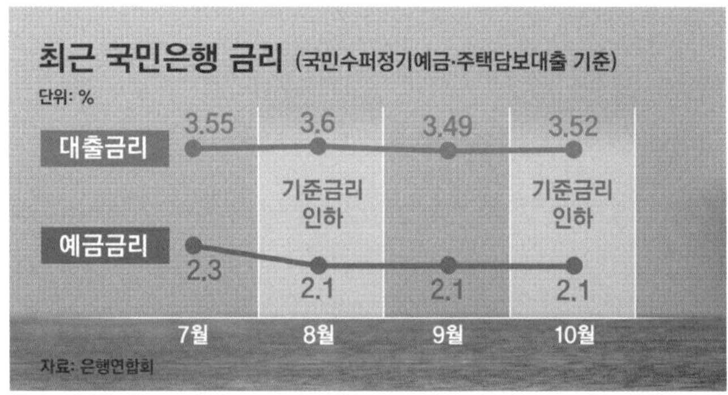

점에서는 별로 많이 내리지 않았거나, 어떤 때는 오히려 올라간 경우도 있었던 것이다.

'금리 인하'라는 변화는 대출자들의 기대와는 달리 저축한 돈에 붙는 예금금리 쪽에 먼저 나타났다. 2014년 7월만 해도 예금금리가 평균 2.3%였는데, 발 빠르게 내려가는 모습을 보이더니 10월에는 2.1%까지 내려갔다. 반면 대출금리는 평균 3.55% 수준에서 미세 변동만 있었을 뿐, 비슷한 수준인 3.52% 정도에 머물러 있었다. 조사해 본 국민은행뿐 아니라 대부분의 시중은행이 비슷한 사정이었다. 예금해놓은 돈에는 이자를 적게 붙여주고, 대출해준 돈에는 이자를 많이 붙인 셈이다.

대출금리가 내리지 않는 진짜 이유는?

이런 이상한 불균형의 원인을 살펴보니, 은행이 책정하는 '가산금리' 때문이었다. 가산금리는 기준금리에 추가로 붙이는 금리를 말한다. 은행은 돈 빌려줄 때 대출하는 사람에 따라서 이자율을 다르게 적용한다. 시장금리에 맞춰서 기본적으로 잡아놓은 기준금리에 개인의 신용도나 담보 여부에 따라 추가로 가산금리가 더해진다. 기준금리와 가산금리를 합쳐서 각 은행들의 대출금리가 결정된다.

그런데 KB주택담보대출·은행연합회의 2014년 9월과 10월 국민은행의 대출금리자료를 보면, 한국은행이 기준금리를 낮춘 영향으로 은행 기준금리 역시 조금 줄어들었다. 반면 가산금리가 오히려 늘어나면서, 결과적으로는 전체 대출금리가 3.49%에서 3.52%로 올랐다. 시중은행 17곳 중에 13곳이 이런 식으로 가산금리를 올려 대출금리를 올렸거나, 예전 수준을 유지한 것으로 확인됐다. 은행이 마음대로 조정할 수 있는 가산금리가 일종의 '숨겨진 금리' 역할을 한 것이다.

시중은행들은 한국은행 기준금리가 낮아져도, 이게 실제 대출금리에 반영되려면 시간이 필요하다고 항변했다. 통상 1달 반~2달 정도가 은행들이 얘기하는 시차였다.

은행들이 내세우는 또 다른 이유는, 그동안 너무 낮게 책정됐던 가산금리를 정상화하고 있다는 거였다. 확인 결과, 최근 몇 년간 가산금리가 상대적으로 낮았던 것은 사실이었다. 신한은행의 경우, 2010년 2%를 넘었던 가산금리가 2011년 0.73%, 2012년 0.60% 등 낮은 수준으로 유지되다가 최근 1%대 가까이 오른 상황이다. 은행들 입장에서는 '비정상의 정상화'를 하고 있다는 주장이었다.

그런데 전문가들은 낮을 때가 비정상이 아니라 2%까지 치솟았을 때가 비정상이었다고 지적했다. 2008년 금융위기 이후 신용이 나빠진 사람도 많았기 때문에 그 직후인 2010년 가산금리가 상대적으로 높게 책정됐다는 것이다. 결국 최근의 가산금리 인상은 은행들이 그동안 손해 본 것을 보충하려는 속셈도 숨어있었다.

가산금리를 활용하는 은행들의 속내

금융소비자원의 조남희 대표는 수익 목표치를 채우려는 은행들의 속내를 꼬집었다.

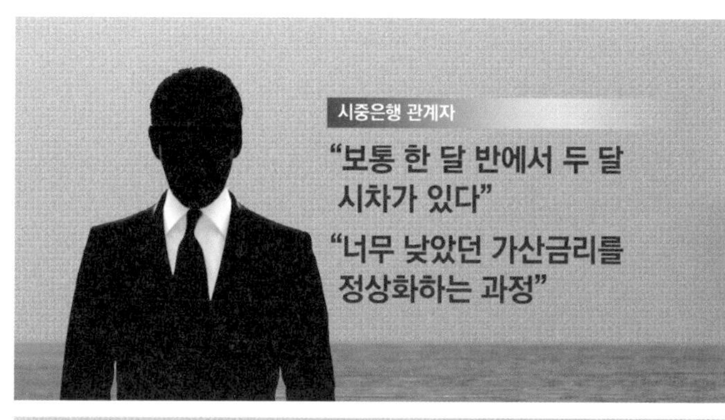
시중은행 관계자
"보통 한 달 반에서 두 달 시차가 있다"
"너무 낮았던 가산금리를 정상화하는 과정"

대출금리 = 기준금리 + 가산금리
단위: %
3.49
3.52
2.69
기준금리
2.57
0.8
가산금리
0.95
9월
10월
자료: KB주택담보대출·은행연합회

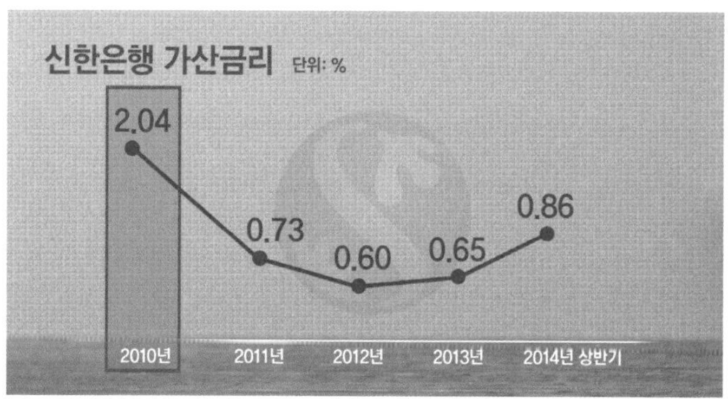
신한은행 가산금리 단위: %
2.04
0.73
0.60
0.65
0.86
2010년
2011년
2012년
2013년
2014년 상반기

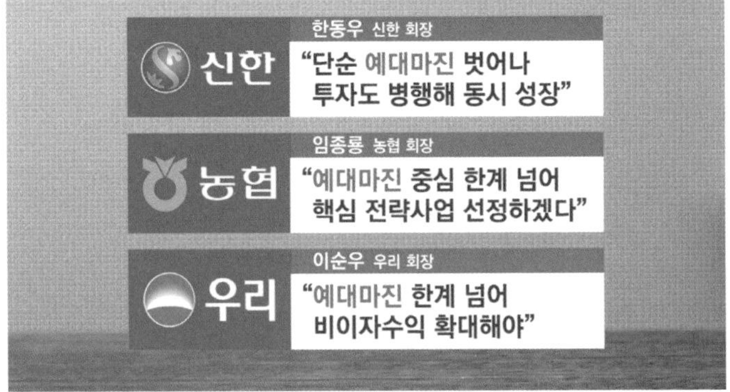

"지금 같은 저금리 기조에서는 은행들의 수익성이 악화될 것이 확실하다. 은행들은 이미 결정해놓은 수익 목표를 채우려고 가산금리를 탄력적으로 적용한다. 연간 이익 목표를 채우기 위해 가산금리를 활용하고 있다고 볼 수 있다."

대출금리는 높아지고, 예금금리는 낮아지는 상황. 결국 은행들은 손해 볼 것이 없고, 당분간 이런 상황이 지속될 수밖에 없다. 실제 2014년 상반기 국내 은행들의 순이익은 3조 7000억 원으로, 2013년 같은 기간에 벌어들인

2조 7000억 원보다 37%나 늘어났다. 총수익 중에서 90% 가까이가 이자 수익이었다. 예금금리는 조금 챙겨주고, 대출금리는 많이 받아낸 결과다.

연초마다 나오는 금융사 회장들의 신년사를 보면, 한결같이 "예대마진에 의존하지 않고 선진 금융기법을 키우겠다"고 말한다. 예금금리와 대출금리 사이에서 마진을 남겨서 장사하지 않겠다는 얘기다. 그러나 실제 결과를 보면 금리로 장사했다는 결론밖에 나지 않는 상황. '선진 금융'은커녕, 점점 허리 휘어가는 고객들에 대한 배려만이라도, 시중은행들이 떠올려줬으면 좋겠다.

F A C T C H E C K

싱글도 서러운데, 세금까지 더 내라고?

'3포 세대'
연애, 결혼, 출산을 포기해야 하는
대한민국 청춘들의 현주소를 상징하는 말이다.
좀체 내일이, 희망이 보이지 않는 상황에서
그들의 선택은 불가피하게 홀로 사는 것이 되었다.

국가 입장에서는 암울한 상황.
싱글족들이 늘어날수록 인구 증가나 노동 재생산이 힘들어지고
그만큼 사회의 역동성은 떨어진다.
국가도 생존을 위해 여러 가지 대책을 내놓을 수밖에 없다.

그런데 그런 대책들 중에서
'혼자 살면 페널티를 주자'는 얘기가 불쑥 튀어나왔다.
이른바 '싱글세'를 매기자는 것이다.

어쩔 수 없이 선택한 싱글들 입장에서는 억울한 노릇이다.
혼자 사는 것도 서러운데, 세금도 더 내라고?

'싱글세'는 논란 끝에 결국 흐지부지되고 말았지만,
그렇다고 제대로 된 획기적 대책이 나온 것도 아니다.
과연 근본적인 해법은 무엇일까?
우리는 그 해법을 찾을 수 있을 것인가.

난데없는 '싱글세' 논란

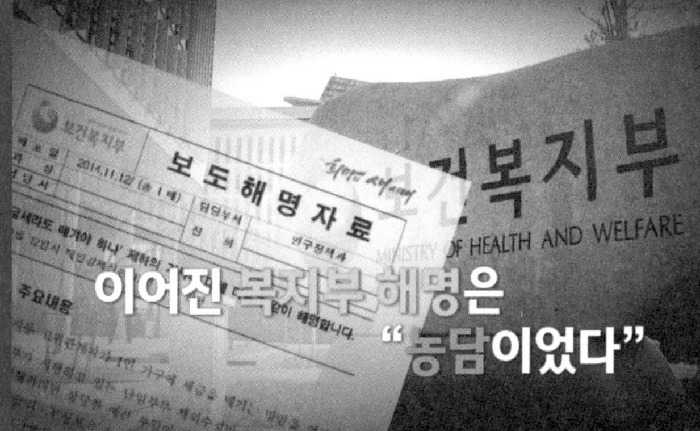
보건복지부
보도해명자료
보건복지부
MINISTRY OF HEALTH AND WELFARE
이어진 복지부 해명은
"농담이었다"

싱글들 화나게 한 진짜 이유는?

대한민국은 전 세계에서 가장 출산율이 낮은 나라 중 하나다. 2013년 기준 합계출산율은 1.187명으로 OECD 최하위권에 머물러 있고, 노동인구 저하로 한국경제가 '재앙'에 직면할 것이란 우울한 전망들이 쏟아져 나온다. 정부는 다양한 저출산 대책을 내놓고 있지만, 아직까지는 별다른 성과를 거두지 못하고 있는 상황이다.

이렇다 보니 좀 엉뚱한 대책이 '정부 관계자'의 입을 빌려 튀어나왔다. 결혼을 하지 않거나 아이를 낳지 않는 싱글들에게 세금을 부과하겠다는 이른바 '싱글세' 논란이다. 복지부에서 곧바로 논의한 바 없다고 급히 진화에 나섰지만, 한번 불이 붙은 논란은 쉽게 가라앉지 않았다.

세법 개정안에 따라 등장하는 카드, 독신세

논란이 커진 이유 중 하나는, 싱글세 도입 얘기가 나온 게 처음이 아니기 때문이었다. 2005년과 2010년에도 정부가 싱글세를 추진할 수 있다는 언론 보도가 있었다. 5년에 한 번꼴로 나왔으니, 매번 들어서는 정부마다 만지작거리는 카드라는 의혹이 들 만도 하다.

2005년 싱글세 도입 논란은 LG경제연구원이 내놓은 저출산 문제 관련 보고서가 원인이었다. 보고서 안에 "독신이 너무 늘어나니 인식을 바꾸기 위해 '독신세' 신설을 고려해 봐야 한다"는 내용이 들어 있었다. 이 보고서가 당시 복지부 홈페이지의 정책 관련 게시판에 올라가면서, '정부가 추진한다'는 얘기로 와전됐던 것으로 보인다. 2010년의 경우에도 싱글세를 따로 추진했던 것이 아니라 세법 개정안을 둘러싼 논란이 잘못 전해진 것이었다.

'싱글세', 혹은 '독신세'라는 이름으로 직접 내는 세금을 추진한 적은 없지만, 결혼하고 아이를 낳은 사람들보다 싱글들이 '사실상' 세금을 더 내는 쪽으로 세법이 바뀌어 온 것은 사실이다.

LG경제연구원 보고서가 나온 이듬해인 2006년, 정부는 1인 가구나 2인 가구에게 주던 소득공제 혜택을 없애고, 대신 아이를 많이 낳는 사람들에게 혜택을 주는 방향으로 세법을 바꿨다. 2010년에는 법을 개정해 다자녀 가구에 대한 세금 공제 금액을 2배로 늘렸다. 조세 형평에 어긋나기 때문에 싱글세를 직접 매길 수는 없지만, 이렇게 혜택을 줄이거나 불이익을 줌으로써 사실상 세금을 내는 것과 같은 효과가 나타나는 것이다.

국세청 홈페이지에서 제공하는 간이계산기로 소득세를 계산해 보면 차이는 더 뚜렷하다. 똑같이 월급 300만 원을 받는 경우, 독신은 한 달 8만 8510원을, 4인 가족의 가장은 이보다 훨씬 적은 월 1만 8810원을 내는 것으로 나온다. 배우자와 자녀 2명에 대한 소득공제 효과 덕분이다.

싱글들이 사회적으로 불이익을 당하는 경우는 세금 공제 말고도 많다. 자동차보험도 가족 특약을 받으면 더 높은 감면 혜택이 주어진다. 회사가 보

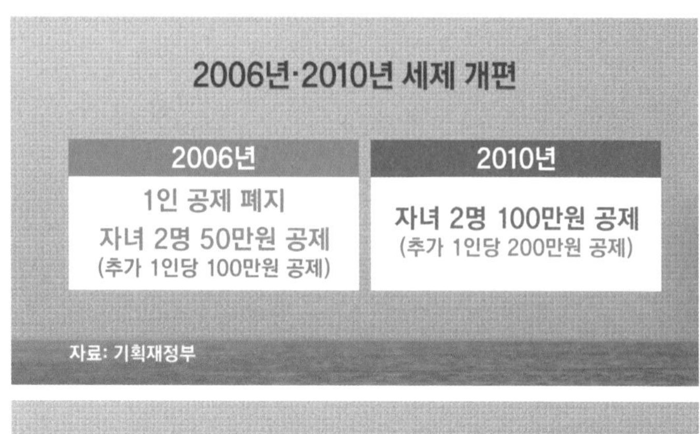

증해주는 전세자금 대출 액수도 수천만 원씩 차이가 난다. 최근 기업들이 근속연수가 아닌 결혼 여부로 기준을 바꿨기 때문이다.

결혼을 안 하는 게 아니라 못하는 사람들 입장에서는 이중으로 억울한 상황인 것이다. 한 결혼정보회사의 설문조사에서 응답자 가운데 30%가 결혼은 사치라고 답했고, 그 이유로 절반 가까운 응답자가 경제적인 이유를 꼽는 상황에서, 돈을 더 내라는 요구가 합리적이라고 볼 수는 없을 것이다.

싱글세의 오랜 역사는 언제부터?

싱글세의 오랜 역사는 전근대, 독재와 함께해왔다. 로마시대에는 미혼 여성에게 독신세를 부과하다가 결혼 후 셋째 아이를 낳아야 면제를 해줬다. 독일의 히틀러와 이탈리아의 무솔리니, 루마니아의 독재자 차우셰스쿠 등 악명 높은 독재자들도 인구를 늘려 국력을 키우고 전쟁에서 이기기 위해 독신세를 만들어 시행했다.

그런데 저출산 문제를 고민하는 정책 담당자들이 새겨봐야 할 내용은 싱글세가 아니라 다른 곳에 있다. 2014년 보건사회연구원에서 내놓은 자료에 따르면, 한국에서 아이를 낳아 대학까지 보내는데 3억 원 정도가 든다고 한다. 결국 고민의 핵심은 비용이다. 이 비용을 어떻게 싱글들에게 전가시킬 것인지 고민할 것이 아니라, 어떻게 자녀 양육에 들어가는 비용을 줄여줄 것인지 고민해야 진정한 저출산 해법이 나올 수 있을 것이다.

F A C T C H E C K

1인당 국민총소득 3만 달러는 먼 나라 이야기?

67달러.
한국전쟁이 막 끝난 1953년 대한민국의 1인당 국민소득.

그랬던 나라가 1994년 1만 달러를 넘더니
2006년에는 2만 달러에 진입했다.
2008년 금융위기로 부침을 겪긴 했지만
2010년대에는 안정적인 2만 달러대를 유지하는 중.

그리고 마침내 2015년,
1인당 국민총소득이 3만 달러를 넘어설 것이란 전망이 나왔다.
명실상부한 선진국 대열에 가까워진 셈이다.

그런데도 국민들의 행복지수는
여전히 세계 100위권 밑을 헤매고
살림살이가 팍팍한 사람은 왜 이리 많을까?

'3만 달러 시대'에도
한국 국민들이 여전히 행복하지 못한
진짜 이유는 무엇일까?

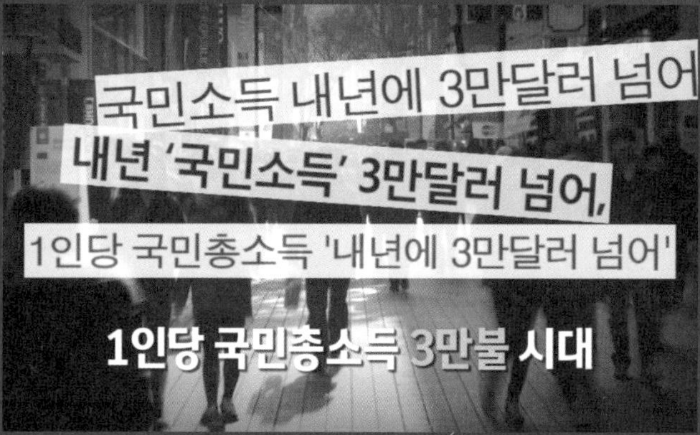

국민소득 내년에 3만달러 넘어

내년 '국민소득' 3만달러 넘어,

1인당 국민총소득 '내년에 3만달러 넘어'

1인당 국민총소득 3만불 시대

그렇다면,

4인 가구 소득이 1억원 이상?

여전히 팍팍한 경제

국민총소득만 오르는 이유는?

한 나라의 경제 수준을 보여주는 대표적인 지표로는 국민총소득(GNI)과 국내총생산(GDP) 두 가지를 들 수 있다. 이 중에서 오랫동안 익숙하게 사용해 왔던 지표는 GDP다. GDP는 한 해 동안 생산활동에 참여했던 가계나 기업, 정부가 그 대가로 벌어들인 돈을 다 합친 액수를 말한다. 순전히 '국내 경제 활동'에 초점을 맞춘다.

여기에 좀 더 정밀한 소득수준을 잡아내기 위해 도입한 것이 GNI 지표다. GNI는 실질적인 국민총생산에 무역에 따른 손익을 반영해 뽑아낸다. 국내외를 통틀어 그 나라의 경제주체들이 벌어들인 '모든 소득'을 계산하기 위한 것이다. 이걸 인구수로 나눈 게 1인당 GNI다. 실질적으로 국민 한 사람이 얼마를 버는지 알 수 있는 지표인 셈이다.

그 1인당 GNI가 2015년엔 3만 달러를 넘길 전망이라는 보도가 나오면서 큰 화제가 되었다. 흔히 GNI 3만 달러는 경제 선진국의 지표로 꼽힌다. 그중에서도 인구 5000만 명 이상인 나라들은 '30-50클럽'이라고 해서 특별 대우를 받는다. 미국·일본·독일·프랑스·영국·이탈리아 등 6개국 정도에 불과하다. 실제로 우리가 GNI 3만 달러를 넘어서면 30-50클럽의 새로운 가

입국이 된다.

하지만 일반 국민들은 이 3만 달러라는 수치에 대해 공감하지 못하고 있다. '나는 이렇게 살기 힘든데' 나라가 그렇게 잘산다는 언론 보도가 공감을 얻기는 어려울 수밖에 없다. 왜 이런 간극이 생기게 되는 걸까?

환율에 의한 착시현상

1인당 GNI는 매년 3월 한국은행이 원화를 기준으로 집계해 발표한다. 이런 집계 특성상 환율의 영향을 많이 받을 수밖에 없는데, 아무래도 원화가 '강세'

일 때 유리하고 원화가 '약세'일 때 불리하다. 현대경제연구원 이준협 경제동향분석실장은 "GNI라고 하는 게 특성상 환율의 영향을 워낙 많이 받다 보니까, 최근의 원화 강세가 반영되는 측면이 있다"고 지적했다.

실제로 2010년 달러당 1156원이었던 환율이 매해 조금씩 떨어져 2014년에는 1052원까지 100원 가까이 하락했다. 그만큼 강세가 된 원화가치로 계산을 하니까 1인당 GNI가 가파르게 오르는 효과가 발생한 것이다. 일종의 "환율 착시현상"에 힘입어 "1인당 GNI 3만 달러 시대"라는 발표가 가능했던 셈이다.

그렇다면 이 숫자는 각 가정에도 의미 있는 숫자일까? 1인당 GNI가 3만 달러라고 하면, 한 해에 한 사람이 벌어들이는 총소득이 3000만 원이 넘는다는 얘기가 된다. 4인 가족이라면 한 가정에서 1억 2000만 원이 넘는 소득을 올린다는 건데, 과연 공감할 수 있는 가정이 얼마나 될까.

그 비밀은 결국 소득의 '배분'에 있다. 국가 경제주체 전체가 벌어들인 소득이 충분히 가정으로 전달되고 있는지를 살펴볼 필요가 있다.

GNI의 구성은 가계 수입, 기업 수입, 정부 수입으로 이루어진다. 이 중에서 우리나라 가계가 가져가는 비중은 61% 정도. 그러니 1인당 GNI가 3만 달러라고 해서 이 돈이 전부 국민 손에 쥐어지는 돈이 아니라는 것을 알 수 있다.

게다가 선진국과 비교해 보면, 우리나라의 국민총소득에서 가계가 차지하는 비중은 상당히 작은 편이다. OECD 25개국을 살펴보면, 미국이 74.2%, 영국이 69%, 일본이 64.2%인 데 반해 한국의 61.2%는 전체 18위로 평균에 훨씬 못 미치는 수준이다. 게다가 이 수치는 해가 거듭될수록 떨어지는 추세를 보인다.

달러
원
원달러 환율
1156
1149
1127
1052
2010
2011
2012
2014
자료: 한국은행·현대경제연구원

2013년 기준
단위: %
한국
가계
61.2
기업
25.7
정부
13.1

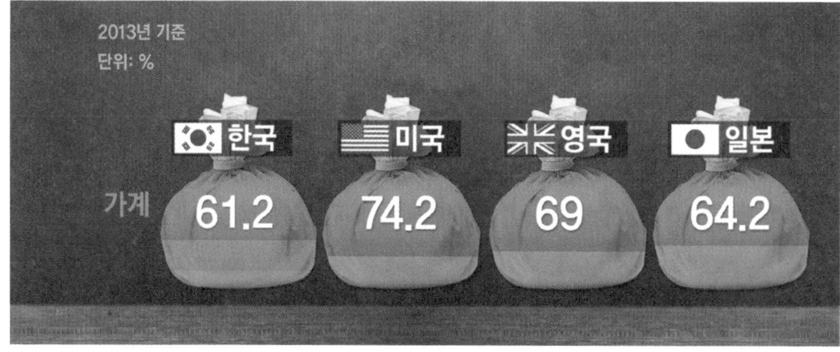
2013년 기준
단위: %
한국
미국
영국
일본
가계
61.2
74.2
69
64.2

반면 기업이 GNI에서 가져가는 비중은 해가 갈수록 급증하고 있다. 최근 5년간 평균 25%를 넘었으며, 이 수치는 OECD 전체 1위를, 평균보다 7%P가 높다. 국가경제 전체가 만들어내는 부의 크기는 많이 늘어났지만, 실제로 각 가정이 가져가는 비중은 너무 작고, 기업이 가져가는 비중이 상대적으로 크다는 지적이 나오는 이유다.

1인당 가처분소득 PGDI란

선뜻 와 닿지 않는 GNI보다 좀 더 일반 국민들에게 와 닿는 수치는 1인당 가처분소득, PGDI라는 수치다. PGDI는 실제 개인이 쓸 수 있는 소득이 얼마인지 알려주기에 적합한 지표다. 가계 소득에서 세금이나 연금 같은 '나가는 돈'을 빼고, 실질적으로 사용 가능한 소득을 남기는 방식이다. 결국 내가 손에 쥐고 쓸 수 있는 돈이 얼마인지 알 수 있다.

PGDI를 1인당 GNI와 비교해 보면 체감 소득 수준은 크게 후퇴한다. 2013년 1인당 GNI는 2만 6205달러였지만 1인당 PGDI는 1만 4690달러에 불과하다. 1만 달러 넘게 대폭 줄어든다. 그만큼 한국에서는 개인이 사회적으로 치러야 하는 비용이 많다는 의미다. 게다가 두 지표 사이의 차이도 계속 벌어지고 있다. 2009년만 해도 둘 사이의 격차가 6000달러 정도밖에 안 됐는데 2013년에는 1만 1500달러까지 벌어졌다. 국가의 부는 늘어났는데, 개인이 쓸 수 있는 돈은 별로 늘어나지 않았다는 얘기다. 이러니 경제가 성장해도 정작 국민들은 체감하지 못한다는 게 당연해 보인다.

한국의 국민총소득은 1970년에 255달러로 시작해 25년 만에 1만 달러,

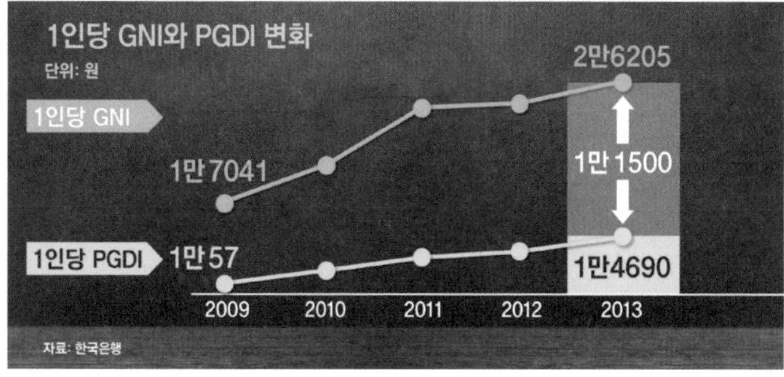

12년 만에 2만 달러를 돌파했다. 전망대로라면 2015년에 3만 달러를 돌파하고, 이는 세계사에서 유례를 찾기 힘들 정도의 고도성장이다. 그만큼 한국이 훌륭한 경제 성적을 거두었다는 점에 대해서는 자부심을 느끼겠지만, 실제 이 수치가 실제 생활에 와 닿는 숫자는 아니다.

생활에 와 닿지 않는 경제성장은 과연 누구를 위한 것일까? 한국 사회가 우리 스스로에게 던지는 질문이다.

F A C T C H E C K

부모님 용돈도 소득공제가 가능한가

얼마 전까지만 해도
아침 드라마의 단골 소재는 고부 갈등이었다.
시부모를 모시고 사는 며느리의 고달픈 일상이
시청자들의 공감을 얻었다.
그러나 차츰 그런 소재가 희귀해지고 있다.
그만큼 생활이 바뀌고 있기 때문이다.

보건사회연구원에서 부모 부양에 대한 책임이
누구에게 있는지를 조사했다.

1998년에는 가족 책임이란 답변이 90%,
사회 책임이란 답변이 2%였다.
그런데 14년 후, 같은 질문에 대해서
가족 책임은 큰 폭으로 줄고,
사회 책임이라는 답변이 53%로 상승했다.

더 이상 나이든 부모를 자식이 모시는 것이
당연하게 생각되지 않는 사회가 된 셈이다.
그렇다면 과연 한국 사회는
이런 상황에 충분히 준비가 되어 있는 걸까?

NTS 국세청

Q 질문 어머니께 월 40만원 보내드리는데 소득공제 가능할까요?

A 답변 용돈은 소득공제 대상 아닙니다.

다만, 주소가 다른 60세 이상 어머님… 부양가족으로 소득공제 받을 수 있습니다.

소득세법 일부 개정 법률안

의안 번호	

발의연월일 : 2015. 3. 23

발 의 자 : 박민수 의원

제안이유 및 주요내용

아들, 딸, 손자, 손녀 등 직계후손이 직계존속(부모, 조부모)에게 주기적으로 일정 금액 지원할 경우 소득공제 연간 600만원 까지…

2018년은 한국 사회가 본격적인 '고령사회'로 진입할 것이라고 예상되는 해다. 그때가 되면 65세 이상 노인인구의 비중이 전체 인구의 14%를 넘어서게 된다. 이처럼 급속한 노령화로 노년층의 경제적 안정이 중요한 이슈가 되고 있다. 하지만 한국 노인층의 경제적 안정은 결코 안심할 수 있는 수준이 못 된다. 여전히 많은 노인들이 자녀의 '용돈'에 상당히 의존하고 있다.

2013년 잡코리아 '좋은일연구소'가 남녀 직장인 1200여 명을 대상으로 설문조사를 실시한 결과, 부모에게 용돈을 드린다는 사람이 53.4%였고,

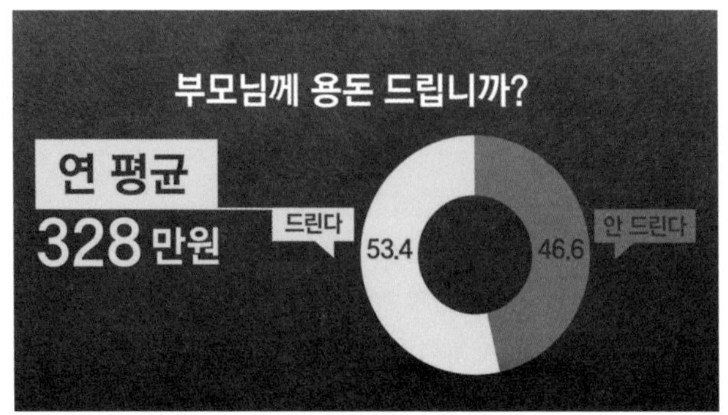

아닌 경우가 46.6%였다. 연평균 금액은 1년에 328만 원 정도였다. 한 달에 27만 원 정도 드리는 셈인데, 평균이라고는 하지만 직장인들에게는 결코 만만치 않은 금액이다.

이런 결과 때문에 '부모님 용돈'에도 경제적 보조가 필요하다는 인식도 있다. 새정치연합의 박민수 의원은 부모에게 드리는 용돈에 대해서 1년에 최대 600만 원까지 소득공제 혜택을 주는 법안을 발의했다. 부모에게 용돈을 드리는 문화가 우리 사회에 엄연히 남아 있다 보니, 이 법안은 상당한 관심을 받았다. 실제로 '부모님 용돈'에 세금혜택을 줄 수 있을까?

법안 발의 시 부작용은?

이 법안이 현실적으로 실효성을 가지려면 부모에게 용돈을 드렸다는 사실을 확인할 수 있는 거래 증빙이 관건이다. 어떻게 증명할 수 있을까? 인터넷상에서는 '거짓 증빙'을 우려하는 반응이 많았다. 부모 명의 통장을 만들어 돈을 이체한 뒤 체크카드를 발급받아 본인이 사용한다든지, 증여·상속세를 내지 않도록 유리하게 이용한다든지 하는 다양한 악용 가능성이 제기됐다.

법안을 발의한 박민수 의원은 법안의 악용 가능성을 충분히 예방할 수 있다고 주장했다. 부모에게 송금한 통장 기록이 있으니 증빙이 가능하고, 기존에 국세청에서 비슷한 불법행위를 적발하던 노하우가 있으니 큰 문제가 없을 것이라고 일축했다.

그러나 서울시립대 세무학과 김우철 교수는 이에 동의하지 않았다. 사실상 적발이 거의 불가능하고, 부모에게 용돈을 드리는 걸 감독한다면 법안

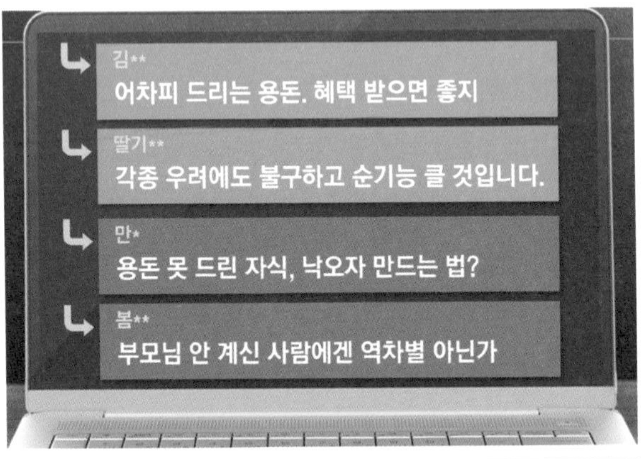
김**
어차피 드리는 용돈. 혜택 받으면 좋지
딸기**
각종 우려에도 불구하고 순기능 클 것입니다.
만*
용돈 못 드린 자식, 낙오자 만드는 법?
봄**
부모님 안 계신 사람에겐 역차별 아닌가

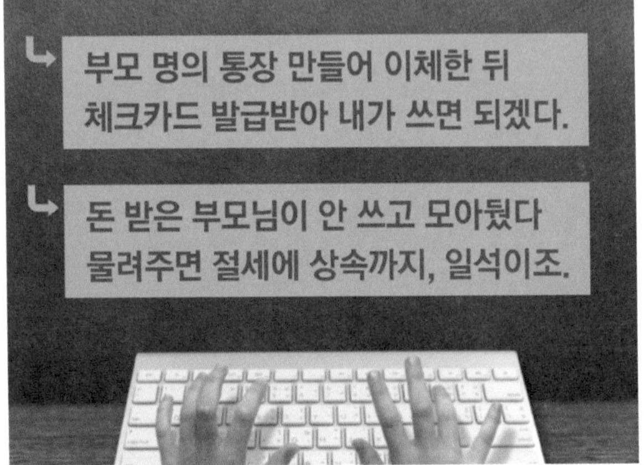
부모 명의 통장 만들어 이체한 뒤
체크카드 발급받아 내가 쓰면 되겠다.
돈 받은 부모님이 안 쓰고 모아뒀다
물려주면 절세에 상속까지, 일석이조.

취지에도 맞지 않는다는 것이다. 애초 부모에게 드리는 용돈은 국세행정의 대상이 아니라는 지적이었다.

고소득층을 위한 법안이다?

고소득자에게 유리한 세법이라는 지적도 있다. 세금을 매기는 액수를 줄여주는 세액공제 방식이 아니라, 전체 소득에 대해 혜택을 주는 소득공제 방식이기 때문에 고소득자에게 더 혜택이 간다는 것이다.

세금 관련 시민단체인 납세자연맹이 소득별로 얼마나 환급을 받는지 따져보았더니 부모 용돈을 똑같이 1년에 600만 원 드릴 경우, 연봉 3000만 원인 사람의 예상 세금 혜택은 57만 원이었다. 반면 연소득 1억 원인 사람이 같은 액수를 드릴 경우 돌려받는 세금은 158만 원이었다. 수치를 보면 확실히 고소득자에게 유리한 법안인 셈이다. 부자 감세의 일환이라는 비판을 면하기 어려울 수밖에 없다.

세수 손실도 상당할 것

세수 손실 이야기도 나온다. 납세 대상자 가운데 900만 명 정도가 현재 근로소득세를 내고 있는데, 이들이 모두 부모에게 드리는 용돈에 대해 소득공제 해택을 받으면 줄어드는 세수가 상당할 것이라는 지적이다. 설문조사에서 부모에게 용돈을 드리는 직장인이 53.4%였는데, 이 제도가 시행되면 이 수치는 훨씬 더 늘게 될 것이다. 정부 입장에서는 난색을 표할 수밖에 없는 상황이다.

이런 여러 가지 요소들을 종합했을 때, 부모 용돈에 대한 소득공제는 현재로선 실현 가능성이 거의 없다. 하지만 이 논란이 한국 사회에 던져준 숙제는 충분히 의미가 있다.

2014년 세계노인복지지표 인사이트 리포트는 대한민국에 대해 "노인빈곤의 깊이와 심각성에 대한 국가적인 논의가 요구되며 연금 수준의 적합

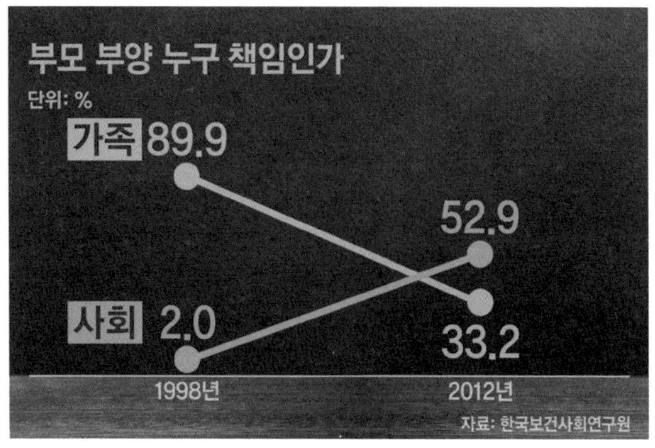

성과 보편적인 보장 범위를 달성하기 위한 방법에 대해서도 고민해야 한다"고 지적했다. 노년층의 경제적 안정, 복지를 어떻게 책임질 것인지는 우리 사회가 앞으로 해결해 가야 할 숙제다. 그 숙제가 해결되기 전까지는 꼭 소득공제가 아니더라도 자녀로서의 책임을 지려는 이들에게 줄 수 있는 작은 혜택을 고민해 봐야 할 것이다.

F A C T C H E C K

143배 더 받는 사장님 연봉, 얼마가 적절한가

묵직한 검은색 세단 승용차,
윤기가 흐르는 가죽 의자,
몸에 잘 맞는 고급 양복.
'CEO' 하면 쉽게 떠오르는 이미지들이다.
그리고 그들은 당연한 듯 '고액 연봉'을 받는다.

신종균 삼성전자 사장 146억
정몽구 현대차그룹 회장 120억
조양호 대한항공 회장 61억.

일반 직장인들 입장에서는 언감생심.
감히 상상도 가지 않는 액수다.

연봉 협상에서 월급 10만 원 올리기도 빠듯한데,
수십억대를 훌쩍 넘는 CEO들의 연봉은
"기준이 뭐야?"라는 의문을 가질 수밖에 없다.
어떤 CEO들은 회사가 적자가 나도
연봉이 올라간다고 하지 않나.

아무도 모르는 사장님들의 월급봉투 사정.
정말, 기준이 뭘까?

SAMSUNG

Hanwha

대기업 CEO와 일반직원,
연봉 격차 최대 143배!

sund****

애플 CEO인 팀 쿡은 전재산 기부했는데...우리나라 재벌들은 뭐하나

뜨거운 논란들!

일은 주야안가리고 근로자가 다하고 돈은 저넘들이 다가져가네——

rock****

이러면서 말단사원에게 희생강요한다

한국은행

오만원

2014년부터 5억 원 이상 연봉을 받는 상장사 등기임원의 연봉 공개가 시작됐다. 공개 첫해부터 이어진 논란은 2015년 발표 결과를 두고 폭발했다. 삼성전자 신종균 사장이 146억 원을 받아 직원 평균의 143배를 받는 등 직원들과 CEO 사이의 연봉 격차가 압도적으로 나타났기 때문이다. 물론 신 사장의 경우는 그중에서도 가장 높은 축에 해당한다. 보수가 공개된 삼성그룹 등기임원들의 평균으로 보면 직원들의 34배, 10대 그룹 전체로 보면 35배 정도 많이 받았다. 어쨌든 30배가 넘는 격차를 두고 대기업 CEO의 연봉이 너무 과도한 것 아니냐는 반응부터, 성과가 있으면 주는 것 아니냐는 반론까지 다양한 이야기들이 나왔다.

그렇다면 다른 나라들의 경우는 어떨까. 일단 가장 차이가 심각한 나라는 역시 미국이었다. 평균적으로 CEO와 종업원 간의 보수 격차가 354배였다. 독일 147배, 프랑스 104배, 일본이 67배 정도로, 나라마다 기준이 좀 다르긴 하지만 한국 CEO와 종업원의 보수 격차가 상대적으로 큰 편은 아닌 모습이었다.

하지만 미국 같은 경우 차이가 너무 크게 벌어지면서 사회적 문제가 됐

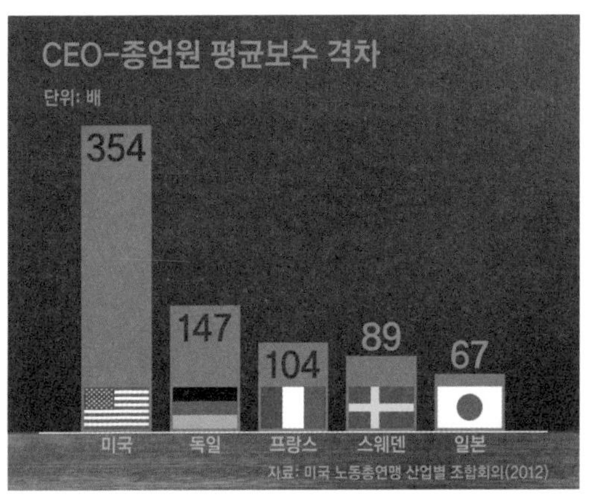

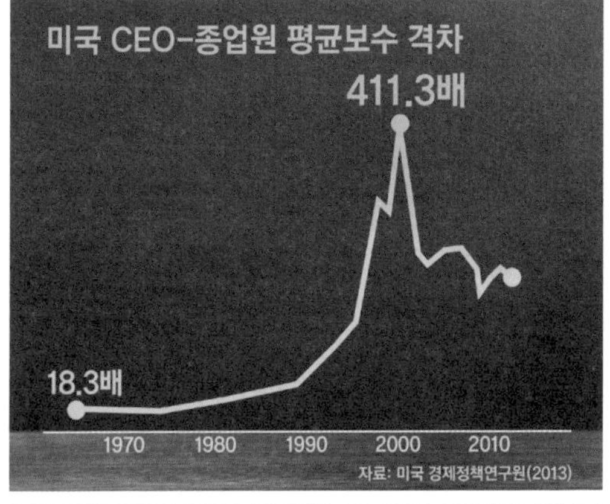

10대 그룹 경영자와 일반직원 보수 격차
(연 보수 5억원 이상 등기 임원)

그룹	격차	그룹	격차
한화	50.1배	현대중공업	29.8배
한진	49.5배	LOTTE	28.0배
HYUNDAI	46.9배	SK	25.0배
LG	35.6배	GS	24.4배
SAMSUNG 삼성	34.3배	POSCO	22.6배

었다. 미국은 특히 금융사 위주로 한때 경쟁적으로 CEO 연봉을 올리면서, 종업원 평균과의 격차가 400배를 넘기도 했다. 금융위기 이후 여기에 대해 문제 제기가 이뤄지면서 세법이나 공시제도 등의 방법으로 보수 규정을 강화해 나가고 있다.

고려대 경영대학 김우찬 교수는 미국의 경우를 가져다가 한국의 임금 격차가 과하지 않다고 주장하는 것은 무리라고 반박했다. "미국 역시 80년대까지만 해도 이 정도 수준이 아니었고, 훨씬 낮았다. 미국에서도(지금의 격차는) 비판을 받고 있는 상황"이라는 게 김 교수의 설명이었다.

독일의 경우도 CEO와 종업원 간 보수 격차가 상당히 큰 편이었지만, 이에 대해 문제의식을 가지고 '임원 보수의 공개에 관한 법률', '임원 보수의 적정성에 관한 법률', '금융시장안정기금법' 등 관련법을 3개나 만들어 임원 보수 규정을 강화하고 있다.

적정한 CEO의 연봉은?

현대 경영학의 아버지라고 불리는 피터 드러커는 1984년 "CEO 보수가 일반 종업원의 20배를 넘지 않는 게 좋다"고 이야기한 바 있다. 실제 미국의 임금 격차는 70년대까지만 해도 18.3배 정도에 불과했다. 물론 '20배'는 드러커가 어떤 정확한 근거를 가지고 제시한 것이 아니라 당시 심정적으로 받아들일 수 있는 수준이었을 것이다.

한국의 경우 심정적 지표는 드러커의 제시안보다 오히려 더 낮았다. 2014년 서울대 행정대학원에서 말단 직원과 CEO의 연봉 격차, 어느 정도가 적당하냐고 조사했더니 12배라는 결과가 나왔다. 하지만 공시된 대기업들의 최대 연봉 격차는 사람들의 기대치를 훌쩍 뛰어넘었다. 일반 직장인들의 박탈감이 클 것이라고 짐작할 수 있는 대목이다.

임금의 결정은 시장의 논리에 따라가는 것이고, 기업의 경영 방침에 해당하는 임원 연봉까지 간섭해도 되느냐는 반박도 있다. 하지만 바로 그 '시장 논리'에 따라 주주들과 종업원들이 납득할 만큼 보수에 대한 충분한 설명이 필요하다는 지적이 뒤따랐다.

미국 애플의 경우, CEO인 팀 쿡이 지난해 직원 평균의 77배인 100억 원을 연봉으로 받았다. 대신 애플은 상세한 설명을 덧붙였다. 주주총회를 앞두고 5페이지에 걸친 설명자료를 통해, 왜 회사가 이만큼의 돈을 팀 쿡에게 줬는지 상세히 설명했다.

한국도 이런 '제대로 된 설명'을 강조하는 추세다. 2015년 초, 금감원은 임원 보수와 관련해 사업보고서에 자세히 적으라고 권고했다. 금감원 권고를 잘 지킨 곳도 있었지만, 여전히 '임원 보수 규정에 따라 지급했다'는 말만 덜렁 써 놓은 곳도 많았다. 심지어 상여금 지급 이유로 '준법경영 및 윤리경영 문화를 확산시켰고, 회사 경영 목표를 달성하기 위하여 리더십을 발휘했다'고 설명한 곳도 있었는데, 이 내용은 금감원 보도자료에서 예시문으로 보여준 것을 그대로 옮겨적은 것이었다. 한국 기업들은 아직 CEO 보수에 대해 잘 설명하겠다는 노력이 부족한 것이다. 어떻게 보면 '그냥 참견하지 마라'로 요약이 되는 태도다.

게다가 2014년 경영 실패나 업황이 좋지 않아 대규모 적자를 냈는데도 고액 보수를 받아간 CEO급 경영진이 119명이나 된다는 조사 결과도 나

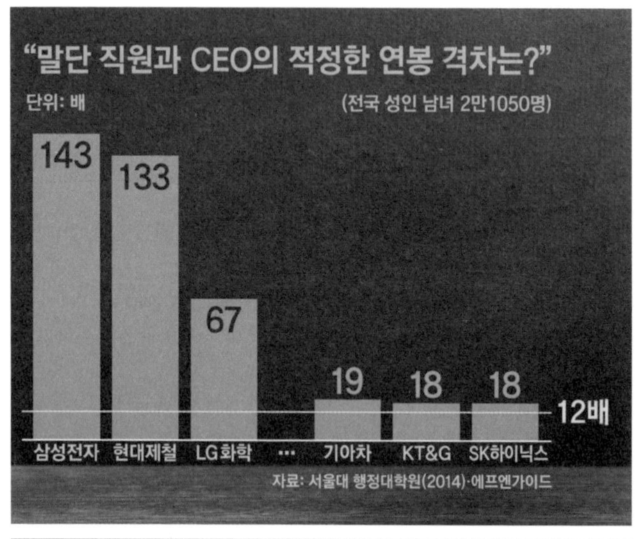
"말단 직원과 CEO의 적정한 연봉 격차는?"
단위: 배
(전국 성인 남녀 2만1050명)
143
133
67
19
18
18
12배
삼성전자
현대제철
LG화학
…
기아차
KT&G
SK하이닉스
자료: 서울대 행정대학원(2014)·에프엔가이드

팀 쿡이 지난해 받은 보수에 대한 애플의 설명
자료: 애플 주총 보고서 (2015년)
지난해 보수
약 100억원
종업원 평균과 격차
77배

와 논란을 더했다. 설명할 의지는 없는데, 양심까지 없다는 비판이 나오는 이유다.

피터 드러커는 직원들에 비해 CEO에게 과도한 연봉을 주는 것에 대해 “심각한 재앙이다. 도덕적으로 용서할 수 없다”고 하면서 “기업 성공에 핵심 요소인 팀워크를 깰 수도 있다”고 몇 차례나 강조했다. CEO의 보수는 물론 기업이 결정할 일이지만, 그걸 지켜보는 직원과 주주들의 시선 역시 중요하다는 경영학 대가의 경고를 흘려들어선 안 될 것이다.

FACT CHECK

데이터 중심 요금제로 가계통신비 줄어들까?

"이상하자~ 이상하자~"
모 통신사에서 광고 카피로 밀었던 문구다.
이상하리만치 많은 혜택을
고객들에게 주겠다는 의미였는데,
실제 현장에서는 고객들이 이해하기 힘든,
'정말 이상한 일'이 많이 일어난다.

통신사들은 혜택을 계속 확대하고
통신비를 줄이는 정책을 편다고 강조하는데,
내가 부담하는 통신비는 왜 자꾸 늘어날까?

실제로 한국의 가계 총지출 중
통신비가 차지하는 비중은 4%(2014년)로,
OECD 가입 25개국 중 2위 수준이었다.

통신시장이 '전화 통화' 중심에서
모바일 등 '데이터' 중심으로 바뀌고 있는데
과연 한국 통신사들은 변화된 시대에 맞춰,
고객 중심 서비스를 하고 있는 걸까?
소비자들이 진짜 알아야 하는 것은 무엇일까?

이통 3사,
'데이터 중심 요금제' 출시

한국의 가계통신비는 스마트폰 도입 이후 크게 증가해왔다. 고가의 스마트폰 단말기 가격 탓도 있지만 4만~5만 원대를 쉽게 넘어가는 스마트폰의 요금제도 중요한 원인 중 하나다. 통계청이 발표한 국내 2인 이상 가구의 통신비 지출 항목을 보면, 2014년 통신비 지출이 평균 15만 350원인 것으로 나타났다. 평균 가구원 수가 3.21명인 점을 감안하면 1인당 4만 7000원에 가까운 통신비를 지출하고 있는 셈이다. 만만치 않은 부담이다. 이런 민심을 반영해 박근혜 대통령의 대선 당시 공약집엔 '통신비 부담 낮추기' 항목이 포함되기도 했다.

미래창조과학부를 중심으로 한 정부 부처들도 꾸준히 통신비 부담 경감을 위한 대책을 발표해 왔고, 매년 막대한 수익을 올리고 있는 통신사들에 대한 압박도 해마다 높아졌다. 그러자 2015년 5월, 이동통신 3사가 '통신비 부담 경감'을 기치로 내걸고 '데이터 중심 요금제'를 내놓았다. '월 3만 원 이하'라는 광고 문구가 크게 강조되어 나붙었다.

데이터 중심 요금제는 말 그대로 데이터를 중심으로 요금을 매기는 방식이다. 전화 통화나 문자메시지 전송 등이 통신의 핵심이었던 시대가 가고,

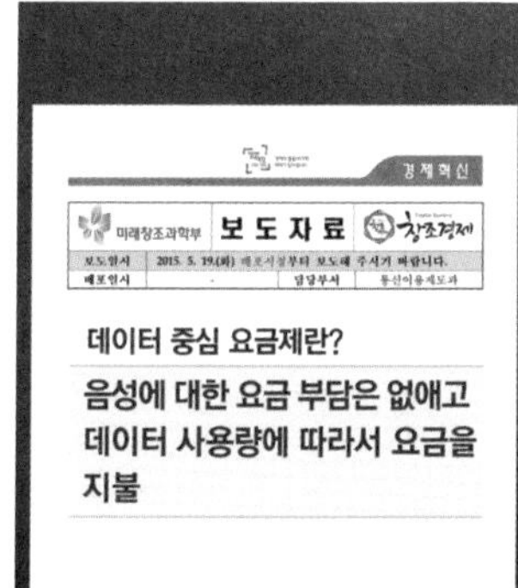

경제혁신

미래창조과학부 | 보 도 자 료 | 창조경제

보도일시	2015. 5. 19.(화) 배포시점부터 보도해 주시기 바랍니다.		
배포일시	-	담당부서	통신이용제도과

데이터 중심 요금제란?

음성에 대한 요금 부담은 없애고 데이터 사용량에 따라서 요금을 지불

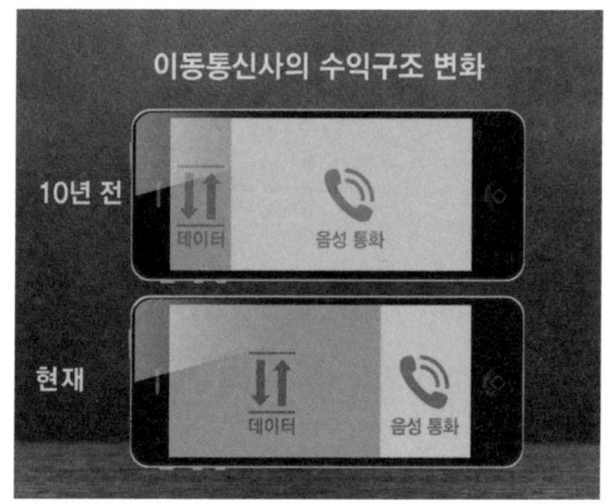

모바일 인터넷을 중심으로 한 '데이터 시대'가 열리면서 시대적 상황에 맞춰 나가겠다는 게 통신사들의 설명이었다. 최소 월 2만 9900원부터 음성, 문자는 기본 서비스로 제공하고 데이터 사용량에 따라 요금제를 선택할 수 있는 방식으로 설계되어 있다.

가계통신비 1조 원 절감? 진실일까

정부와 여당에서는 새로운 요금제에 대해 상당히 고무적인 평가를 내놓았다. 새누리당 원유철 정책위의장(현 원내대표)은 "음성 통화가 많은 약 300만 명이 혜택을 보고, 최대 7000억 원을 절감할 수 있을 것으로 예상한다"며 적극적인 환영 입장을 밝혔다. 그동안 무약정으로 높은 요금을 부담해 온 230만 명에게 연간 약 3600억 원의 통신비 절감 혜택이 예상된다는 희망적 전망도 뒤따랐다. 이런 전망치를 합하면 한 해에 무려 1조 원에 달하는 통신비가 절감

될 거라는 얘기가 된다. 그 말대로 이뤄진다면 어마어마한 경제효과인 것이고, 거꾸로 통신사들 입장에서 생각해 보면 한 해 1조 원의 수익이 사라지는 셈인데 그걸 견딜 수 있을까 하는 의문이 들 수밖에 없다. 그런데 이 희망적인 전망 곳곳에는 꼼꼼하게 봐야 보이는 구멍들이 있었다.

짚고 가야 할 3가지 착시효과

일단 '2만 원대 요금제'라는 강력한 선전 문구의 문제다. '2만 원대'라고 강조했지만 실제 고객들이 내야 하는 요즘은 3만 원을 훌쩍 넘어간다. 애초 요금제가 2만 9900원으로 거의 3만 원이나 마찬가지인 데다, 부가세까지 합치면 사실상 3만 원대 요금제라고 봐야 한다. 광고에도 '부가세 별도'라는 문구가 아주 작게 들어가 있다.

또한 기존엔 몇 년 동안 해당 통신사의 요금제를 사용하겠다는 약정을 하면 상당 폭의 할인이 적용됐는데, 이런 약정 할인제가 적용이 안 된다. 할인율이 사라지는 것까지 감안하면 기존 요금제와 별 차이가 없다는 지적도 있었다.

그리고 통신사들이 내놓은 해당 요금제로는 한 달에 쓸 수 있는 데이터의 양이 300MB 정도에 불과하다는 점도 잘 따져봐야 한다. 국내 LTE 서비스 가입자들이 한 달에 사용하는 평균 데이터량은 2.7GB(약 2700MB)인데, 제공되는 데이터량으로는 턱도 없이 부족하다. 통신사에서 제공하는 300MB는 JTBC 홈페이지에서 〈팩트체크〉를 저화질로 2.5번 다시보기 하는 정도에 불과하다. 평균적인 사용자를 위한 데이터 제공량이 아닌 것만은 확실하다.

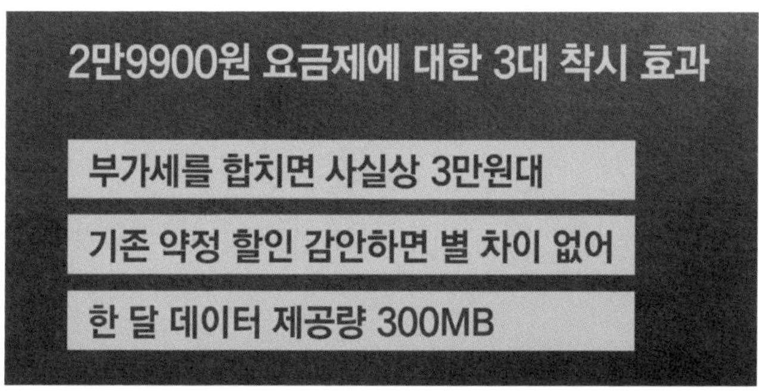
2만9900원 요금제에 대한 3대 착시 효과
부가세를 합치면 사실상 3만원대
기존 약정 할인 감안하면 별 차이 없어
한 달 데이터 제공량 300MB

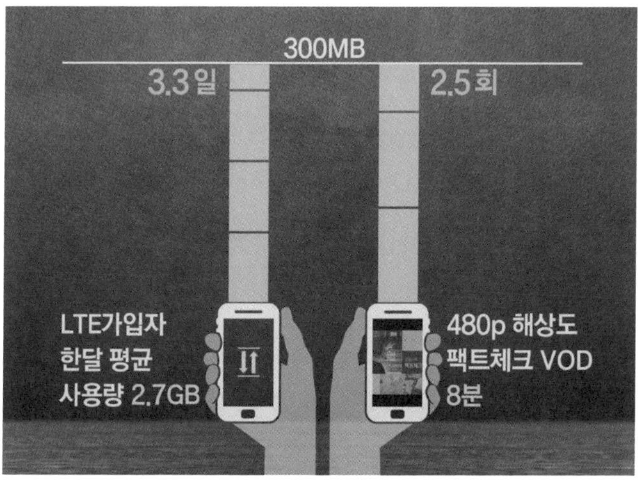
300MB
3.3일
2.5회
LTE가입자
한달 평균
사용량 2.7GB
480p 해상도
팩트체크 VOD
8분

kt, 국내 최초 '데이터 요금시대' 연다!
2만원대 음성 문자 무한, 데이터만 선택!
Miy***
단무지를 무한으로 주면서
'자장면 시대'를 연다고 하냐

그런데 정부와 새누리당의 장밋빛 전망은 모든 통신 고객들이 300MB 이하로 데이터를 쓸 것이라는 가정, 신규 기기로 바꾸더라도 약정 계약을 하지 않을 것이라는 가정에 뿌리를 두고 있다. 이뤄지기 힘든 가정에 다시 가정을 더한 수치로 계산했을 때 '1조 원 절감효과'가 된다는 것이니. 과장됐다는 지적이 나올 수밖에 없다.

한편 데이터 중심 요금제가 도입된다고 하니 "그러면 앞으로 데이터를 싸게 쓸 수 있게 되는 거냐"는 시중의 기대감도 있었다. 하지만 실제로 등장한 서비스는 음성 통화와 문자를 공짜로 쓰는 대신 데이터 사용량에 따라 요금을 매기는 방식이었다. 데이터 사용료가 싸지는 게 아닌데도 '데이터 시대가 열렸다'는 기사나 홍보가 나오니까 착각이 생긴 것이다. SNS를 통해 "단무지를 무한 리필해주면서 '자장면 시대가 열렸다'고 말하는 거냐"는 비판이 나오기도 했다.

통신사를 위한 데이터 중심 요금제

결국 데이터 중심 요금제로의 전환은 실제로 소비자를 위한 변화가 아니었다. 이를 확실히 알기 위해선 지난 10년간 이동통신사의 수익구조가 어떻게 바뀌어 왔는지 살필 필요가 있다. 10년 전 8:2였던 음성 대 데이터의 비율은 무려 3:7로 역전되었다는 게 업계의 대체적인 설명이다. 앞으로 이런 추세는 더 심해질 것이기 때문에 데이터 중심 요금제로 전환하는 게 전 세계적인 트렌드로 나타나고 있다.

다시 말하면 데이터 중심 요금제는 업계의 필요에 의해서 생긴 측면이 강하고, 이를 가계통신비 절감으로 직결시키는 것은 무리가 있다는 것이다.

한국은 가계통신비 지출액이 일본과 미국에 이어 OECD 3위에 해당하는 나라다. 더욱이 가계통신비 중 이동통신만 떼어서 비교해 보면 가장 높은 순위다. 그만큼 통신비 절감에 대한 필요성도 높다고 할 수 있다. 이런 상황에서 책임 있는 정부와 통신사가 '가정에 가정을 더한' 과장된 수치를 들고 오는 건 엉성한 결재 서류를 상사에게 들이미는 신입사원 같은 행태다. 실질적으로 가계의 부담을 줄일 수 있는 진정한 해법을 다시 고민해 보는 것이 어떨까.

F A C T C H E C K

현금 보유액 줄어든 대기업, 정말 돈 풀었나?

10대 재벌의 GDP 대비 자산이
한국경제에서 차지하는 비중은 84%(2012년 기준).
그만큼 대기업이 어떻게 움직이느냐에 따라
한국경제의 방향이 달라질 수 있다는 뜻이다.

그런데 최근 대기업들이 '투자를 꺼린다'는
국내외 비판이 제기되고 있다.

투자를 통해 고용을 창출하고
경제에 생기를 불어넣어야 하는데,
'사내유보금'이란 형태로
금고 안에 쌓아놓고 있다는 것이다.

경제에 돈이 돌지 않는 '돈맥경화'의 시대,
문제는 어디에 있는 걸까?

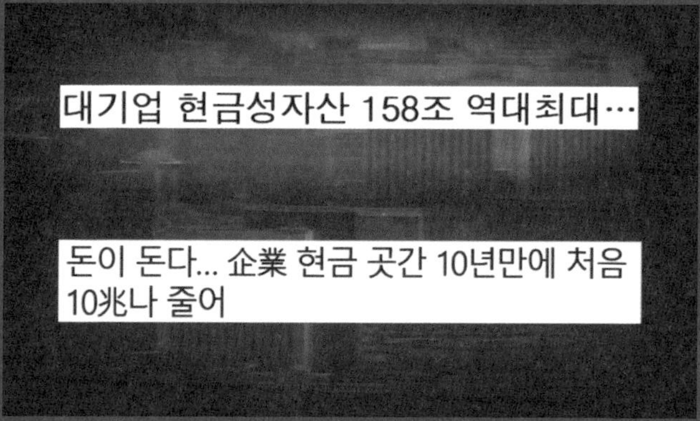

대기업 현금성자산 158조 역대최대…

돈이 돈다... 企業 현금 곳간 10년만에 처음 10兆나 줄어

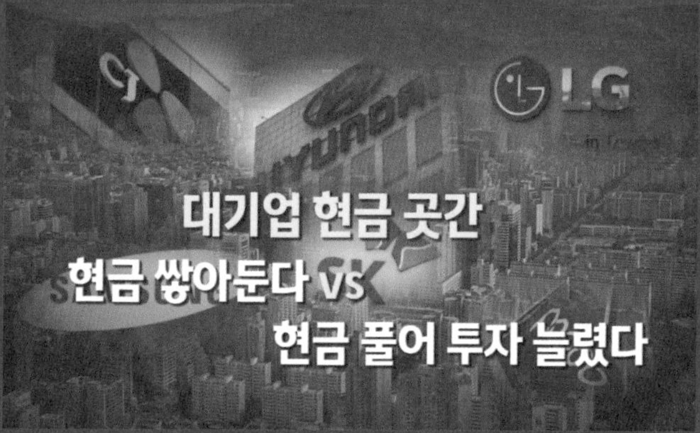

대기업 현금 곳간
현금 쌓아둔다 vs
현금 풀어 투자 늘렸다

대기업 현금 보유 논란,
누구 말이 맞을까?

기업이 돈을 풀지 않고 쌓아두고만 있다는 지적이 몇 년째 계속해서 제기되고 있다. 실제로 최근 5년간(2010~2014년) 삼성·현대차 등 국내 30대 그룹의 사내유보금이 170조 원 넘게 늘어난 것으로 나타났다. 반면 이들이 시설투자나 연구개발 등에 지출한 투자액은 2조 원 남짓 증가하는 데 그쳤다. 현금을 회사 안에 쌓아두고 시중에 풀지 않았다는 의미다.

그런데 2015년 3월, 이런 현상과 반대되는 내용의 기사들이 나왔다. 2014년 한 해를 되짚어보니 대기업들의 현금 보유액이 줄었고, 그만큼 시중

에 돈이 풀렸다는 주장이 제기된 것이다. 바로 한달 전 2월에 한국은행에서 나온 이야기와 정반대였다.

한국은행은 2014년 3분기 기준으로 국내 대기업의 현금 및 현금성 자산을 집계했더니 158조 원으로 역대 최대치를 기록했다고 발표한 바 있다.

기업들이 투자는 안 하고 현금 축적만 하고 있다는 주장, 기업들이 드디어 활발하게 현금을 풀어서 투자에 나섰다는 주장, 어느 쪽이 맞는 것일까?

'나 홀로' 현금 보유액이 무려 11조 원이나 줄어든 이유는?

문제의 주장은 대기업들이 결성한 전경련 산하의 한국경제연구원에서 발표된 자료를 바탕으로 했다. "10대 그룹의 2014년 현금 보유액이 전년도보다 무려 10조 원 이상 줄었는데 10년 만에 처음으로 감소세"라는 내용이었다. 이 자료를 근거로 "기업이 투자를 늘리고 있다는 신호"나, "돈이 풀리고 있다"는 보도가 나온 것이다.

발표 내용을 보면 눈에 띄는 특징이 있다. SK나 LG 등은 2013년에 비해 현금 보유액이 좀 줄었고, 삼성전자와 롯데는 늘고 해서 증감 폭이 비슷비슷한 수준을 보였다. 그런데 문제는 현대자동차였다. '나 홀로' 현금 보유액이 무려 11조 원이나 줄어든 것이다. 줄어들었다는 현금 보유액의 대부분이 현대차 때문이었다.

그런데 지난해 한국경제의 상황을 아는 사람이라면 의아할 수밖에 없다. 정부가 2015년 상반기에 경기 부양을 위해 풀겠다고 한 돈이 10조 원이 채 안 된다. 10조 원이라면 그만큼 큰 돈이다. 경제 규모를 생각했을 때, 투자금이 10조 원 풀렸다면 어떤 형태로든 시장이 반응을 했어야 한다. 하지만 2014년 한국경제는 돈이 꽉 막힌 '돈맥경화'에 시달렸다.

그렇다면 2014년에 현대차가 떠들썩하게 매입하기로 했던 서울 삼성동 한국전력 부지에 대한 자금이 빠져나간 것 아닐까? 그러고 보면 당시 한전 부지 매입 경매가가 딱 10조 원이었다. 그런데 그것도 아니었다. 지난해 한전 부지 때문에 현대자동차가 쓴 돈은 입찰보증금으로 낸 1조 원뿐이었다. 나머지 차액은 2015년에 지급할 예정이니, 집계에 포함이 안 된다.

의문을 해결하기 위해 결국 현대자동차의 재무제표를 살펴봤다. 바로 여기에 '회계상의 비밀'이 숨어 있었다. 기업이 현금을 얼마나 가지고 있느냐를 따질 때, 보통 '현금 및 현금성 자산'과 '단기 금융상품'이라는 두 가지 항목을 본다. 실제 통장에 보유하고 있는 현금과 1년 안에 현금화할 수 있는 펀드 같은 자금이다.

그런데 현대차의 단기 금융상품은 2013년 14조 9000억 원에서 2014년 4조 원으로 확 줄었다. 대신 5000억 원에 불과했던 기타 금융자산이 15조 원

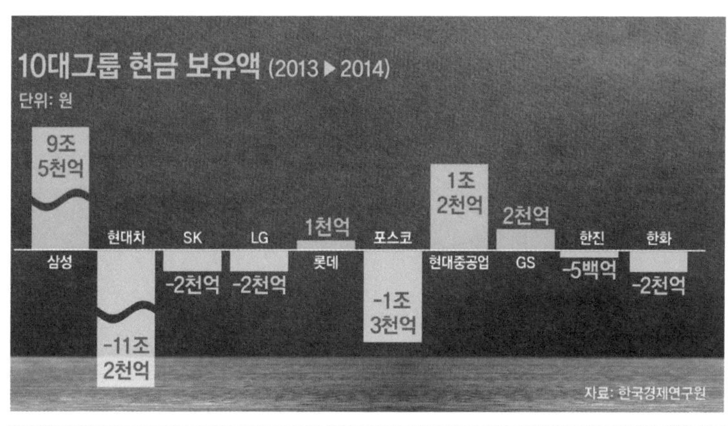
10대그룹 현금 보유액 (2013 ▶ 2014)
단위: 원
9조 5천억
삼성
현대차
-11조 2천억
SK
-2천억
LG
-2천억
1천억
롯데
포스코
-1조 3천억
1조 2천억
현대중공업
2천억
GS
한진
-5백억
한화
-2천억
자료: 한국경제연구원

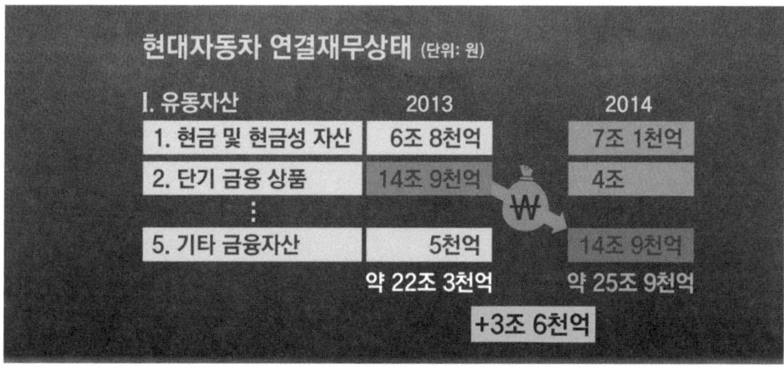
현대자동차 연결재무상태 (단위: 원)
I. 유동자산
2013
2014
1. 현금 및 현금성 자산
6조 8천억
7조 1천억
2. 단기 금융 상품
14조 9천억
4조
5. 기타 금융자산
5천억
14조 9천억
약 22조 3천억
약 25조 9천억
+3조 6천억

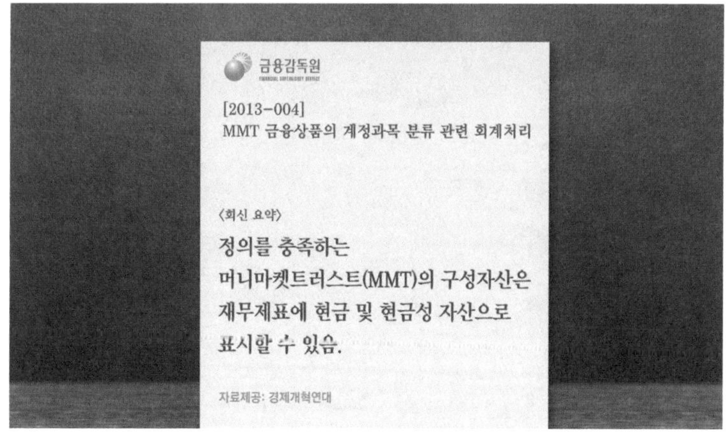
금융감독원
[2013-004]
MMT 금융상품의 계정과목 분류 관련 회계처리
〈회신 요약〉
정의를 충족하는
머니마켓트러스트(MMT)의 구성자산은
재무제표에 현금 및 현금성 자산으로
표시할 수 있음.
자료제공: 경제개혁연대

가까이 증가했다. 과거 단기 금융상품 항목에 있던 돈들이 기타 금융자산 항목으로 대거 이동한 것이다. 이 두 항목의 자금을 합치면, 현대차의 현금 보유액은 감소한 게 아니라 오히려 3조 원 이상 증가한 셈이다.

고려대 김우찬 교수 등 재무제표를 함께 검토했던 전문가들도 이 부분에 주목했다. 기타 금융자산 항목에 있는 자금은 사실상 단기 금융상품과 별 차이가 없기 때문에 현대차의 현금 보유량이 줄어든 것은 결코 아니라는 것이다. 돈이 포함된 항목을 변경하면서 '현금이 빠져나간 것 같은' 착시가 벌어진 것에 불과했다. 갑자기 11조 원이 사라졌거나 시중에 돈이 풀려나간 것이 아니라, 돈이 들어 있는 곳간, 혹은 곳간의 명패만 바꿨다는 얘기다.

실제로 현대차는 2014년 경영 실적을 발표하는 자료에서도 자사의 현금 보유액이 22조 원에서 25조 원으로 늘었다고 밝혔다. 현대차 스스로도 줄어든 것이 아니라는 사실을 분명히 했다.

결론적으로 현대차의 현금 보유액이 이처럼 늘어난 것을 반영하면, 지난해 10대 그룹 현금 보유액은 오히려 전년도보다 4조 원 정도 증가한 셈이 된다. 대기업이 현금을 쌓아두는 추세는 여전히 이어졌다고 봐야 한다.

물론 과거에 10% 이상씩 증가했던 것에 비하면 현금 보유액 증가 추세는 조금 줄어든 모습도 보인다. 그러나 그렇다고 해서 상당액이 투자로 풀려나간 것은 결코 아니었다. 한국은행이 발표한 2014년 국내 총투자율은 29%로, 2013년과 비교해 아무런 변화가 없었다. 2014년의 국내외 경제 사정을 볼 때도 대기업들이 특별히 투자를 크게 늘릴 이유가 없었다.

경제개혁연대의 김상조 소장에 따르면, 기업들의 현금 보유액 증가세가 주춤한 것은 실적이 나빠졌기 때문이지 투자활동이 활성화되어서가 아니라고 한다. "활발히 투자에 나서 달라는 박근혜 정부의 정책에 기업들이 협조적으로 행동하고 있다는 식으로 해석해서는 안 된다"고 김 소장은 강조했다.

물론 경기와 시장 상황에 따라서 현금을 보유하느냐, 투자를 늘리느냐 하는 결정은 당연히 기업 경영의 영역이다. 하지만 적극적인 투자활동을 통해 국가경제에 활력을 불어넣고 고용에 일정한 역할을 해야 할 기업들이 제 역할을 못하고 있다는 것 또한 자명한 사실로 확인됐다. 그런데도 제대로 된 검증 없이 '기업이 투자에 나섰다'고 분석하고 이를 그대로 받아 소개하는 것은 누구를 위한 것인지 의문이 들 수밖에 없다.

F A C T C H E C K

'한국, 일 덜 하면서 돈은 더 받는다' 사실인가

"일하지 않는 자, 먹지도 말라"
성경의 데살로니가후서 3장 10절 구절이다.

열심히 일한 사람만이
정당한 소득을 가져갈 자격이 있다는,
원조 '무노동·무임금' 원칙 같은 이 이야기가
21세기 대한민국 재계에서 다시 언급됐다.

대한상공회의소에서
"한국 노동자들은 덜 일 하면서 더 많이 받아간다"는
내용의 보고서가 나온 것.

그렇지 않아도 "노동생산성 떨어진다"
"임금 수준이 너무 높다"며
정치권으로부터 개혁의 타깃으로 지목돼 온
한국의 노동자들.

과연 이들은
'먹을 자격도 없는 일하지 않는 자'인 것일까?

당신은 하루에 얼마나 일하십니까

우리나라 직장인
10명 중 6명, '야근이 일상'

'일은 덜 하고 임금은 많다' 진실은?

2014년 11월 17일 대한상공회의소에서 나온 보고서 하나가 한국의 직장인들을 술렁이게 했다. 보고서의 제목은 '아시아 경쟁국의 근로시간, 임금, 생산성 비교 및 시사점'. 실제 일하는 양과 임금 수준을 가지고 아시아 여러 나라 노동자들의 경쟁력을 비교해 보니 한국 노동자들은 '덜 일하면서 더 많이 받는다'는 결론이었다. 온라인상에서는 '도저히 납득할 수 없다'는 반응이 이어졌다. 개인 시간이 거의 없을 정도로 야근과 주말 근무를 하고 있는데 '덜 일한다'는 평가는 받아들일 수 없다는 이야기였다.

한국 노동자, 일은 덜 하면서 돈은 더 받는다?

일단 대한상의 보고서에서는 아시아 각국 노동자들이 1년 동안 실제 얼마나 일하는지 소개했다. 홍콩은 2344시간, 싱가포르는 2287시간 일하는 데 비해 한국 노동자들의 근로시간은 2193시간에 불과했다. 이어서 임금 수준을 봤더니 구매력 기준(PPP)으로 한 평균 월급이 싱가포르 1757달러, 홍콩 1546달러였던 반면, 한국은 2598달러라고 했다. 일본(2418달러)이나 대만보다도

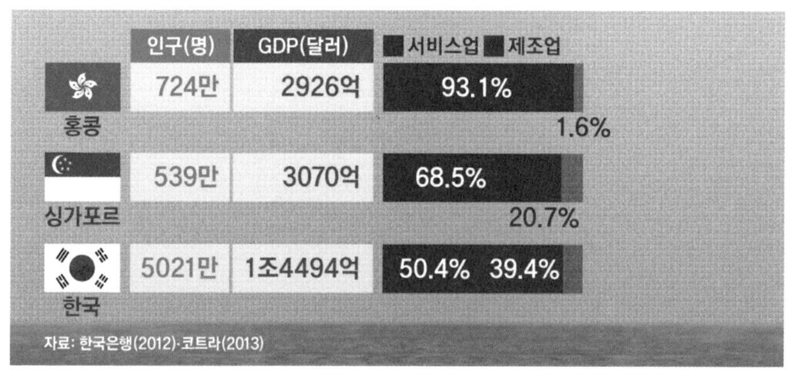

많은, 아시아 최고 수준이라는 설명이었다. 그러니 결론적으로 '한국 노동자들은 다른 아시아 나라에 비해 돈은 더 받는데 일은 덜 한다'는 말이 된다. 하지만 이는 '대한민국 노동자의 근로시간이 살인적'이라던 기존 통념과는 너무 다른 이야기였다.

한국 노동자가 홍콩, 싱가포르보다 더 받는다는 것은 거짓

전문가들은 일단 홍콩이나 싱가포르를 비교 대상으로 삼는 것 자체가 문제라고 지적했다. 두 곳의 인구는 500만~700만 명이며, 국내총생산(GDP)은 3000억 달러 정도다. 1인당 GDP는 모두 한국보다 크지만, 인구 5000만 명에 GDP 1조 달러가 넘는 한국경제와는 수평 비교할 대상이 못 된다는 것이다. 산업구조 면에서도 차이가 크다. 홍콩과 싱가포르는 우리와 달리 거의 대부분이 서비스업이다. 그래서 한국노동연구원 조성재 상임연구위원은 "도시국가와 우리나라 경제를 비교하는 것은 적정하지 않으며, 굳이 홍콩과 싱가포르를 비교하려면 한국이 아닌 서울을 대상으로 해야 한다"고 지적했다.

아시아 최고 수준이라고 한 임금 비교도 잘못된 것이었다. 구매력 기준으로 홍콩과 싱가포르 노동자의 평균 월급은 1500~1700달러 수준인 반면 한국은 2500달러가 넘는다는 수치는 '월드 샐러리즈(World Salaries)'라는 기관에서 발표한 2005년 자료였다. 전문가들에게 확인하니 일반적으로 인용되는 익숙한 기관이 아니었고, 무려 10년 전 데이터를 사용한 것도 정상적이지 않은 경우라고 했다. 자료를 더 파고들어가 보니 대한상의가 인용한 데이터의 출처는 'Manufacturing Sector Average Salary', 그러니까 제조업 분야의 평균 임금을 비교해 놓은 자료였다. 전체 업종 임금 평균이 아니라 제조업 평균 임금만 가져다가 근거로 쓴 것이다.

한국의 경우 홍콩이나 싱가포르에 비해 제조업의 경쟁력이 강하고 산업 전체에서 차지하는 비중도 크다. 그러니 제조업만 떼어 놓고 비교한다면 우리 임금 수준이 높을 수밖에 없는 것이다. 전문가들도 황당하다는 반응이었다. 한국노동사회연구소의 김종진 연구위원은 "우리나라 제조업은 야간, 철

연간 실근로시간(2011)		구매력기준(PPP)임금(2005)
2344	홍콩	1546달러
2287	싱가포르	1757달러
2193	한국	2598달러
1706	일본	2418달러

자료: 대한상공회의소·PWT·World Salaries

야, 휴일 근로가 전체 근로시간 대비 400~600시간을 차지하기 때문에 가산임금이 발생한다"면서 "제조업만 놓고 비교한다면 제조업 비중이 높은 나라일수록 실질임금이 높게 나올 수밖에 없다"고 설명했다.

근로시간 단축을 막기 위한 무리한 분석?

대한상의가 무리수를 두면서까지 이런 보고서를 만든 이유는 무엇일까? 정치권에서 추진되는 '근로시간 단축'을 막기 위해서다. 대한상의는 전국 상공인들의 이익을 대변하기 위해 설립된 단체로 전국경제인연합, 한국무역협회, 중소기업중앙회와 함께 재계를 대표하는 경제 4단체 중 하나다. 정부·여당이 일자리를 늘리기 위해 '근로시간 단축'을 밀어붙이려 하자 비용 증가를 우려한 재계에서는 이를 막는 게 우선 과제가 된 것이다.

그런데 한국 노동자들의 근로시간이 홍콩이나 싱가포르보다 적다고 해서 '일을 덜 한다'는 평가를 내릴 수 있을까? 2012년 기준으로 OECD에서 발표한 자료를 보면 한국 노동자의 근로시간은 36개국 중 멕시코 다음으로 가장 길다. OECD 평균보다도 연 400시간을 더 일하고 있다. 서비스업의 비중이 높고 경제 규모 면에서 가입 요건이 안 돼 OECD 회원국이 아닌 홍콩이나 싱가포르와 근로시간을 놓고 비교하는 것도 어불성설이다.

대한상의는 근로시간 단축에 대해 '교각살우'라는 표현을 썼다. 물론 근로시간 단축에 여러 부작용이 나올 수는 있다. 하지만 그렇다고 부정확한 데이터를 가지고 무작정 막겠다고 나서는 것이야말로 교각살우(矯角殺牛)의 수를 범하는 것은 아닐까.

3장

우리는 어떤 목소리를 내야 하는가

×

정치 체크

F A C T C H E C K

나랏빚 둘러싼 여당 대표와 경제부총리 충돌, 누구 말이 맞나?

빚은 적을수록 좋다. 이건 상식의 영역이다.
하지만 빚의 성격에 따라,
혹은 누가 지고 있는 빚이냐에 따라 달라진다.
특히 나라가 진 빚, 국가부채의 경우는 더욱 그렇다.

최근 몇 년간 한국이 지고 있는 국가부채가
'위험수위'에 다가가고 있다는 경고음이 나온다.
경제가 살아날 기미는 쉽게 보이지 않는데,
정부가 빚만 늘리고 있다는 주장이다.

하지만 정부가 이렇게라도 돈을 풀어서
경제를 일단 회복시켜놔야 해결된다는 주장도 있다.
문제는 이런 상반된 두 개의 주장이
같이 손발을 맞춰야 할 정부와 여당 사이에서 나올 때다.

그렇다면 국가경제와 국민들은
누구 말에 장단을 맞춰야 하는 걸까?

"나랏빚 아직은 괜찮다"
정말 믿어도 되나?

2014년 9월, 새누리당 김무성 대표와 최경환 경제부총리 사이에 설전이 벌어졌다. 여당 대표는 나랏빚이 심각한 수준으로 많아졌으니 조심해야 한다, 돈 푸는 걸 자제해야 한다는 취지의 발언을 내놓았다. 그러자 경제부총리가 발끈했다. 아직 국가부채는 심각한 수준이 아니고 충분히 관리되고 있다, 지금은 돈을 풀어서 경기부양을 해야 할 때라고 정반대 주장을 내놓은 것이다.

그렇다면 이걸 지켜보는 국민들은 궁금할 수밖에 없다. 누구 말이 맞는 건가? 나랏빚이 괜찮은 수준인 건가, 아니면 국가 재정건전성을 해치는 수준까지 온 것인가? 걱정해야 하는 건가, 아니면 안심해도 되는 건가. 외환위기로 IMF 사태를 경험한 우리 국민들 입장에서는 예민하게 바라볼 수밖에 없는 문제다.

최경환 부총리는 나랏빚을 중앙정부가 국채 팔아서 진 빚과 지방자치단체가 진 빚 등 직접적인 부채만을 합쳐서 계산했다. 2013년 기준으로 490조 원 정도 된다. 반면 김무성 대표는 한국전력이나 석탄공사처럼 빚더미에 앉아 있는 공기업들의 부채도 포함해야 한다고 주장했다. 어차피 정부가 보증을 섰으니까 결국 정부가 갚아야 할 빚이고, 이걸 포함하면 국가부채는

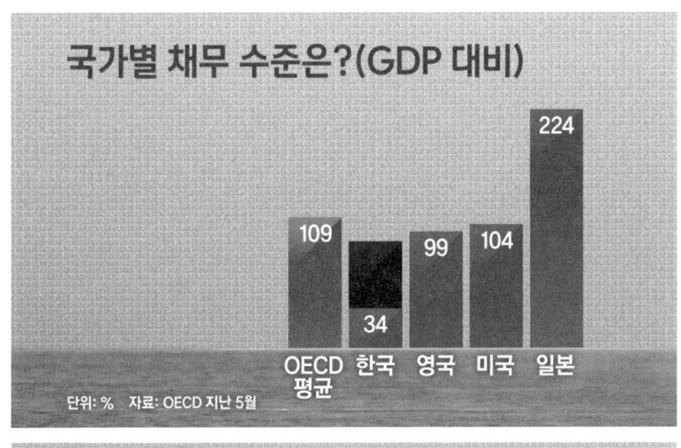

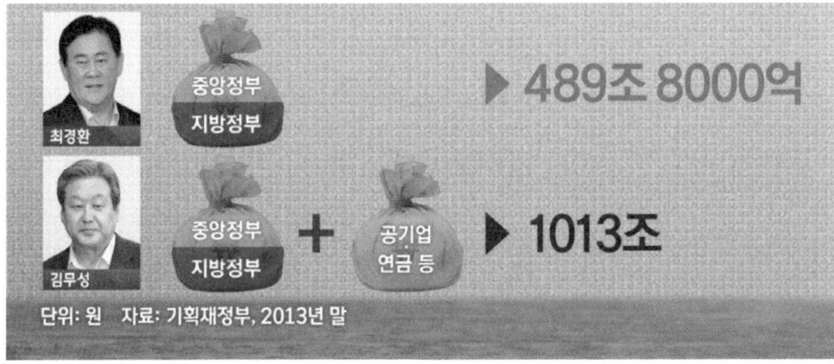

1000조 원을 훌쩍 넘는다는 것이다.

최 부총리 기준에 따르면 GDP 대비 국가부채는 34%에 그친다. OECD 국가 평균이 109%인 것을 감안하면, 3분의 1 정도밖에 안 된다, 한국의 나랏빚은 상당히 건전한 수준이라고 최 부총리는 평가했다. 반면 나랏빚을 1000조 원으로 보면 GDP 대비 부채 비율이 100%에 가까워지고, 결코 안전한 상황이라고 보기 힘들다.

공기업 부채도 국가부채인가

결국 공기업 부채를 국가부채에 포함시킬 것인지가 쟁점인데, 나라마다 경제 사정과 상황이 다르다 보니 통일된 국제기준이 있는 것은 아니다. 다만 미국 등 주요국 상당수가 따르고 있는 것은 IMF 기준으로, 한국도 이 기준을 따르고 있다. 이에 따르면 공기업이나 연금 부문 같은 공공부문 부채는 국가부채에 포함시키지 않는 게 맞다.

그렇다면 최 부총리 말대로 한국의 국가부채는 심각한 수준이 아닌 건가? 돈을 더 풀어서 경기부양에 사용해도 되는 걸까? 그러나 나랏빚은 그렇게 단순하게 생각할 수 없다는 데 어려움이 있다. 미국과 같은 '기축통화' 국가와 한국의 사정이 다르고, 유럽연합(EU)처럼 블록화된 강력한 경제권을 가진 나라들도 한국과 사정이 다르다. 단순히 저 나라들보다 우리가 부채가 적다고 해서 안심하기는 어렵다.

정작 최경환 경제부총리조차 2001년에 쓴 칼럼에서는 지금과 반대되는 주장을 한 바 있다. 당시 정부는 나랏빚이 얼마 안 되니 걱정할 수준이 아니라고 하고, 정치권은 1000조 원이 넘는다며 설전을 벌이고 있었다. 한 경제 신문의 논설위원이었던 최 부총리는 "공적연금이나 보험 등 잠재부실도 통계 기준을 떠나 재정 부담 측면에서는 사실상 국가부채나 마찬가지다"라며 준엄하게 꾸짖었다. 공공부채를 사실상 정부부채로 보고 대비해야 한다고 정부에 경고한 것이다.

진짜 재앙을 막기 위해서는?

물론 2014년과 2001년의 상황이 다르다고 할 수도 있다. 최 부총리는 당장 복지재원 마련을 위해 돈을 많이 푸는 이른바 확장 기조를 유지하려는 입장이다. 확장 정책을 써서 돈을 계속 풀고, 이를 통해 경기를 끌어올리고, 그러면 가계와 기업의 수입이 증가하면서 자연스럽게 세금이 많이 걷힘으로써 필요한 재원을 회수할 수 있다는 게 최 부총리의 요지다. 그런데 누군가 재정건전성을 문제 삼으면서 이제 돈을 더 풀면 안 된다, 이러면 나라 망한다면서 막아서면 이 시나리오가 다 무너지게 되는 것이다.

그러나 문제는 그 시나리오대로 되지 않았을 경우다. 돈만 풀고 만약 경제가 살아나지 않으면, 나라 적자는 더 커지고 그걸 해결할 수 있는 방법은 없어지기 때문이다. 그때는 '진짜 재앙'이 시작된다.

물론 시장에선 돈을 틀어쥐고 있는 것보다 푸는 게 낫다는 반응도 많이 있다. 하지만 "정부는 야당의 문제 제기를 정치적 공세로 치부해 문제없다 할 게 아니라, 곪아가고 있는 부실들을 줄이는 계기로 삼을 필요가 있다"는 2001년 '최경환 논설위원'의 칼럼은 지금도 유효하다. 다른 OECD 국가에 비해 한국의 재정이 건전하다는 점만 강조할 것이 아니라, 위험요소를 분명히 인식하는 명민한 감각이 함께 필요한 시점이다.

2016년 국가부채는 600조 원대를 넘어 GDP 대비 사상 첫 40%를 돌파할 전망이다. 국가부채 비율을 GDP 대비 30% 중반대에서 관리하겠다던 정부의 방어선은 이미 후퇴하고 있다.

F A C T C H E C K

그리스 위기는 정말 '과잉 복지' 때문일까?

고대 문명의 발상지 그리스.

수천 년 역사의 유적지와
천혜의 자연환경을 떠올리게 하는 이곳이
유럽의, 아니 어쩌면 세계 전체의
천덕꾸러기가 됐다.

국가부도 위험 소식이 전해질 때마다
세계 증시가 휘청이면서
각국은 그리스를 원망의 눈으로 쳐다보게 됐다.

이런 그리스를 향해 나온
한 한국 정치인의 발언.
"그리스는 과잉 복지로 국민들이 나태해졌다."

그리스인들은 정말
복지 때문에 나태해진 걸까?
그리스 위기는
나태한 국민들이 자초한 것일까?

김무성 새누리당 대표
"(그리스에서) 과잉 복지로 인해
국민은 나태해졌고
필연적으로 찾아오는 부정부패로
나라 재정은 엉망"
지난 3일 국회 교섭단체대표 연설
김무성 대표 새누리당 (지난 5일)
"복지 과잉되면 국민들이 나태해진다"
'복지 과잉' 논란
한국, 그리스처럼 될까?

2015년 초, 집권여당인 새누리당을 중심으로 '과잉 복지'라는 단어가 회자되기 시작했다. 경제 규모나 상황에 맞지 않는 지나친 복지정책 때문에 경제 상황이 더 안 좋아질 수 있다는 우려였다. 자칫하면 한국이 '과잉 복지' 때문에 망할 수 있다는 주장이 담겨 있었다.

특히 새누리당 김무성 대표는 2015년 2월, 국회 교섭단체 대표연설에서 그리스의 경우를 예로 들어 이런 주장을 강하게 폈다. 2008년 금융위기 이후 경제적 난맥상을 극복하지 못하고 있는 그리스가 과잉 복지의 위험성

을 보여주는 대표적인 나라라는 것이다. 그렇다면 그리스는 정말 복지 때문에 국민성이 나태해졌고, 그래서 결국 국가경제 전체가 위기에 처한 것일까.

그러나 세계적 경제학자인 폴 크루그먼이 이보다 앞서 뉴욕타임스 칼럼을 통해서 진단했던 내용은 김 대표의 이야기와 많이 달랐다. 크루그먼은 "그리스에 대해 들리는 이야기들은 사실이 아닌 게 많다. 그리스인들은 게으르지 않다. 유럽에서 누구보다 일을 많이 한다"고 변호했다. 실제로 GDP 대비 사회복지 지출을 따져봐도 스웨덴이나 독일 같은 다른 유럽 국가에 비해 많지 않다고 강조하기도 했다.

그리스가 경제위기에 처한 진짜 이유

실제 통계를 따져보면 크루그먼 교수의 이야기가 맞았다. 글로벌 금융위기 직전인 2007년 기준으로 그리스의 GDP 대비 복지 지출은 21%로, OECD 평균에 못 미친다. 스웨덴이나 독일에 비해 높지 않은 수준이었다.

OECD 국가의 GDP 대비 복지 지출

순위	국가	비율
24	슬로바키아	18.4%
25	캐나다	17.0%
26	아이슬란드	16.5%
27	에스토니아	16.3%
28	한국	10.4%

자료: OECD(2014년)

반면 그리스인의 연간 평균 노동시간은 2037시간으로 OECD 국가 중 4위이고, 유럽 국가 중엔 유일하게 2000시간 이상 일하는 나라였다. 쓸데없이 오래 일하니까 결국 게으른 것 아니냐는 지적도 가능하겠지만, 이 지표에서 1등을 차지한 나라는 한국이다.

결국 그리스는 GDP 대비 복지비용은 거의 유럽 최하위인데, 근로시간은 1위인 셈이다. 물론 통계상 변수가 있고, 경제적·문화적 차이도 있겠지만 "그리스 사람들이 게으른데도 복지혜택이 많다"고 말하는 건 무리가 있어 보인다.

그렇다면 그리스가 경제위기에 처한 진짜 이유는 무엇일까? 성공회대 유철규 교수는 유로화로 화폐를 통합한 것을 중요한 원인으로 꼽았다. "그리스하고 독일의 통화를 통합시켜놨는데, 그리스는 경쟁력 있는 산업이 없다. 독일은 세계 최강의 제조업 국가다. 그걸 동일 환율로, 같은 통화로 합쳐 놓으니 제조업이 있는 나라에 유리할 수밖에 없고, 제조업이 없는 나라는 살길이 없게 된 것이다"라고 유 교수는 설명했다. 산업 기반이 다른 나라 사이의 화폐 통합으로 쏠림현상이 나타났다는 것이다. 그래서 크루그먼 교수 역시

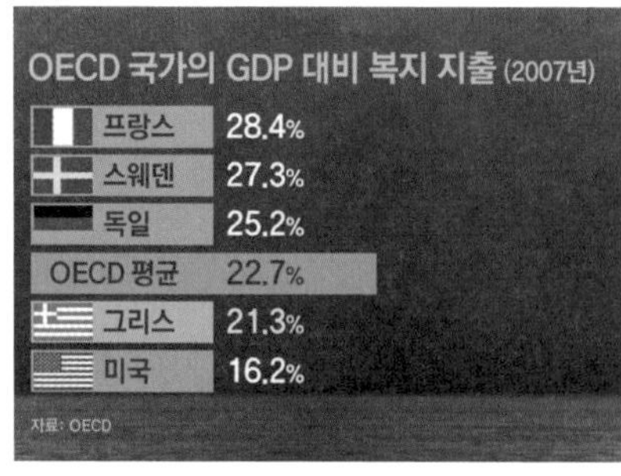

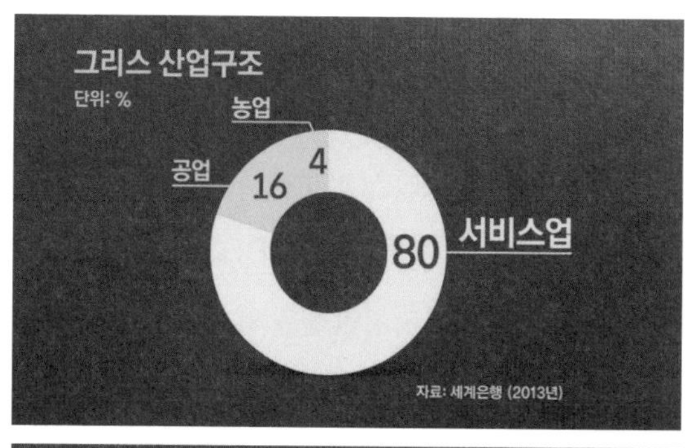

"비난받을 대상은 바로 유로"라고 강조했다.

잘사는 북유럽과 못사는 남유럽이 한 경제권으로 편입되어 같은 화폐를 쓰게 되면서 그리스도 돈을 빌릴 때 독일 수준의 낮은 이자로 빌리는 게 가능해졌다. 그 결과 많은 돈이 그리스로 들어왔고 특별한 산업 기반이 없다 보니 부동산 같은 곳에 자금이 몰려 거품이 끼게 됐다. 이런 문제점들이 글로벌 금융위기를 만나 걷잡을 수 없이 붕괴되는 상황에서, 유로에 묶여 환율정책마저 독자적으로 쓸 수 없으니 위기 극복이 더 힘들어진 것이다.

정치권의 무능이 경제위기를 초래한다

경제적인 환경도 문제지만, 그리스 정치권의 무능도 자주 거론된다. 2012년 당시 제1야당 시리자의 EU 재정담당 부대표였던 레나 드루는 MBC 라디오 〈시선집중〉에 출연해 "그리스 정치인들은 외채를 들여와서도 정상적인 국가 발전, 즉 농업부문이라든지 생산부문에 투자를 하지 않았고, 결국 그것이 지금의 경제위기를 초래했다"고 짚었다.

문제는 복지 과잉이 아니었다. 그리스로 들여온 빚을 정치권이 공무원

연금 등에 잘못 투입하고, 인기에 영합해 탈세를 방조하고, 정권마다 자기 사람을 삼기 위해 공무원 수를 늘렸다. 이런 점들이 그리스인들도 인정하는 경제위기의 중요한 원인이었다.

문제는 복지 과잉도, 저급한 국민성도 아니었다. 원인을 잘못 찾으면 해법도 잘못 나온다. 여당 대표의 잘못된 인식이 걱정되는 이유이기도 하다.

2014년 한국의 GDP 대비 복지 지출은 10.4%로, 2007년 그리스는 물론 OECD 국가 중에 꼴찌 수준이었고, 복지 지출이 OECD 평균인 25% 수준에 도달하려면 약 40년이 걸린다는 게 정부 발표에 담겨 있다. 이런 것들을 보면 그리스 사례를 가지고 한국의 과잉 복지를 걱정하는 것은 얼마나 어울리지 않는 참견인가.

서울대 경제학부의 이준구 교수가 최근의 과잉 복지 논란에 대해서 밝힌 글은 그런 점에서 의미심장하다.

"4대강이나 자원 개발에 몇십조 원을 쏟아부은 정부가, 무상급식 2조 원이 아깝다고 호들갑 떠는 모습은 가관이다."

복지정책의 방향은 편견이나 여론 호도가 아니라 정확한 진단과 치밀한 계획에서부터 출발해야 할 것이다.

F A C T C H E C K

여의도 정가의 또 다른 속살, 청부입법의 세계

청부업자.
누군가의 일을 대신 맡아서
전문적으로 처리해주는 사람.

대한민국 국회에도 이 '청부업자'들이 있다.
다름 아닌 국회의원들.

이들은 정부의 사실상 '외주'를 받고
정부 대신 법안을 발의해 추진한다.
소위 '청부입법' 과정이 이렇게 만들어진다.

"누이 좋고 매부 좋다"는 국회 청부입법.
하지만 문제가 생겼을 때 책임은 누가 질까?
책임을 져야 할 순간이 왔을 때
서로 미루고 만다는 게 진짜 문제다.

이익만 챙기고 책임 소재는 사라지는
여의도 정가의 또 다른 속살,
청부입법의 세계.

<단통법 시행 전후 체감 통신비 비교>
구분
단통법 시행전
단통법 시행후
비고
통신요금 (65요금제)
기본료(A) 65,000원 65,000원 -
요금할인(B) 16,750원 16,750원 24개월 약정
소계(C=A-B) 48,250원 48,250원 -
월 통신요금 (부가세포함) 53,075원 53,075원 통신요금 동일
출고가(E) 866,800원 866,800원 -
지원금(F) 200,000원 117,000원 지원금 차이 평균 83,000원
(갤럭시S5)
749,800원
(G/24개월)
84,317원
이용자 체감 통신비 평균 4.3% 증가
국감장으로 번진
'단통법 사태' 책임 공방

홍의락 의원 새정치
"세밀하게 미래부에서 좀 따져봐야 하는 거 아닙니까?"

단통법시행
그래도 34요금제
G3비트, 갤4, G프로,
단통법 혼란, 진짜 책임은?

"단통법 자체가 의원님들 입법으로 제정된 것임을 말씀드리고 싶다."

2014년 미래창조과학부에 대한 국정감사장에서 최양희 장관이 국회의원들에게 이렇게 말했다. '단말기유통법' 시행이 가져온 혼란에 대한 의원들의 질책이 이어지자, "입법은 국회의원들이 해놓고서 왜 나에게 뭐라 그러느냐"는 항변을 내놓은 것이다. 그러자 이를 지켜본 사람들 사이에서는 속 시원하다는 얘기까지 나왔다. 가뜩이나 단통법 때문에 불만이 팽배했던 시민들 사이에서는, 법을 만들어놓은 국회에 일침을 가하는 최 장관의 모습이 만족감을 줬을 수도 있다. 하지만 최 장관의 발언이 과연 적절한지에 대해서는 논란이 있었다.

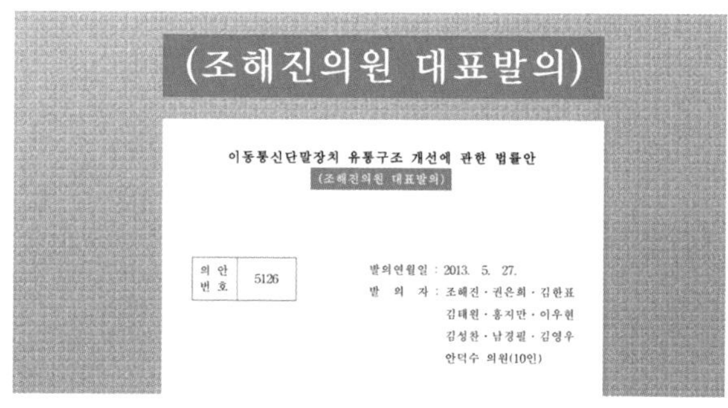

(조해진의원 대표발의)

이동통신단말장치 유통구조 개선에 관한 법률안

(조해진의원 대표발의)

의안 번호	5126

발의연월일 : 2013. 5. 27.

발 의 자 : 조해진 · 권은희 · 김한표
김태원 · 홍지만 · 이우현
김성찬 · 남경필 · 김영우
안덕수 의원(10인)

실제 법안의 대표 발의자는 새누리당 조해진 의원이다. 대표 발의자가 국회의원이니 형식상으로는 의원입법인 셈이다. "의원들이 해놓고 왜 장관만 몰아붙이냐"는 항변이 나온 배경이었다. 하지만 이게 순전히 의원들이 주도해서 만든 법인지 따져보면 그렇지도 않았다.

'청부입법'의 실태

단통법 추진의 시작은 대선 당시 나왔던 "가계통신비 부담을 줄이겠다"는 박근혜 대통령의 공약으로 볼 수 있다. 이후 인수위에서 논의가 이어지다가 2013년 4월과 5월, 미래부에서 구체적인 계획을 발표했고, 곧 이어서 법안이 발의됐다. 그리고 단통법은 2014년 5월 본회의를 통과해, 10월부터 시행됐다. 이렇게 법안 추진과정만 놓고 보자면 이건 사실 정부 정책이었고, 그걸 조해진 의원이 받아서 흔히 이야기하는 '청부입법'을 했다는 의혹이 들 수밖에 없다. 특히 2013년 4월 미래부 업무보고와 5월 14일 미래부의 통신비 경감 방안 발표를 자세히 들여다볼 필요가 있다. '단말기 유통구조 개선' 항목에서 "국회와 협의해 '이동통신 단말장치 유통구조 개선에 관한 법률'을 제정하겠다"고 명시해놓고 있다. 그러고 나서 2주 뒤에 조해진 의원에 의해 법안이 발의된 것이다. 물리적으로만 봐도, 조 의원이 법안을 치밀하게 설계해 발의할 수 있을 만한 시간이 아니다. 그만큼 미래부의 적극적인 움직임이 있었을 것으로 추측되는 대목이다.

최 장관의 '항변 아닌 항변' 이후 의원들이 이 부분을 지적하고 나서자, 최 장관 역시 청부입법 사실을 인정했다. 단통법은 의원입법 형식을 띤 사실상의 정부입법으로, 미래부가 주도적으로 추진했음을 장관이 직접 이야기했다. 미래부가 주도해 만든 법안에, 여당 국회의원은 사실상 이름만 빌려준 셈이었다. 법을 새로 만들거나 바꿀 때는 의원이 발의할 수도 있고, 정부가 발의할 수도 있다. 정부입법이라는 절차가 따로 있는데도 정부가 국회의원의 손을 거치는 것은 그만큼의 이점이 있기 때문이다. 두 가지 법안이 처리되는 과정을 보면 그 이점은 뚜렷하다.

'고속도로'를 이용한 단통법

의원입법은 상임위와 법사위 등 4단계만 거치면 되는데, 정부입법은 당정 사이의 협의, 규제 심사, 법제처 자문 등의 중간 과정을 넣어서 11단계를 거쳐야 법률화가 가능하다. 법안 하나를 만드는 데 길게는 반년 이상이 걸리기도 한다. 그러니 정부 입장에선 '윗선'의 의중이 담긴 역점 법안은 의원입법을 통해 추진하려고 하는 것이다.

청부입법을 받아들이는 국회의원 입장에서도 좋은 점이 있다. 국회의

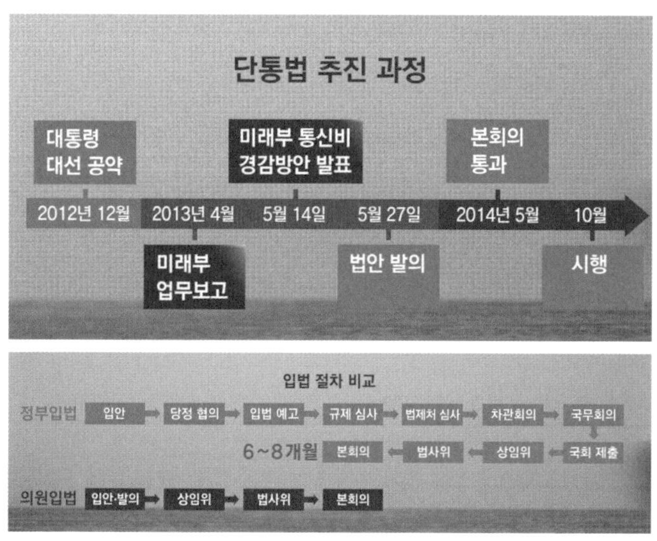

원 보좌진 경력이 있는 용인대 최창렬 교수에 따르면, 자신의 법안 발의 실적이 쌓이고 행정부에 일종의 빚을 지울 수 있는 청부입법을 싫어할 이유가 없다는 것이다. 이렇게 국회의원을 통한 청부입법이 이뤄진 법안들은 때론 '고속도로'를 이용하는 효과를 얻기도 한다. 단통법의 경우도 마찬가지였다. 법안 통과의 마지막 안전장치로 본회의에서 다시 검증해보는 절차를 거치기도 하는데, 이것도 무사 통과였다. 국회가 오랜 기간 파행을 겪었던 뒤라, 단통법을 다른 법안들 사이에 슬쩍 끼워서 처리하는 바람에 반대 토론은커녕 반대표도 없이 본회의를 통과했다. 결국 단통법 논란은 청부입법의 민낯을 여실히 드러낸 계기가 되고 말았다. 정부가 뭐했냐며 몰아붙이는 국회의원들과, 왜 나한테 그러느냐 항변하는 장관의 책임 미루기 싸움은 가장 적나라한 그 민낯이었다.

F A C T C H E C K

'관피아 방지법'이 '직업 선택의 자유' 침해라고?

"지금 문제가 되고 있는 관피아 문제를 해결하겠습니다."
세월호 참사 직후인 2014년 5월,
박근혜 대통령이 대국민 담화에서 직접 한 발언이다.

'관피아'는 민간 기업과 유착된 공무원들을
'마피아'에 빗대 말하는 신종 용어다.
세월호 참사의 주요 원인 중 하나로 '관피아'가 떠오르면서
'관피아 방지법'이 정치권의 화두가 됐다.

그런데 정작 입법을 하는 단계로 넘어가면서
관피아 방지법은 국회에서 제동이 걸렸다.

자그마치 '헌법에 위배'된다는 건데,
민관 유착과 부정부패를 막는 법안이
왜 위헌이라는 걸까?

관피아 방지법이 만들어지면
정말 헌법적 가치가 훼손되는 걸까?

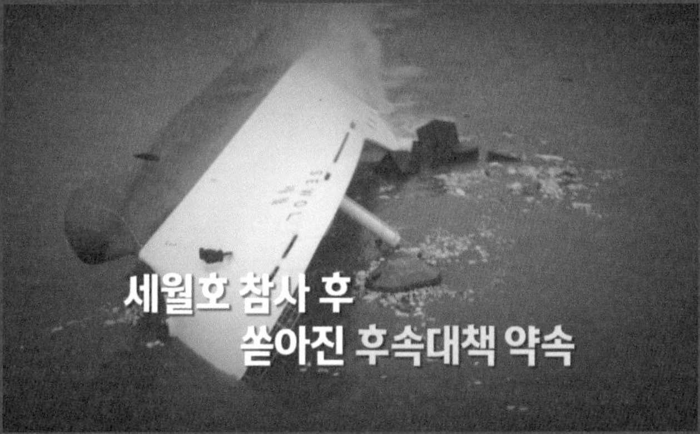

세월호 참사 후
쏟아진 후속대책 약속

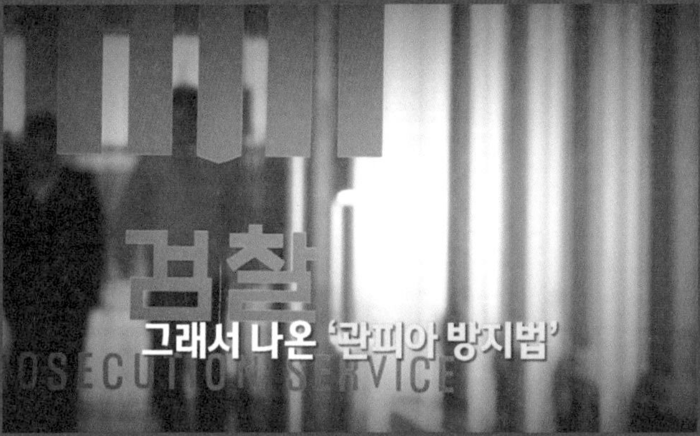

그래서 나온 '관피아 방지법'

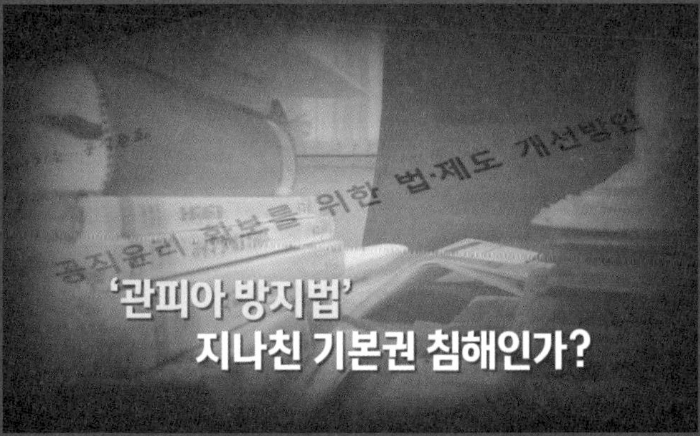

'관피아 방지법'
지나친 기본권 침해인가?

세월호 참사 이후, 대한민국을 완전히 뜯어고치려면 고위 공무원들의 낙하산 문제를 해결해야 한다는 비판이 끊임없이 제기됐다. 그래서 나온 게 이른바 '관피아 방지법'이었다. 마피아처럼 끈끈하게 연결된 고위 공직자들과 민간 기업 사이의 유착 고리를 끊어내야 한다는 것이다.

그런데 세월호 참사 직후부터 추진되기 시작했던 이 법은 통과까지 가는 길에 지난한 과정을 거쳐야 했다.

2014년 12월, '관피아 방지법'으로 불리는 공직자윤리법은 소관 상임위인 국회 안전행정위원회를 통과했다. 그런데 국회 본회의로 가는 마지막 관문인 법사위에서 막혀버렸다. 새누리당 김진태 의원을 비롯한 법사위원들이 이 법안에 위헌 소지가 있다며 막아선 것이다.

특히 김진태 의원은 관피아 방지법이 직업 선택 자유의 본질적인 부분을 해칠 수 있다며 "업무 관련성의 판단 범위를 부서에서 기관으로 확대하고, 변호사 등은 거의 모든 직종으로까지 확대했기 때문에 다시 심사해야 한다"고 강하게 주장했다. 고위 공무원들의 재취업 문이 좁아진 것이 과연 헌법정신에 어긋나는 것일까?

관피아 방지법의 주요 골자 3가지

관피아 방지법의 내용은 크게 3가지 줄기로 나눠진다. 예를 들어, 국토부 공무원 A씨가 퇴직을 하고 ○○토건회사에 들어가려면 그동안은 2년간 정부의 심사를 거쳐야 했다. 기존에 해오던 업무와 연관성이 없다는 판정을 받아야 취업이 가능했다. 그런데 법 개정으로 이 기간이 3년으로 늘어난다. 또 재취업 제한 범위가 기존에는 일했던 부서와 연관된 곳이었는데, 일했던 기관으로까지 확대됐다. A씨의 경우는 국토부 전체와 연관된 곳까지 취업 제한이 걸린다. 그리고 이런 심사를 받아야 하는 대상도 일반 공무원뿐 아니라 부장판사, 검사장 같은 법조인으로까지 확대됐다. 그러다 보니 취업을 막는 범위가 너무 넓다, 과잉 입법이다, 헌법상 기본권 침해의 소지가 있다는 문제 제기가 나온 것이다.

해당 법안의 개정을 주관한 행정자치부는 법제처와 법률 자문위원들에게 사전에 자문을 구했다. 신병대 행정자치부 인사혁신처 윤리정책과장에 따르면, 결론적으로는 '문제가 없다'는 쪽으로 법제처 해석이 나왔다고 한다. "목적이 정당하고, 수단도 적정하고, 적용 범위도 최소화하고 있어서 과잉금지의 원칙에 위배되는 건 아니다"라는 게 법제처와 자문위원들의 검토 의견이었다. 실제로 금융감독원 출신 공직자가 퇴직 후 취업 제한이 너무 심하다며 헌법소원을 냈는데, 헌법재판소 역시 공정성 확보를 위해 정당하다고 판단했다. 관피아들의 부정부패를 막기 위한 적절한 수단이라며 합헌 결정을 내린 것이다.

외국의 사례를 보면 우리보다 이 분야에 있어 더 엄격한 경우가 많았다.

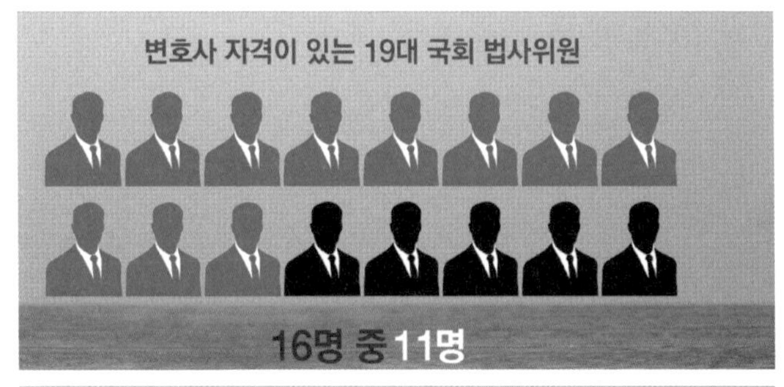

외국의 퇴직공직자 취업제한

	독일	프랑스	미국
기간	3년~5년	3년	1년/2년/영구적
특징	자문도 불가	연금 압류·박탈	5년 이하의 징역, 25만 달러 이하 벌금

독일·프랑스·미국 모두 퇴직 공직자의 취업 제한 기간을 3년으로 두고 있다. 취업 제한 규정을 어길 경우 프랑스에서는 연금을 아예 빼앗아 버리기도 하고, 미국은 최대 25만 달러, 우리 돈 2억 5000만 원의 벌금을 물리기도 한다. 한국의 관피아 방지법이 국제사례들에 비춰 꼭 지나치다고만 볼 수 없는 것이다. 여러 정황과 증거들이 헌법상 과잉금지의 원칙에 위배되지 않는다는 쪽으로 나오고 있는데도 국회 법사위원회에서 제동이 걸리자, 결국 업계의 이익과 관련된 것 아니냐는 문제 제기가 이어졌다. 실제로 19대 국회의 법사위원 16명 중에서 판검사 출신을 포함해 변호사 자격증을 가지고 있는 사람이 11명이었다. 법사위에서 관피아 방지법 통과에 적극적이지 않았던 것에 의혹이 생길 수 있는 정황이다.

고위 공직자들은 피해가는 관피아 방지법

그런데 문제는 이 관피아 방지법이 애초에 정치권에서 스스로 하겠다고 나섰다는 점이다. 세월호 참사 이후 2014년 5월부터 2014년 말까지 발의된 관피아 방지법이 여야 의원, 정부 할 것 없이 총 15건에 이르렀다. 세월호 후속대책의 중요한 조건으로 강조되면서 대통령이 직접 언급하기도 했다. 대통령이 직접 약속한 것을, 결과적으로 보면 여당 의원이 지키지 말자고 한 셈이다. 대책 내놓으라 그럴 땐 나라 전체를 뜯어고칠 것처럼 하다가, 정작 법 만들 시점이 되니 한 발 물러서는 정부·여당의 모습에 또 한 번 실망의 목소리가 나올 수밖에 없었다.

관피아 방지법은 우여곡절 끝에 통과되어 2015년 3월부터 시행에 들어갔다. 그러나 시행 이후에도 잡음은 끊이지 않았다. 정작 목표였던 고위 공직자들은 피해가고, 애먼 하위직 공무원만 잡는 '이상한 장치'가 되었다는 비판이 뒤따랐다. '혹시나 했더니 역시나'라는 반응이 나오는 이유, 미적대던 정치권의 태도에서 원인을 찾아야 할지도 모르겠다.

F A C T C H E C K

'씨족 국회'
국회의원 보좌관은 친인척?

씨족사회.
같은 성씨를 쓰는 씨족제도를 바탕으로 형성된 원시사회.
아직 국가가 제대로 모양을 갖추기 전에
혈통을 중시하고 그들만의 세계를 이루고 살던,
전근대적이고 문명화되지 못한 시대를 말한다.

그러나 21세기, 민주공화국 대한민국에서도
심심치 않게 '씨족사회' 논란이 튀어나온다.
내 가족, 내 친척들을 채용하고 밀어주는
전근대적인 문화가 아직 남아 있기 때문이다.

이번에는 국회의원 보좌진에
가족이나 친척을 기용하는 게 문제가 되었다.

대한민국은 언제쯤 씨족사회를 벗어나
'진짜 문명국가'가 될 수 있을까?

5촌 조카 4급 보좌관 임용 논란
아들 보좌진 채용 논란
'씨족 의원실' 논란
국회의원 친인척 채용 논란

국회의원 보좌관,
친·인척 채용 논란

여의도 정가에서 '씨족 국회'라는 말이 공공연히 흘러나온다. 그만큼 자신의 자녀나 친인척을 보좌진으로 채용한 국회의원들이 많았던 것이다.

19대 국회에서만 해도, 자신의 아들을 5급 비서관으로 2년간 채용했다가 나중에 밝혀진 새정치연합 백군기 의원, 다른 사람을 4급 보좌관으로 등록해 놓고 실제로는 아들을 채용했던 새누리당 박윤옥 의원, 각각 딸과 친동생을 비서관으로 임명한 새누리당 송광호 의원과 새정치연합 서영교 의원, 아들을 동료 의원 보좌관으로 채용시킨 서청원 의원 등 사례도 다양했다.

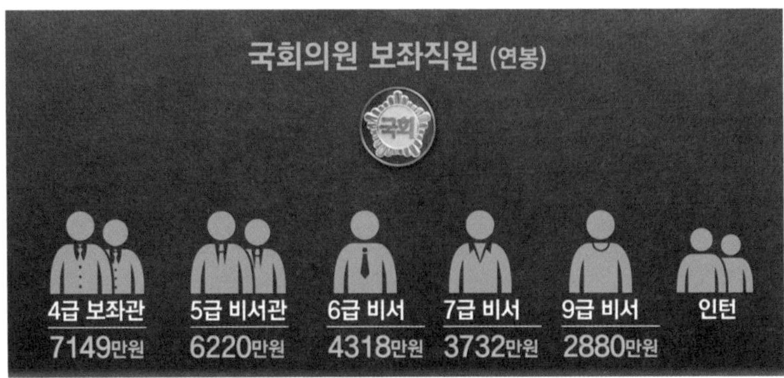

보좌진 채용과 관련해선 의원들이 전권을 행사하기 때문에 이런 일이 일어나기 쉽다. 국회 웹사이트에 채용 공고도 내고 1·2차 면접도 보지만, 기준이나 평가방식은 전적으로 의원에게 달려 있다.

한 의원실에서 보좌관과 비서관·비서까지 7명, 인턴 2명까지 총 9명을 뽑을 수 있다. 연봉은 급수에 따라 다르지만, 가장 많이 받을 때는 7149만 원, 최저 2880만 원까지 받게 되는데, 제일 높은 4급 보좌관은 정부 부처 과장급 직위에 해당하고, 20년 이상 근무할 경우 공무원 연금도 받을 수 있다.

보좌진 경력이 취직 등용문

그런데 실제로 더 중요한 건 국회 보좌진을 지낸 것이 중요한 경력이 되어 큰 힘을 발휘하는 경우다. 시민단체인 바른사회시민회의가 조사한 바에 따르면, 2011년부터 3년간 퇴직한 4급 이상 국회 공무원 800여 명 중 214명은 현대차나 SK, KT 같은 기업체에 재취업했다. 국가기관에 120여 명, 또 재단과 협

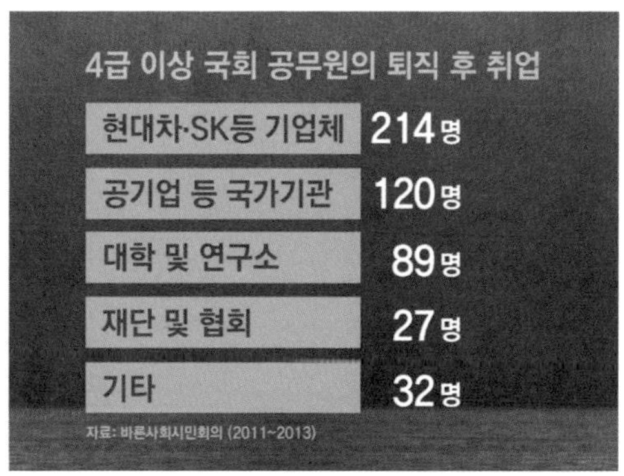
4급 이상 국회 공무원의 퇴직 후 취업

현대차·SK등 기업체	214명
공기업 등 국가기관	120명
대학 및 연구소	89명
재단 및 협회	27명
기타	32명

자료: 바른사회시민회의 (2011~2013)

회·대학 등에도 다양한 재취업 길이 열려 있었다.

취재에 응한 현직 국회의원 보좌관은 보좌진 생활이 경력에 도움이 되는 이유로 '전문성'을 꼽았다. 국회 보좌진은 정무 기능과 정책 기능을 모두 경험하기 때문에 요즘에는 변호사나 회계사 같은 전문직 출신도 많이 지원한다고 한다. 그만큼 선망의 직업이 되고 있는 것이다.

국가의 운영을 좌지우지하는 입법 작업에 참여한다는 자부심도 있지만, 동시에 상당한 권한을 행사할 수 있다는 점도 매력으로 작용한다는 분석이 많았다. 국회 보좌진의 힘을 직접 경험하고 있는 현직 공무원들은 생생한 사례를 들어 그 권력의 속성을 증언하기도 했다. 정부기관에 자기 지역구의 예산을 챙겨달라고 노골적으로 요구하기도 하고, 들어주지 않으면 국회에 제출해야 할 자료를 많이 요구하는 식으로 은근한 '괴롭힘'이 이어진다는 것이다. 일부러 금요일 밤에 자료를 무더기로 요청하거나, 국장·본부장 같은 고위직을 토요일에 의원실로 부른 뒤 원하는 자료가 나올 때까지 붙잡아두는 경우도 있었다.

횡포에 가까운 사례들도 있었는데, 국회 직원들 회식 때 불러서 대신 계산을 하게 하거나, 심지어 의원입법으로 법안을 만들 때 공무원에게 대신 만들어 오게 하는 경우도 있었다. 속칭 '센 직업'이었다. 물론 의원들은 능력 있는 친인척을 데려다 쓰는 게 뭐가 잘못이냐고 항변하기도 했다. 하지만 그렇게 해서 얻는 것보다는 잃는 게 더 많다는 의견이 보좌관 출신 정치평론가들에게서 나왔다. "의원실 내에 친인척이 있으면 다른 보좌진들이 눈치를 본다", "결국 '갑질'에 스스로 익숙해지기 쉽다", "전형적인 비선 정치가 될 우려가 있다"는 지적이었다.

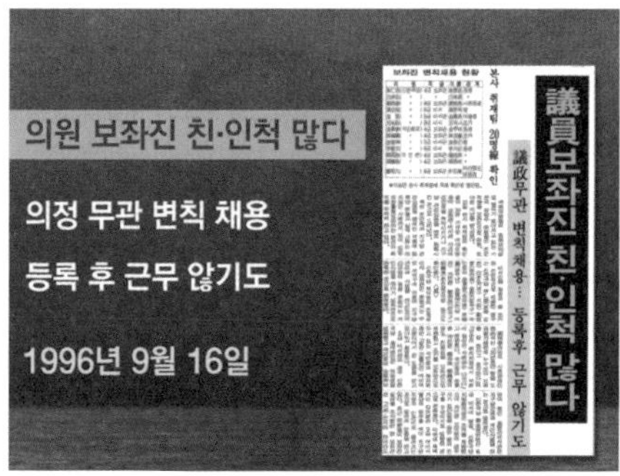

이런 부작용 가능성은 국회의원들 스스로도 잘 알고 있다. 그래서 '특권 내려놓기'의 일환으로 친인척 보좌관 채용을 금지하는 법안이 발의되기도 했지만, 통과되지 못한 채 국회에 계류 중이다.

그런데 "의원 보좌진 중에 친인척이 많다", "변칙 채용이다"라는 비판적인 기사는 1996년에도 나왔다. 20년 동안 제기된 이 문제가, 여전히 풀리지 않은 채 진행형인 것이다.

FACT CHECK

국회의원 수, 몇 명이 적당할까?

최악의 취업난 때문에 아우성인 시대.
국회에는 4년마다 이런 취업난이 찾아온다.
하고 싶은 사람은 많은데
의원 정수는 300명으로 정해져 있기 때문이다.

그러다 보니 국회에서는 기회가 있으면
'의원 정수 확대' 얘기가 등장한다.

2014년 10월에 나온 헌법재판소 결정으로
국회의원 선거구가 다시 논란이 되면서
정수 확대 주장이 또 나왔다.
360명부터 400명까지 숫자도 다양하다.

말도 많고 탈도 많은 국회의원 정수,
과연 몇 명이 적당한 걸까?

박민식 새누리당 의원
Q 국회의원 수 늘려야 할까?

무료
Q 국회의원 수 늘려야 할까?

확대?
축소?
유지?

"줄여야죠. 거의 필요가 없어요."

"조금 줄여도 될 것 같아요. 국회에서 조는 거 나오고… 싸우는 거 나오고…."

"인원수에 비해서 하는 일들이 좀 없는 것 같은 게 솔직한 제 심경이죠."

국력의 신장과 인구비율에 맞춰 국회의원 정수 확대가 필요하다는 의원들의 생각과는 달리, 거리에서 만나본 시민들은 대부분 단호하게 반대하는 입장이었다. 또 국회 내부에서도, 각 정당들의 이해관계에 따라서 의견이 엇갈렸다.

국회의원 정수 논란이 불거진 시발점은 2014년 10월에 나온 헌법재판소의 결정이었다. 헌재는 국회의원 선거구를 정할 때, 인구가 많은 지역구와 적은 지역구의 차이가 2배를 넘지 않도록 해야 한다고 못 박았다. 이렇게 되면 기존의 선거구를 다 뜯어고쳐서 새로 정해야 하는 문제가 생긴다. 여기에 선거관리위원회가 선거구를 재조정할 때 비례대표 의석을 늘려서 지역구와 2대 1 정도에 맞추는 게 좋겠다고 제안했다. 두 번째 폭탄인 셈인데, 이러면 지역구 국회의원 숫자가 대폭 줄어들 수 있기 때문이다.

현재 지역구 대 비례대표 의석수는 246대 54로, 총 300석이다. 그런데 선관위 제안대로 비율을 조정하면 지역구와 비례대표 의석이 200대 100으로 바뀐다. 이렇게 되면 지역구 의석 46석이 날아가는 셈이니 현역 의원 중에 아무도 이 방안에 찬성할 수가 없다. 그러니 차라리 전체 의석을 60석 늘려서

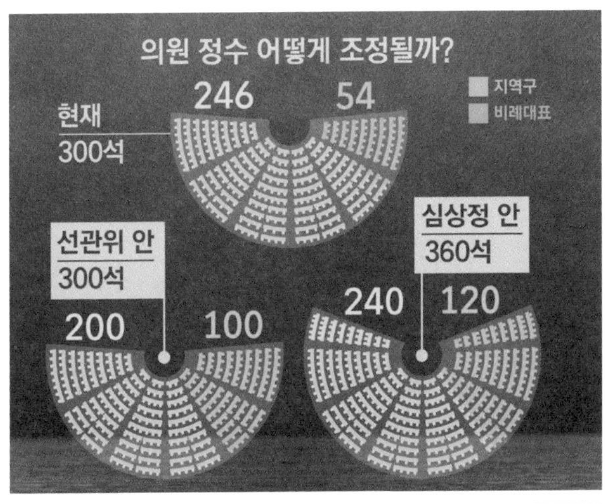

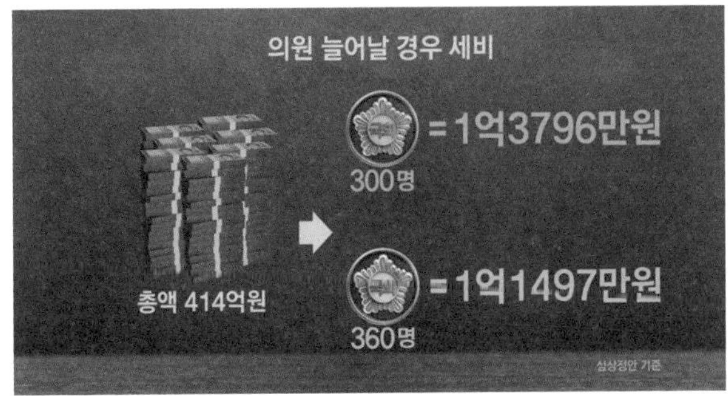

240대 120, 이렇게 선관위 안대로 2대 1의 비율을 맞추자는 아이디어가 나온 것이다. 그러면 전체 의석 수는 360석으로 늘어난다.

그런데 이 방안이 정의당 심상정 의원을 통해 나오자, 이번에는 여론이 들끓었다. 그렇잖아도 별로 하는 일 없는 것 같고, 돈은 많이 받아 가는데 자리까지 늘리겠다는 거냐는 비판이 쏟아졌다. 당시 심상정 의원의 제안을 담은 인터넷 기사에는 비난 댓글이 수만 개씩 달리기도 했다.

심상정 의원은 현재의 세비를 비롯한 특권을 대폭 축소해서 국회의원에게 들어가는 비용을 현재 수준에 동결하면 가능하다고 주장했다. 현재 의원 한 명에게 1년간 지급되는 세비가 1억 4000만 원 정도인데, 의원 수만 360명으로 늘리고 전체 국회의원들이 받는 세비 총액을 유지할 경우, 1인당 세비는 1억 1000만 원 정도로 줄어든다. 세비를 2000만, 3000만 원 정도 줄이는 고통 분담을 하자는 제안이었다.

실제 우리나라 국회의원 정수는 다른 나라와 비교했을 때 많지 않은 편

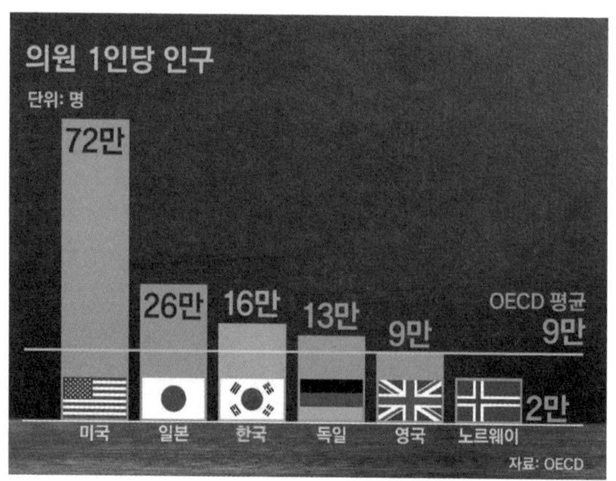

이다. 총인구를 국회의원 수로 나눠서 국회의원 한 명이 대표하는 국민의 수를 따져보면, 한국은 16만 명당 국회의원 1명꼴이었다. OECD 평균은 9만 명, 노르웨이 2만 명, 영국 9만 명, 독일은 13만 명당 1명 수준이다. 미국과 일본을 제외하면 의원 한 명이 대표하는 국민 수가 가장 많은 편에 속했다.

상하원이 따로 있는 양원제 국가는 평균 13만 명당 국회의원 1명, 한국과 같은 단원제 국가 평균은 5만 명 수준이었다. 나라별로 정치적 환경이 다르기 때문에 일률적으로 비교하기 어렵지만, 결론적으로 국민 수에 비해서는 국회의원 수가 적은 편이다. 이에 대해선 대부분 전문가들의 의견이 비슷했다.

그러나 현실적으로 국회의원 정수를 늘리는 것은 어렵다는 의견이 의원들 사이에서도 많이 나왔다. 특히 새누리당 박민식 의원 같은 경우, 한번 의원 숫자를 늘리면 각종 특혜나 세비가 결국 늘어날 가능성이 많다는 점을 지

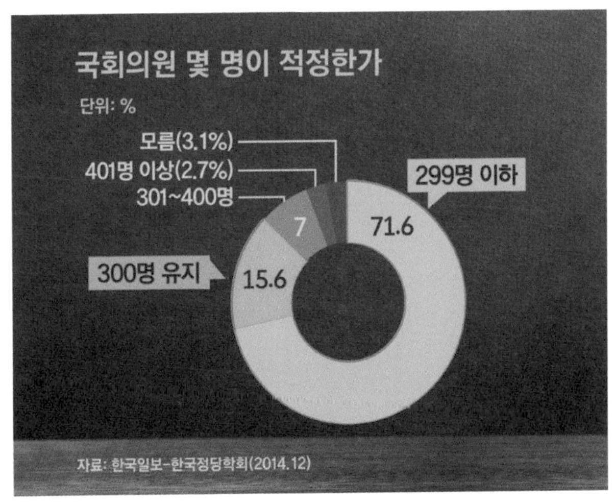

적했다. 그러면서 "국회도 체면이 있어야 한다. 이런 시기에 의원 정수를 확대하자는 것은 국민들의 공감을 얻을 수 없다"고 일침을 놓았다. 실제 2014년 12월에 이뤄진 국민 여론조사에서도 현재의 300명을 유지하거나 오히려 줄여야 한다는 의견이 87%로 대다수를 차지했고, 늘려야 한다는 의견은 10%에 불과했다.

국회의원 정수 확대 논란이 흐지부지된 이유?

의원 정수 확대를 둘러싼 논란에는 각 정당들의 이해관계가 얽혀 있다. 우선 집권당인 새누리당 입장에선 '늘려도 그만, 안 늘려도 그만'이고, 오히려 정수가 늘어나면 여당이 차지하는 의석 비율이 줄어들 수 있어 부정적일 것이란 분석도 있었다. 제1야당인 새정치민주연합 입장에선 텃밭인 호남을 여전히 지키면서 영남에서 기회를 잡을 수 있다는 계산이 깔려 있다는 분석이 많

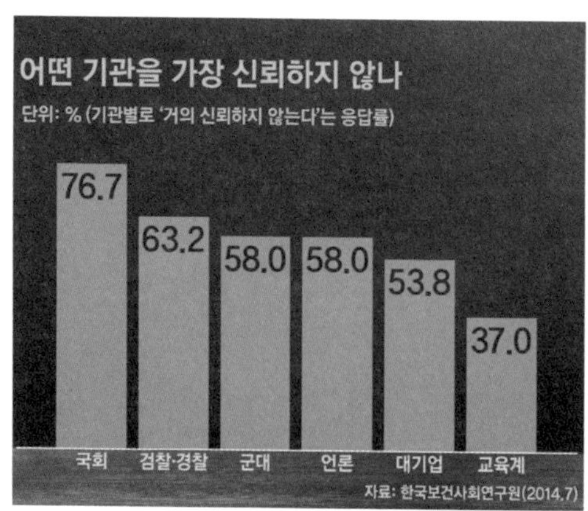

았다. 늘리자고 하는 데는 이유가 있는 것이다. 제3정당인 정의당 입장에선 비례대표를 늘리는 게 중요하다. 의원 정수 확대도 비례대표 확대 쪽에 초점을 맞추고 있는 게 이 때문이라는 것이다.

국회의원 정수 확대 논란은 2015년 상반기까지 이어지다가 결국 흐지부지되고 말았다. 여론의 반대를 넘어서기 쉽지 않았고, 현역 의원들 입장에선 더 중요한 '선거구 조정' 문제가 당장 닥쳐왔기 때문이다.

그러나 이번 논란 과정에서 다시 한 번 확인된 것은 국민들의 국회에 대한 깊은 불신이었다. 지난해에도 '어떤 기관을 가장 신뢰하지 않느냐'는 보건사회연구원의 설문조사에서 국회가 76.7%라는 압도적인 '지지'를 받았다. 우선 국민의 신뢰를 회복한 뒤에야 'OECD 평균' 같은 수치가 힘을 얻을 수 있을 것이다.

4장

과연 무엇이 문제인가 × 사회 체크

F A C T C H E C K

‘노인의 자격’은 과연 몇 세부터일까?

요즘은 65세도
지하철 노약자석에 앉기가
눈치 보인다고들 이야기한다.

왜 그럴까?
웬만한 나이로 노인처럼 느껴지지 않는
‘나이든 시대’가 왔기 때문이다.

고령화 사회가 도래했다지만
대중교통을 무료로 이용하는
노인들을 볼 때면
젊은 층이건, 나이가 든 층이건
약간은 고개가 갸웃해진다.

한국 사회에서 통용되는
‘노인의 기준’에 대한
의문과 염려의 시선.

60대? 70대?

과연 몇 세부터를 우리 사회에서
노인으로 볼 수 있는 것일까?

버스를 타도
70대는 노인으로 안쳐

Q.노인의 기준, 65세?

'노인은 70세부터…'
노인 연령 상향 제안

몇 세부터 노인이라고 해야 할까?

한국 사회에서 통용되는 노인의 기준에 대한 사회적 관심이 높아지고 있다. 대한노인회에서는 2015년 5월 초 정기 이사회에서 노인의 연령 기준을 올리는 문제를 공론화하자는 안건을 만장일치로 통과시켰다. 예를 들어 4년마다 1세씩 기준을 점차 올려서 20년 뒤에는 노인 기준을 70세로 조정하자는 것이다. 정부가 전문가 논의를 거쳐 노인 기준에 대한 최종안을 내놓는다면 노인회도 적극적인 설득에 나서겠다는 뜻을 밝혔다.

정치권에서도 이와 같은 입장을 환영하고 있다. 새누리당의 유승민 당시 원내대표는 이 같은 대인노인회 이사회의 제안을 "진심으로 높이 평가하고 존경의 말씀을 드린다"는 뜻을 밝히기도 했다. 젊은 층에서도 같은 맥락

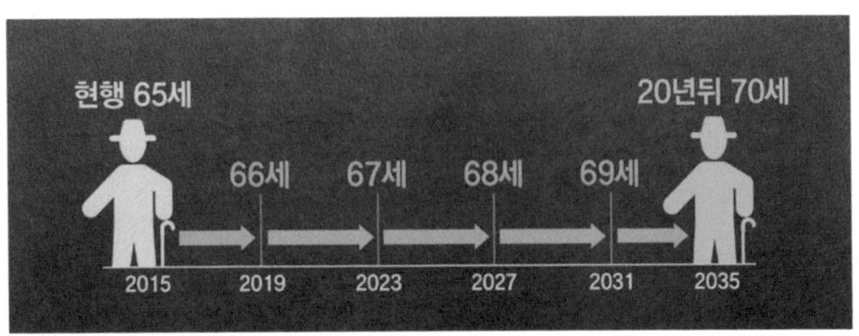

의 반응이 나왔다. 국가경영전략연구원이 2015년 5월 23~25일 3일간 전국 20대 대학생으로 구성된 모바일 패널 518명을 대상으로 '노인 연령 기준 조정 인식도 조사'를 했는데 노인 연령 기준 조정에 대한 의견을 묻는 질문에 66.4%(344명)가 "인구 고령화에 따라 노인임을 판단하는 기준 연령 상향 조정이 필요하며, 재정 절감을 통해 미래세대의 부담을 덜어 줄 수 있다"고 응답했다.

물론 그간 고령화 사회가 되면서 현재의 노인 기준이 국가 재정에 부담이 되는 측면이 있었다. 따라서 노인 기준 조정은 정부건 여당이건 반가울 수밖에 없는 이슈라는 점을 먼저 이해해야 할 것이다.

'노인'이라 누릴 수 있는 혜택에는 무엇이 있을까

2014년 7월부터 기초연금 지급 기준이 소득 하위 70%인 65세 이상 노인에게 지급되고 있다. 이를 포함해 노인에게 해당되는 수혜 범위는 생각보다 넓다. 현재 국내에서 65세 이상 노인을 대상으로 한 경로 우대 혜택을 살펴보면, 지하철과 버스 등의 대중교통은 무료, KTX나 새마을호는 최대 30% 할인, 국내 항공권은 10% 할인 혜택이 있다. 국공립 미술관이나 박물관은 무료이거나 할인이 되고, 고궁이나 일부 공원도 무료입장이 가능하다. 정부에서는 노인 대상의 이런 수혜 범위가 줄어들 경우 생길 경제효과도 염두에 두고 있다.

결과적으로 노인 기준이 70세로 상향 조정되면 연간 2조 5000억~3조 원 정도의 국가 재정부담이 감소할 것으로 복지부에서는 예측하고 있다.

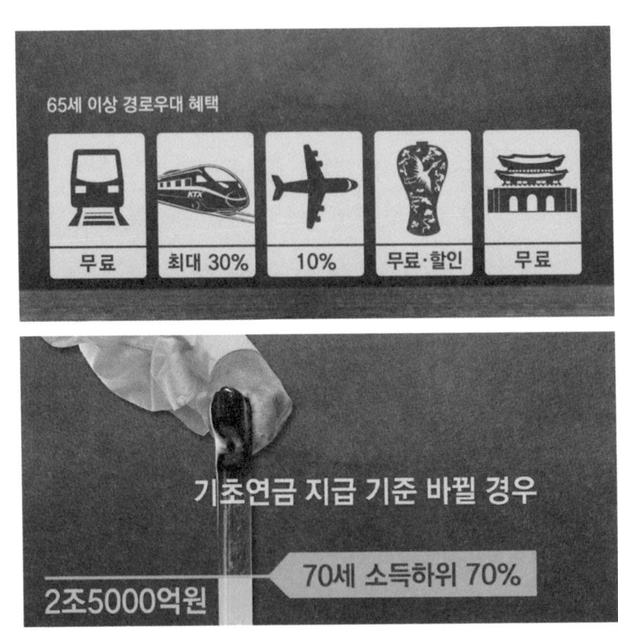

130년 전 노인 기준, 65세

그런데 65세라는 기준은 어떻게 시작된 걸까? 나름 유서가 깊다. 1889년 독일의 철혈재상인 비스마르크가 사회주의 확산을 막기 위해 선제적으로 사회보험제도를 도입했는데, 이때 노령연금 받을 수 있는 나이를 65세로 정했다. 이후 미국이나 유엔에서도 이 기준을 받아들이면서 국제적으로 통용되었는데, 국내에서도 노인 관련법을 제정하면서 자연스럽게 65세를 기준으로 삼게 된 것이다. 130년 전의 기준을 현재도 적용하고 있는 셈이다.

비스마르크 시대 독일인 평균 수명이 49세였다. 그래서 당시 연금 수령

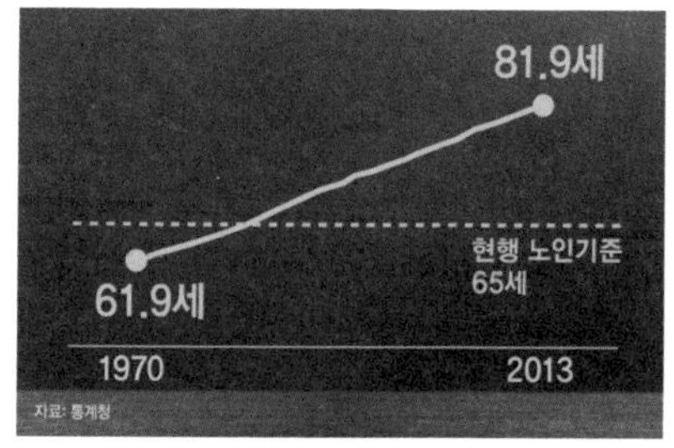

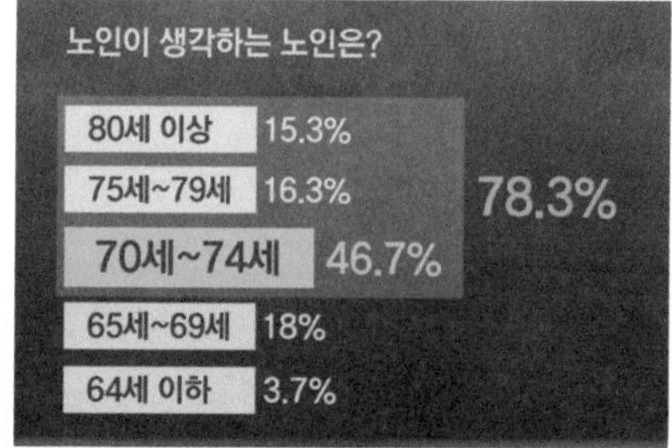

기준을 65세로 한 것은 나름 여유 있게 잡은 셈이다. 한국의 경우 1970년 당시 기대수명은 61.9세였다. 그 이후 기대수명은 꾸준히 상승해 2013년 81.9세까지 올랐다. 2014년 노인들을 대상으로 실시한 '몇 세부터가 노인인가'에 대한 설문 결과에서는 80%에 가까운 사람이 노인의 기준이 70세 이상이라고 답했다.

모든 제도가 함께 움직여야 하는 '국가적 문제'

다른 나라들도 연금을 받을 수 있는 공식적인 은퇴 연령을 꾸준히 상향 조정해왔다. 한국의 경우 재작년 공식 정년이 50대 중반에서 60세로 바뀌었다. 노르웨이의 경우는 공식 은퇴 나이가 67세, 이탈리아와 미국이 66세, 일본과 독일이 65세, 그래서 OECD 34개국 평균이 64.6세다. 그런데 단순 비교하기에는 중요한 맹점이 하나 있다. 여기 제시된 국가들의 노인 복지 수준은 한국보다 훨씬 높다는 것이다.

복지부의 최홍석 기초연금과장은 연금이라는 제도가 기본적으로 '소득보장'에 기초를 두고 있기 때문에 노인 기준 상향은 쉽게 생각할 문제가 아

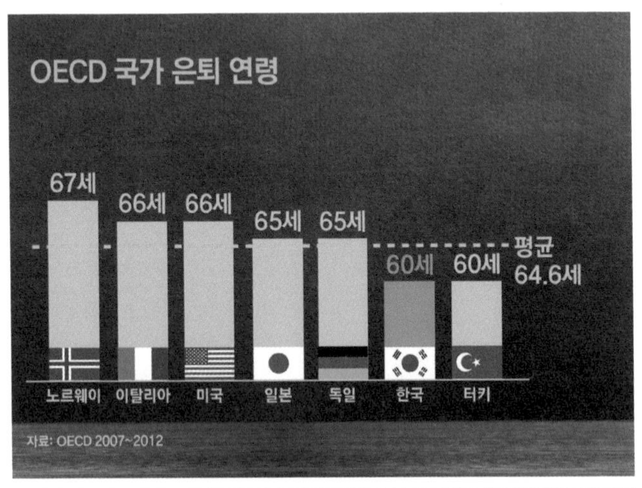
OECD 국가 은퇴 연령
67세
66세
66세
65세
65세
60세
60세
평균
64.6세
노르웨이
이탈리아
미국
일본
독일
한국
터키
자료: OECD 2007~2012

국내 근로자 평균 퇴직 연령
52.6세
65세 이상 노인 상대적 빈곤율
49.6%
OECD 최악

니라고 지적했다. 예산이 없다는 이유로 노인 나이 기준을 70세 이상으로 올리면 은퇴 직후인 60세 이상부터 당장 생계가 막막해진다는 것이다. 현재 국민연금의 낮은 보장성 문제도 심각한 상황에서 노인 기준은 국가적인 큰 숙제가 되고 있다.

최근 통계에 따르면 국내 근로자들의 평균 퇴직 연령은 52.6세다. 그런데 당장 노인 기준이 70세가 되면 수혜를 기대할 수 없는 공백 기간이 너무 길어진다. 그동안 사람들이 겪는 불편과 빈곤은 더 큰 사회적 문제가 될 것이다. 정년 연장 문제, 세대 간의 갈등 문제가 복잡하게 얽혀 있는 노인 기준 조정 문제는 단순히 국가의 재정 절감효과만 보고 성급하게 추진할 문제는 아니다. 현재 한국의 65세 이상 노인의 상대적 빈곤율은 OECD 국가 중 최악의 수준이라는 점도 꼭 염두에 둬야 할 팩트다.

FACT CHECK

위헌 결정 받은 군 가산점, 부활 가능할까?

술자리에서 가장 피해야 할 이야기로
'군대 이야기'가 꼽히곤 한다.
비슷비슷한 이야기를 반복적으로 듣다 보니
듣는 사람들 입장에서는 고역일 수 있다.

'군 가산점 제도' 문제도 마찬가지다.
하도 많이 이야기를 듣고 다루어 왔기 때문에
A부터 Z까지 내용을 꿰고 있는 지루한 이슈.

그런데도 이 문제는 기회만 되면
다시 살아나서 수면 위로 올라온다.

이미 헌법재판소의 위헌 결정을 받고 역사 속으로 사라졌지만,
때만 되면 좀비처럼 다시 살아나는 군 가산점 제도 논란.
과연 이번에는 '부활'할 수 있을까.

김무성 새누리당 대표
"군 가산점은 국회에서
책임지고 꼭 관철하도록 하겠습니다"

2014년 겨울, 군 가산점제 이슈가 다시 한 번 여론의 도마에 올랐다. 기회만 있으면 스멀스멀 기어 나오는 '좀비 이슈'이긴 하지만, 이번에는 양상이 조금 달랐다. 여당인 새누리당 김무성 대표까지 나서서 "꼭 관철하겠다"고 장담했기 때문이다. 이미 헌법에 어긋난다는 결정이 나서 폐기된 정책이 다시 법으로 만들어질 수 있을까? 그렇다면 이번에는 위헌 시비를 비켜갈 수 있을까?

군 가산점 제도에 대해 위헌 결정이 난 건 1999년으로, 법안이 폐기된 지 15년이 넘었다. 그전까지 6급 이하 공무원 시험에 응시할 경우, 군필자들에게는 가산점이 주어졌다. 2년 이상 복무한 군필자는 자신이 받은 점수의 5%, 2년 미만 복무자에겐 3%를 더 줬다.

1~2점을 다투는 공무원 시험의 성격상 5%나 3% 가산점이면 때로는 합격 여부를 가르는 결정적 요인이 될 수 있는 수준이었다. 이 때문에 1999년 12월, 헌법재판소는 군 가산점 제도가 위헌이라고 재판관 전원일치 결정을 내렸고, 2000년부터 이 제도는 사라졌다.

헌법에 맞지 않는다고 해서 사라진 제도를 정부·여당이 다시 되돌릴 수

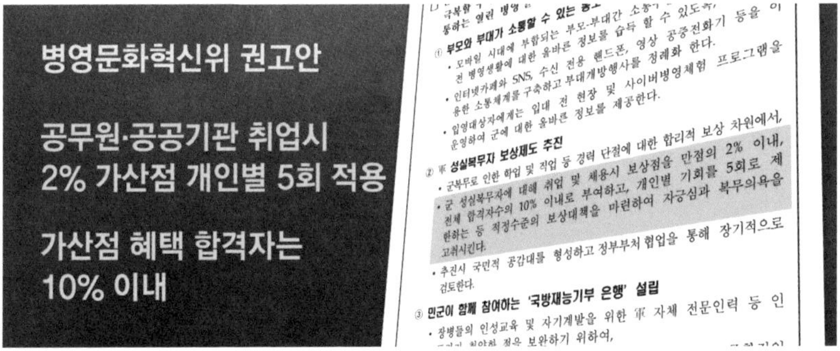

병영문화혁신위 권고안

공무원·공공기관 취업시
2% 가산점 개인별 5회 적용

가산점 혜택 합격자는
10% 이내

있다고 판단한 근거는 무엇일까. 헌법재판소의 당시 결정문 내용을 살펴보면 그 힌트를 알 수 있다.

헌재는 위헌 결정의 배경으로 "당락에 결정적인 영향을 미치고 혜택을 아무런 제한 없이 줌으로써 불평등의 효과가 극심하다"고 설명했다. 군 가산점제의 혜택이 너무 과도하다는 건데, 국방부는 이 불평등한 정도를 좀 줄이면 위헌을 피해갈 수 있다고 판단한 것이다.

그래서 '민관군 병영문화혁신위원회'는 혜택 수준을 낮춘 개선안을 내놓았는데, 가산점은 2% 수준으로 낮추고, 혜택의 횟수는 한 사람당 다섯 번으로 제한하며 이 혜택을 받아 합격하는 사람이 정원의 10% 이하가 되도록 한정하는 방식이었다. 여러 가지 제한 규정을 통해 위헌 시비를 피해가려고 한 것이다.

혜택 조정하면 논란 사라질까?

그러나 가산점을 낮춰 잡아도 '과도한 혜택' 논란을 피하는 것은 쉽지 않다.

2010년에 이정선 전 한나라당 의원이 2.5%로 가산점을 낮춰 모의실험을 했는데, 그렇게 해도 여전히 합격에 큰 영향을 줬기 때문이다. 실험 결과 7급 공무원 시험의 경우 58.7%였던 남성 합격자 비율이 71.6%로 늘었고, 9급의 경우 44%였던 남성 합격자 비율이 60%를 넘어섰다. 물론 현재 논의되는 것은 2% 가산점이지만, 숫자를 낮춰 잡아도 남성 합격률이 크게 높아지는 것은 피하기 어려워 보인다. 이처럼 가산점제의 영향력은 확실했다. 물론 영향력이 없다면 제도를 시행할 이유가 없겠지만.

게다가 당시 헌재의 위헌 결정문에는 특혜의 정도뿐 아니라, 좀 더 본질적인 부분에 대한 지적도 있었다. 이런 방식의 가산점 제도가 헌법상 근거를 찾아볼 수 없고, 또 장애인 등 군복무를 할 수 없는 다른 남성들도 차별하는 제도라고 지적한 것이다. 이 때문에 전문가들은 설사 군 가산점제가 부활한다 하더라도, 결국 다시 위헌 결정을 받을 가능성이 높다고 전망했다.

고려대 법학전문대학원 장영수 교수는 "지금은 공무원에 대한 선호도

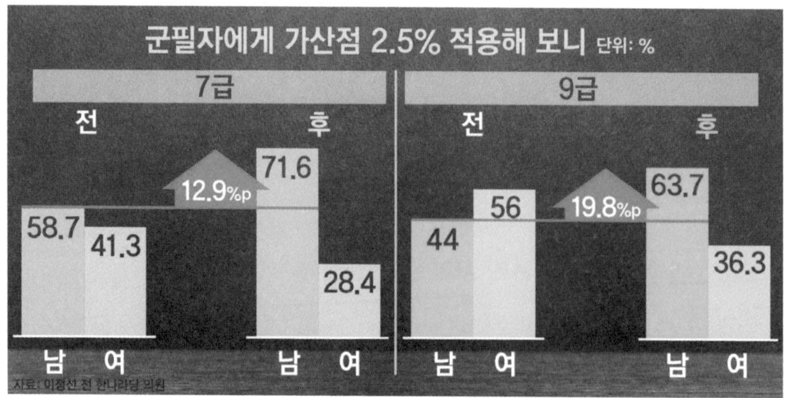

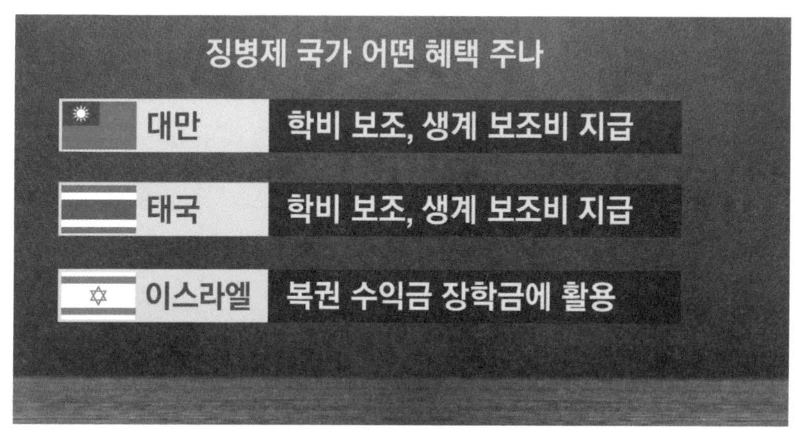

가 과거보다 더 높아졌다. 2%만 해도 당락에 결정적인 영향을 미치는데, 그렇게 되면 다시 헌법재판소로 갔을 때 똑같은 결정이 나올 가능성이 높다"고 강조했다.

우리와 마찬 가지로 징병제를 택하고 있는 다른 나라들의 경우, 직업군인에 대해서는 어느 정도 취업 혜택을 주고 있었다. 하지만 일반 의무복무자에게 직접적인 혜택을 준 경우는 많지 않았다. 간혹 의무복무자에게 혜택을 주는 경우에도 군 가산점제 같은 형태는 없었다. 대만은 생계보조비를 지급하고, 이스라엘은 복권 수익금을 활용해 군필자에게 장학금을 주는 제도를 운영하는 식이었다. 때문에 우리 군당국이 예산이 많이 드는 생계 보조나 학비 보조 등의 직접 지원은 피하면서, 논란 많은 군 가산점에만 매달리는 것 아니냐는 비판이 전문가들 사이에서 나왔다.

군복무에 대한 긍정 여론을 이끌어내는 카드

정부 당국이 가산점 카드를 계속 꺼내는 또 다른 이유는 여론이다. 가족들 중에 군복무를 해야 하는 경우가 1명 정도는 꼭 있다 보니까, 여론조사를 하면 군 가산점에 대한 여론이 우호적으로 나왔다. 지난 2007년부터 이 문제가 꾸준히 거론되면서 여론조사도 여러 번 실시됐는데, 70~80% 이상이 군 가산점에 대해 찬성하는 입장이었다. 게다가 2015년에는 큰 선거도 없기 때문에 '여성 표심'에 대한 부담은 피하면서 긍정 여론을 가져올 수도 있다. 정치권에선 욕심이 날 수밖에 없는 상황이다.

또한 정부·여당 입장에서 가장 중요한 것은, 가산점제에 돈이 들지 않는다는 점이다. 그래서 국가가 져야 할 부담을 사회에 떠넘기는 것 아니냐는 비판도 나온다. 실제 1999년 헌재 결정 때도 "가산점 제도는 아무런 재정적 뒷받침 없이 제대 군인을 지원하려는 것"이라고 지적한 바 있다. 군 당국에 '날

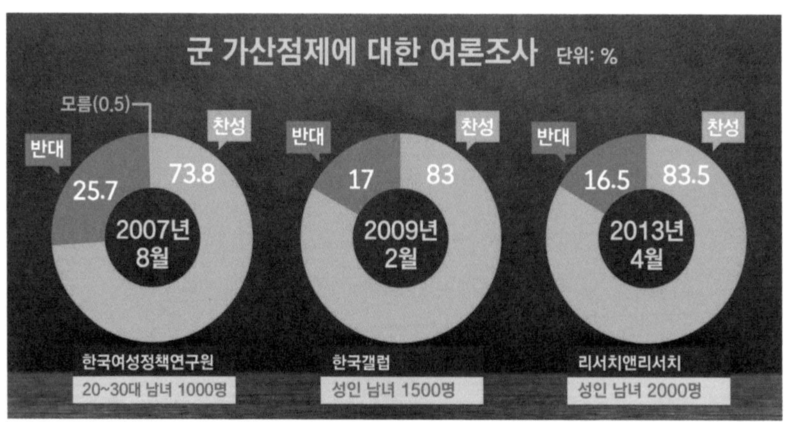

로 먹지 말라'고 일침을 가한 셈이다.

군의 사기 진작과 군필자를 위한 지원 대책은 분명히 필요한 일이다. 하지만 제대로 준비된 해법이 아니라면, 15년 전 겪었던 소모적인 논쟁과 사회적 비용을 다시 한 번 겪을 수밖에 없다는 점도 분명한 사실이다.

F A C T C H E C K

정당방위는 어디까지 허용되는가

"네가 먼저 때렸으니까 내가 때리는 건 정당방위야!"
시비가 붙었을 때 흔하게 나오는 대사 중 하나다.

정당방위.
자신에게 가해지는 급박하고 부당한 침해를 막기 위해
'어쩔 수 없이' 취하는 가해 행위.
당신이 나에게 가하려는 폭력을 막기 위해
당신에게 가한 나의 폭력은 '정당하다'는 것.

그렇다면 '정당방위'는 언제나 '무적의 방패'가 되어줄 수 있을까?
내 집에 들어온 도둑을 잡기 위해 도둑을 두들겨 팼는데,
그 도둑이 뇌사 상태에 빠졌을 때도?

도대체 정당방위는 어디까지 허용되는 걸까?

'도둑 뇌사 사건' 집주인
1년6개월 실형 선고!

어디까지가 정당한 방어인가?

"야, 지금부터는 정당방위다."

영화 〈베테랑〉에서 범인에게 두들겨 맞던 형사가 반격을 시작하며 꺼낸 대사다. 속 시원한 장면이기는 했지만 관객들 사이에선 궁금증도 자아내게 했다. '도대체 어떤 경우 정당방위가 되는 것일까?'

이런 궁금증을 증폭시킬 애매한 '정당방위' 사건이 입길에 올랐다. 집에 도둑이 들어서, 그 도둑을 잡기 위해 폭력을 행사했는데 도둑이 그만 뇌사 상태에 빠진 것이다. 그러자 법원은 집주인에게 유죄를 선고했다. 그렇다면 내 집에 들어온 도둑을 잡지 말고 내버려 두라는 말인가? 이야기를 골격만 추려서 들으면 그렇게 들리기도 한다.

그러나 사실 이 사건은 그렇게 간단하지 않았다. 기사로 소개되는 법원의 판결 내용은 간혹 자극적인 제목을 뽑기 위해 일부만 발췌해서 활용되고는 하는데, 그럴 때마다 사건의 본질과 다른 부분이 부각되고는 한다. 그래서 이 경우에도 법원의 판결문에 드러난 사건 전모를 꼼꼼하게 소개할 필요가 있었다.

사회 통념을 벗어난 '방어행위'?

이 사건에서 '가해자'로 재판정에 선 집주인은 20대 남성 최모씨였다. 최씨가 술을 마시고 사건 당일 새벽 3시에 귀가했는데, 집에 불이 켜져 있었다. 그리고 50대 절도범 김모씨가 서랍을 뒤지고 있는 모습을 발견했다.

집주인에게 현장을 들킨 도둑 김씨가 도망가려고 하자, 최씨는 달려가서 얼굴을 주먹으로 여러 차례 가격해 김씨를 때려눕혔다. 이때 도둑 김씨는 칼이나 흉기를 가지고 있지 않았다.

이후 집주인 최씨는 쓰러져 있는 김씨의 머리를 10분 동안 몇 차례 발로 걷어찼고, 또 주위에 있던 철제 빨래건조대로 등을 내리치다가, 본인의 허리띠를 풀어서 때리기도 했다. 결국 의식을 잃은 김씨는 응급실로 후송됐지만 깨어나지 못했고, 5개월이 지났는데도 차도가 없어 뇌사 판정을 받았다가 9개월 뒤 폐렴으로 숨졌다. 법원은 집주인의 이런 '방어행위'가 사회 통념을 벗어났다면서 1년 6개월의 징역형을 선고했다.

그러자 이 판결을 두고 온라인에서는 말 그대로 '난리'가 났다. "그럼 집

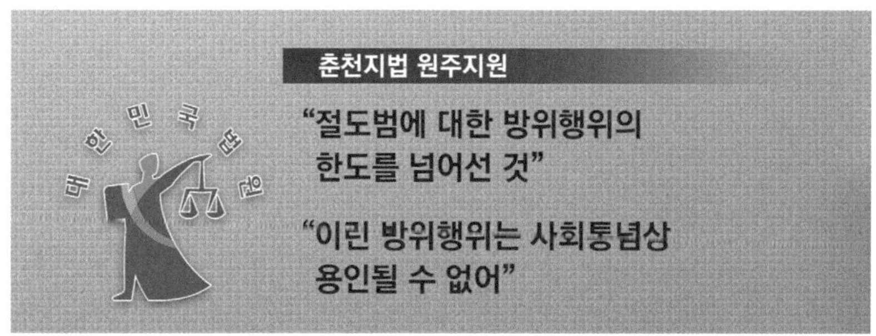

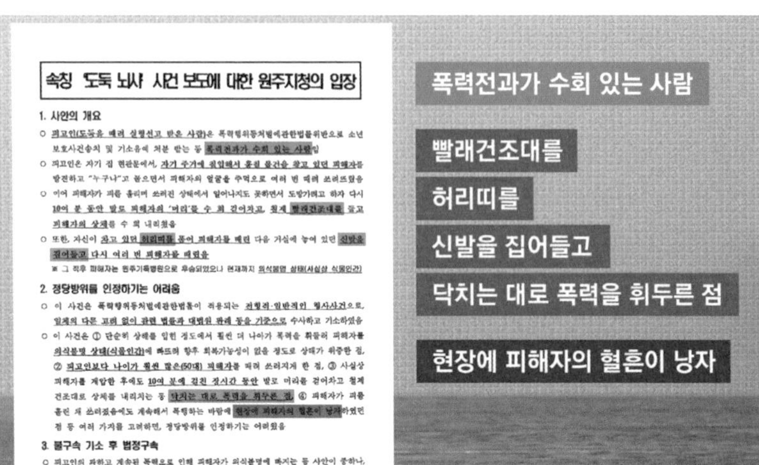

속칭 '도둑 뇌사' 사건 보도에 대한 원주지청의 입장

1. 사안의 개요

○ 피고인(도둑을 때려 실형선고 받은 사람)은 폭력행위등처벌에관한법률위반으로 소년보호사건송치 및 기소유예 처분 받는 등 폭력전과가 수회 있는 사람임

○ 피고인은 자기 집 현관문에서, 자기 주거에 침입해서 훔칠 물건을 찾고 있던 피해자를 발견하고 "누구냐"고 물으면서 피해자의 얼굴을 주먹으로 여러 번 때려 쓰러뜨렸음

○ 이어 피해자가 피를 흘리며 쓰러진 상태에서 일어나지도 못하면서 도망가려고 하자 다시 10여 분 동안 발로 피해자의 '머리'를 수 회 걷어차고, 철제 빨래건조대를 들고 피해자의 상체를 수 회 내리쳤음

○ 또한, 자신이 차고 있던 허리띠를 풀어 피해자를 때린 다음 거실에 놓여 있던 신발을 집어들고 다시 여러 번 피해자를 때렸음

※ 그 직후 피해자는 원주기독병원으로 후송되었으나 현재까지 의식불명 상태(사실상 식물인간)

2. 정당방위를 인정하기는 어려움

○ 이 사건은 폭력행위등처벌에관한법률이 적용되는 전형적·일반적인 형사사건으로, 일체의 다른 고려 없이 관련 법률과 대법원 판례 등을 기준으로 수사하고 기소하였음

○ 이 사건은 ① 단순히 상해를 입힌 정도에서 훨씬 더 나아가 폭력을 휘둘러 피해자를 의식불명 상태(식물인간)에 빠뜨려 향후 회복가능성이 없을 정도로 상태가 위중한 점, ② 피고인보다 나이가 훨씬 많은(50대) 피해자를 때려 쓰러지게 한 점, ③ 사실상 피해자를 제압한 후에도 10여 분에 걸친 장시간 동안 발로 머리를 걷어차고 철제 건조대로 상체를 내리치는 등 닥치는 대로 폭력을 휘두른 점, ④ 피해자가 피를 흘린 채 쓰러졌음에도 계속해서 폭행하는 바람에 현장에 피해자의 혈흔이 낭자하였던 점 등 여러 가지를 고려하면, 정당방위를 인정하기는 어려웠음

3. 불구속 기소 후 법정구속

○ 피고인의 과하고 계속된 폭력으로 인해 피해자가 의식불명에 빠지는 등 사안이 중하나,

에 들어온 도둑을 보고도 멀뚱히 앉아서 당하란 말이냐", "흉기가 있는지 없는지 확인하기 어려운 상황에서 도둑이 갑자기 주머니에서 칼을 꺼낼 수도 있지 않느냐", "법원 판결이 말이 안 된다" 등 격렬한 반응이 쏟아졌다. 기소를 했던 검찰은 논란이 커지자 해명 자료까지 내놓을 정도였다.

검찰 자료에 따르면 피고인 최씨는 폭력 전과가 몇 차례 있었다. 그리고 건조대와 허리띠뿐 아니라 거실에 놓여 있던 신발로도 김씨를 때렸다. 현장에는 도둑의 혈흔이 낭자했다. 그러니까 최씨가 폭력 성향이 있고, 저항할 수 없는 상대에게 닥치는 대로 폭력을 휘둘렀기 때문에 정당방위를 인정하기 힘든 상황이었다는 게 검찰 측 주장이었다.

'실제적인 위협'이 중요한 기준

일단 우리 형법은 정당방위에 대해 '상당한 이유가 있으면 벌하지 않는다'고 되어 있다. 이 '상당한 이유'는 재판 과정에서 종합적인 상황을 고려해 판단하기 때문에 공식처럼 정해진 원칙이 있는 것은 아니다.

대신 경찰에선 수사에 활용하기 위해 그동안 판례를 바탕으로 여덟 가지 기준을 정리한 바 있다. '흉기나 위험한 물건을 사용하면 안 된다', '상대가 폭력을 멈추면 자신도 멈춰야 한다', '내가 다친 것보다 상대가 더 다치면 안 된다'는 등이 주요 내용이다. 이 사건에서는 쓰러져 있는 상대를 10분간

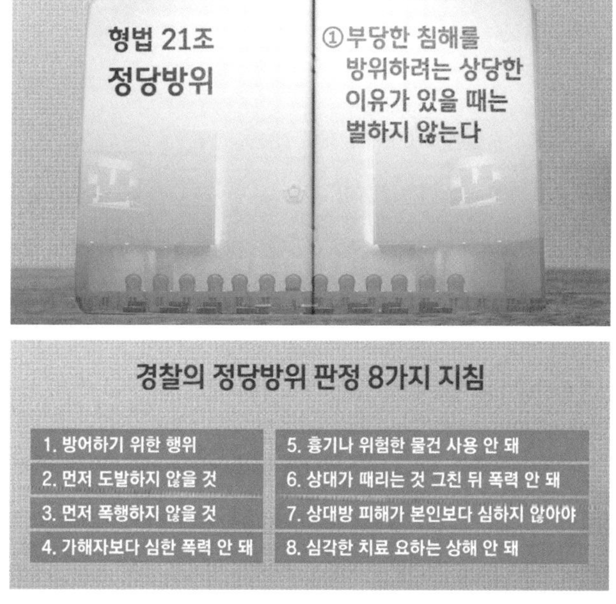

더 폭행을 가했다는 점에서, 정당방위를 위한 '상당한 이유'가 안 된다고 법원이 판단한 것이다.

그러나 주관적인 판단이 많이 개입하기 때문에 정당방위의 범위를 특정하기는 쉽지 않다. 소위 '케이스 바이 케이스'인 것인데, 그래서 실제 상황에 대입해 변호사들의 자문을 받아 대략적인 시나리오를 정리해 봤다.

Q: 칼을 들고 위협하는 도둑을 격투 끝에 제압했는데, 도둑이 전치 4주의 부상을 입었을 경우

A: 정당방위 인정

일단 실제적인 위협이 있었기 때문에 방어권이 인정된다. 얼마 전까지 3주 이상 상해를 입히면 안 된다는 기준이 있었지만, 너무 과하다 해서 경찰의 정당방위 요건에서 빠졌다.

Q: 도둑이 들고 온 칼을 빼앗아서 상해를 입혔을 경우

A: '과잉방위' 판결 받을 가능성 높아

칼을 빼앗는 과정에서 엎치락뒤치락하다 찌른 거라면 정당방위이지만, 칼을 빼앗은 상태에서 흥분해 찌르거나 대치 상황에서 찔렀다면 정당방위를 인정받기 힘들다.

Q: 도둑이 흉기를 들고 오진 않았지만, 부엌에서 마주친 상황. 도둑이 부엌칼을 집을 수도 있겠다고 판단해 때려눕히고 상해를 입힌 경우

A: 도둑이 부엌칼에 접근하는 등 의심스러운 행동을 했을 때만 정당방위 인정

정당방위를 인정받기 위해서는 '실제적인 위협'이 상당히 중요한 기준이 된다. 위협적인 상황이 아닌데도 상대에게 폭력을 가하는 것을 막기 위해서다.

미국 같은 경우는 다른 나라에 비해 정당방위 범위를 확대했다. 2013년에는 얼굴을 먼저 때렸다는 이유로 흑인 소년에게 총을 발사해 숨지게 한 '짐머먼 사건'이 플로리다 법원에서 정당방위로 무죄 평결을 받으며 큰 논란이 되기도 했다.

그러나 미국은 우리와 다소 사정이 다르다. 총기 소지가 자유로운 나라이기 때문이다. 총이 있기 때문에 먼저 공격을 하는 것이 일종의 방어일 수 있다. '모 아니면 도'인 미국의 상황이 우리와 같을 수 없다는 얘기다.

관련 연구들을 살펴보면, 미국·독일 등은 정당방위의 범위를 넓게 보고 있는 반면, 한국과 일본은 상대적으로 엄격한 내용이 많다. 실제로 한국에서 1991년 이후 가정폭력 피해자인 아내가 가해자 남편을 살해한 사건이 21번 있었는데, 법원이 정당방위를 인정한 경우는 단 한 번도 없었다.

그러나 어느 쪽이 더 옳은 방향이라고 판단하기란 쉽지 않다. 미국에서 '정당방위'를 명분으로 일어나는 총기 사건들을 보면 더욱 그렇다. 지나친 정당방위 주장은 때로는 극단적인 폭력을 정당화하기도 한다.

소위 '도둑 뇌사 사건'은 법원의 최종 판결을 기다리고 있다. 1심에서 집주인에게 폭력혐의에 대한 유죄가 선고된 이후, 2015년 7월에 2심 공판이 다시 시작됐다. 재판 결과에 따라 정당방위를 둘러싼 논란은 다시 불거질 수 있을 것이다.

F A C T C H E C K

스키니는 되고 스커트는 안 된다? 도촬 판결의 기준

볼펜 뚜껑, 거울 뒷면, 전등, 우산…
'도둑촬영' 카메라가 당신을 노린다!
기술 발달에 따라 스마트해진 각종 도촬 수법이
온라인, 오프라인을 가리지 않고 판친다.

그런데 아직 도촬을 한 사람에 대한 처벌이
어떤 기준에서 결정되는지
명확하지 않다는 지적이 나온다.

스키니진이나 스타킹을 신은 여성의 다리 사진을
6개월간 수십여 차례 도촬한 남성은 무죄.
치마 입은 여성의 허벅지를 도촬한 남성은 유죄.
어떨 때는 유죄, 어떨 때는 무죄.

대한민국 법원은 대체 어떤 기준을 갖고 있는 걸까?
도촬하는 사람을 잡아도
제대로 처벌은 할 수 있는 걸까?
누구라도 납득할 수 있는 도촬 처벌 기준을 살펴보자.

"유죄?"

기준이 엉망이구만.

여름에 긴팔, 긴바지 입으라는 소린가?

판사의 미적기준에 맞춰 유무죄가 판단되면 안 되죠.

상대방을 몰래 촬영하는 자체가 유죄 아닌가?

엇갈리는 반응들

오락가락 '도촬' 판결…
기준이 뭐기에?

지하철 성범죄가 해마다 증가하는 추세다. 그중 대표적인 것이 휴대전화를 이용한 몰래카메라 범죄다. 속칭 '몰카', 혹은 '도촬'인데, 최근 스마트폰의 보급이 늘어나고 화질 등이 개선되면서 몰카 범죄에 대한 우려가 더욱 커지고 있다. 그만큼 단속이나 처벌이 명확하고 강력해질 필요가 있다.

그런데 그동안 나온 도촬에 대한 법원 판결을 보면 도촬이다, 아니다의 기준에 애매한 부분이 있었다. 사안에 따라서 유무죄 판단이 엇갈리다 보니 시민들 입장에서는 더욱 혼란스럽고 불안할 수밖에 없다.

도촬과 관련된 판결을 내릴 때 가장 중요하게 보는 요소는 그 행동이 상대방의 성적 욕망이나 수치심을 유발했는지 여부다. 도촬 문제에 적용되는 법률인 성폭력특례법 14조를 보면, '카메라 등을 이용해 성적 욕망 또는 수치심을 유발할 수 있는 다른 사람의 신체를 그 의사에 반하여 촬영하는 것'을 처벌한다고 나와 있다.

그런데 '성적 욕망'이나 '수치심을 불러일으킨 것'에 대한 정량적이고 객관화된 척도가 있을까? 판사의 주관적인 판단이 개입될 수밖에 없기 때문에 판결이 엇갈릴 수 있고, 여기에서 논란의 여지가 생기는 것이다.

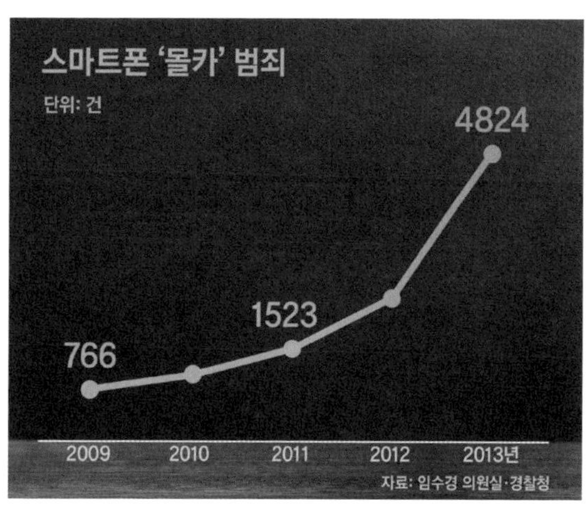

스키니는 무죄, 스커트는 유죄?

실제로 그동안 나왔던 도촬과 관련된 판례들을 보면 상황에 따라 엇갈리는 경우가 많았다.

2015년 5월에는 스키니진이나 스타킹을 착용한 여성의 다리 사진을 6개월 동안 집중적으로 촬영한 20대 남성에 대해서 무죄 판결이 내려졌다. 반면 한 50대 남성이 마트와 공원, 버스를 돌아다니며 20대 여성을 여러 차례 도촬한 사건이 있었는데, 법원에선 "범행 횟수 등 죄질이 좋지 않다"며 유죄를 선고했다.

도촬 사건의 경우 촬영 형태와 정황이 매우 다양해 한마디로 딱 떨어지는 가이드라인이 나오기 힘들다. 상황과 증거들에 따라서 개별적인 판단이 이뤄진다. 앞서 나온 두 판례를 비교해 피해자의 옷차림에 따라 스키니는 무죄, 미니스커트는 유죄라는 식의 기준이 인터넷상에서 이야기되고 있지만, 피해자의 옷차림, 노출 정도를 명확한 기준이라고 보기 힘들다는 것이 전문가들의 판단이었다.

한 장 정도는 괜찮다?

다만 '많이 찍은 것'이 범죄 혐의를 입증하는 데 영향을 주는 것은 사실이라고 한다. 아무래도 많은 양의 사진을, 다양한 장소에서 찍을수록 '도촬'을 하려는 의도가 뚜렷하기 때문이다. 하지만 단 한 장을 찍었더라도 그 내용에 따라 유무죄가 달라질 수 있다. 딱 한 장 찍은 사진에서 상대를 노골적으로 성적 대상화하려는 의도가 보였다면 말이다. '의도의 명확성'이 중요한 판단 요소가 되는 것이다. 또 사진을 저장하지 않았더라도 도촬 행위가 명확했다면 유죄가 될 수 있다.

이처럼 도촬에 있어 유죄 판결을 내리는 데에는 다양한 변수들이 고려된다. 피해자의 옷차림이나 노출 정도 같은 한두 가지 단순한 기준을 가지고 판단하지 않는다. 범죄 횟수를 비롯한 모든 제반 조건을 고려한 종합적 판단

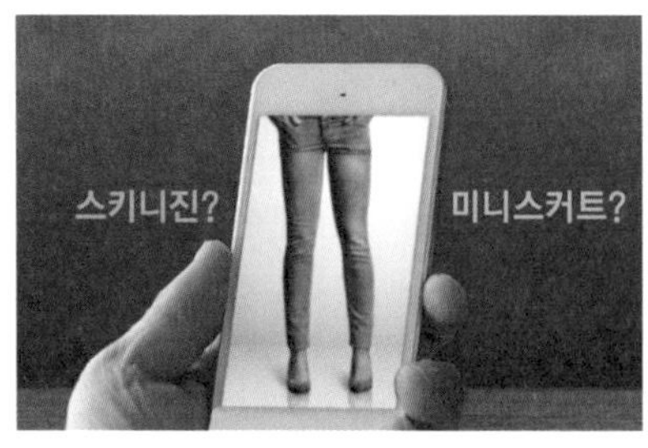

이 도촬 판결의 특징이다.

해외의 경우는 어떨까

일본의 경우 도촬 처벌과 관련한 법조항은 없고 지자체별로 조례가 있다. 지난해 후쿠오카에서 한 자위대 장교가 치마 속 몰카 촬영을 하다 잡혔는데, 겨우 60일 정직에 그쳐서 논란이 되기도 했다. 법적 강제력이 그만큼 약하다는 증거다.

미국에서도 2014년에 비슷한 범죄를 저지른 남성이 무죄 판결을 받았다. 주 대법원에서는 현행법상 나체 혹은 반라 상태의 사람을 도촬했을 때만 처벌할 수 있게 돼 있으니 옷을 제대로 입고 있는 사람에 대한 도촬은 죄가 안 된다고 판단했다.

이런 사례들을 보면 스마트폰 도촬 범죄와 관련한 판결 논란은 한국만의 문제가 아닌 것을 알 수 있다. 그러다 보니 몰카를 찍어도 잘만 하면, 운이

"불과 30cm 거리에서…
수치심을 느낄 수 있는 신체부위 촬영"
대법원 (2008년)
유죄

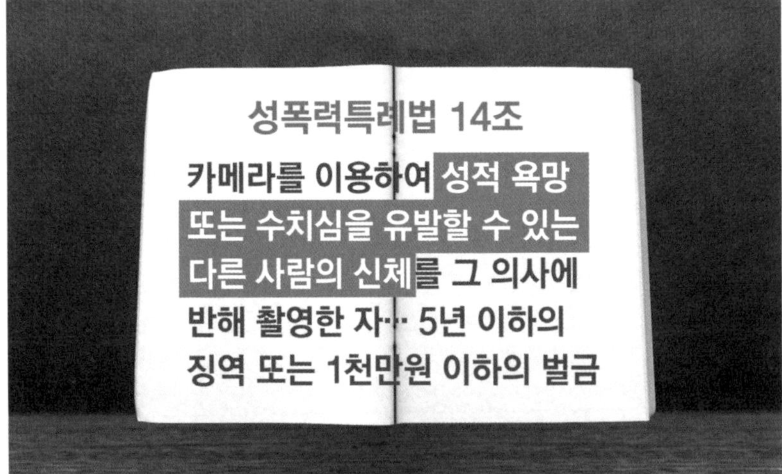
성폭력특례법 14조
카메라를 이용하여 성적 욕망
또는 수치심을 유발할 수 있는
다른 사람의 신체를 그 의사에
반해 촬영한 자… 5년 이하의
징역 또는 1천만원 이하의 벌금

좋으면 처벌받지 않을 수 있다고 생각하는 경우도 종종 있다.

하지만 "그랬다가는 큰코다칠 것"이라는 게 법률 전문가들의 이야기다. 대법원 판례 등을 통해 피해자 옷차림, 노출 정도, 촬영자 의도 등 모든 상황과 조건을 고려한 종합적 판단이 충분히 가능하다는 게 법원의 입장이다. 유무죄를 가르는 기준이 충분히 확보돼 있다는 것이다.

성범죄 문제 전문가인 신진희 변호사 역시 "법원에서는 모든 정황을 고려해 판결을 내린다. 사진 내용만 보는 게 아니기 때문에, 언론에 부분적으로 나온 내용만 가지고 '이렇게 해도 되겠구나' 하고 판단을 잘못했다가는 큰코다칠 것"이라고 강조했다. 또한 성폭력특례법이 아니더라도 사진 찍힌 피해자가 민법상 초상권 침해로 손해배상을 청구할 수 있다는 점도 분명히 알아야 한다.

'이 정도면 처벌 받을까, 아닐까' 고민하지 말고 의심받을 만한 일은 애초에 안 하는 것이 상책이다.

F A C T C H E C K

성매매특별법은 위헌인가, 합헌인가

성매매 여성, 속칭 '매춘부'는
인류 역사상 가장 오래된 직업 중 하나로 꼽힌다.

역사를 통틀어 그토록 박해와 혐오를 받고,
없애기 위한 여러 권력자들의 노력이 이어졌지만
성매매는 여전히 사회 곳곳에서 이뤄진다.

과거 성매매 여성은 사회적 낙인이 찍힌 채
'없는 사람' 취급당하기 일쑤였다.

하지만 최근 이들의 목소리가 커지면서
'노동자'로서의 권리를 요구하는 경우도 있다.

그렇다면 한국 사회는
성매매 문제를 어떻게 풀어야 할까.

'성매매특별법'이 제정된 지 10년.
다시 도마에 오른 성매매특별법의 운명은
한국 사회에 어떤 영향을 미치게 될까.

Q 성매매특별법 어떻게 보십니까?

헌법재판소

간통죄에 이어
헌재로 간 성매매특별법

가족생계 위협하는
막장단속 중단하라!

생존권을
보장하라

성매매특별법 위헌일까 아닐까?

2015년 2월 간통죄가 폐지됐다. 국가가 법률로 간통을 처벌하는 것은 국민의 기본권을 침해하는 것이라며 헌법재판소에서 재판관 7대 2의 의견으로 위헌이라는 결정을 내린 것이다. 이로써 간통죄 처벌 규정은 제정된 지 62년 만에 폐지됐다.

그러면서 자연스럽게 사람들의 시선이 옮겨간 곳은 성매매특별법이었다. 성매매 문제 역시 개인 간의 사생활에 국가가 지나치게 개입하는 것 아니냐는 문제 제기가 계속 있어왔기 때문이다. 위헌 여부를 판단하기 위해 헌재에서는 2015년 4월 공개변론을 열었다. 하지만 이를 둘러싼 시민들의 의견은 팽팽하게 엇갈린다.

대한민국 성매매 관련법은 1945년부터

우리나라 성매매 관련법의 역사는 1945년 해방 당시로 거슬러 올라간다. 미군정이 일제의 공창을 폐지한 뒤 성매매를 공식적으로 금지했고, 1961년에는 우리 정부가 윤락행위방지법을 시행해 성매매자들을 처벌했다. 그런데 사

1945년 미 군정, 일제 공창 폐지

風紀淨化에 새法마련

「淪落行爲등防止法」을 公布

營業的인 媒介엔 重罰

지금까지의 債權 一切無効

1961년, 윤락행위방지법 시행

2002년, 군산 집창촌 화재

2004년, 성매매특별법 제정

실 이때는 성을 '산' 남성들보다는 성을 '판' 여성들을 '도덕적으로 타락했다'고 간주해 이들을 처벌하는 데 초점이 맞춰져 있었다.

그러다 2000년대 들어 인신매매가 심각한 사회적 문제로 부각됐다. 군산 집창촌 화재 참사로 성매매 여성의 참혹한 실태가 드러나면서 이들을 보호한다는 취지로 2004년 성매매특별법이 제정된다. 그런데 이 특별법에 대해 일각에서 문제를 제기했다. 포주에 대한 처벌을 강화하고 성매매 여성을 위한 재활프로그램을 만드는 것까지는 좋은데, 왜 여전히 '피해자'라고 할 수도 있는 성매매 여성까지 처벌하느냐 하는 부분이었다.

그러다 2013년 성매매로 체포된 한 여성이 위헌법률심판제청 신청을 하면서 공이 헌법재판소로 넘어가게 된 것이다.

성을 사고파는 것은 사생활의 영역?

성매매특별법에 대한 위헌성은 크게 두 가지 면에서 지적된다. 먼저 헌법상 평등권에 어긋난다는 것. 내국인에게 일종의 '첩' 형태나 외국인에게 소위 '현지처'의 형태로 생계를 이어가는 여성들의 경우는 그냥 놔두면서 성매매라는 형태로 돈을 주고받은 사람만 처벌하는 것은 형평성에 맞지 않는다는 주장이다.

또 성을 파는 건 자기 몸의 사생활 영역이고, 다 큰 성인이 결정할 수 있는 문제인데 국가가 개입하는 것은 과잉이라는 주장도 있다. 법원에서도 이런 부분에 대한 헌법적 판단이 필요하다고 생각해 헌재로 위헌 결정을 넘긴 것이다. 특별법에 항의해 거리로 나온 성매매 여성들도 이 부분에 초점을 맞춰,

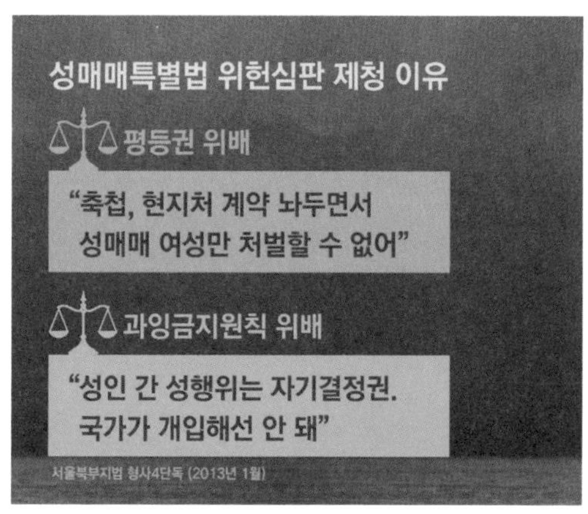

"우리도 노동자다", "직업의 자유를 침해하지 말라"는 주장을 펼치기도 했다.

성매매를 그만둔 뒤 당장 생계 대책이 없는 상황에서 무조건 처벌하는 것, 또 체포 과정에서 비인권적인 일들이 벌어진다는 점도 그간 문제로 지적됐다. 그래서 처벌이 능사가 아니라는 주장이 나온다. 고려대 법학전문대학원 박경신 교수는 "지금도 국가에서 해주고 있는 게 아무것도 없는데 범죄자의 굴레를 계속 씌워두면, 자발적으로 시작했다가도 나중에는 제대로 신고도 할 수 없는 감금 상태에서의 강제 성매매가 발생할 수 있다"고 지적했다. 결국 성 제공자(여성) 처벌이 강제 성매매를 확장에 영향을 줄 수 있다는 이야기다.

지난해 유럽의회에서는 성매매는 법적으로 막더라도 여성에 대해서는 처벌하지 말아야 한다는 결의안을 냈다. 심지어 대표적 인권단체인 국제앰네스티에서도 "성매매를 법으로 금지하는 게 인권침해다. 아예 합법화해야 한다"는 입장을 내놓기도 했다.

성매매 관련 산업 커질까?

하지만 성매매특별법이 위헌 결정으로 폐지되면, 성매매 산업이 더 활성화되는 것 아니냐는 걱정이 나올 수밖에 없다. 그렇게 되면 오히려 성매매 여성이 그 굴레에서 더 빠져나오기 힘들게 될 거라는 우려도 많다. 그래서 "성매매특별법을 유지해야 한다. 합헌이다"고 주장하는 쪽에서는 이를 개인의 사생활 문제가 아닌 사회적 문제로 봐야 한다고 말한다. 대한법률구조공단의 신진희 변호사는 "성 판매 여성만 비범죄화하거나 합법화하는 것은, 성 구매 남성에게도 그대로 적용될 수 있다. 평등원칙 위반 논리가 나올 수 있다"고 주장한다. 간통죄와 성매매특별법은 전혀 다른 성격으로, 금전 취득을 목적으로 해서 성을 거래하는 것을 단순하게 개인적인, 내밀한 사생활의 문제로만 볼 수 없다는 것이다.

성매매 문제의 국제적 권위자인 캐슬린 배리 미 펜실베이니아주립대 교수 역시 "여성의 동의가 있건 없건 어떤 성적 서비스 도구가 됐을 때 이미 인간에 대한 폭력이 자행된 것"이라고 이야기했다. 그러니까 성매매에 있어선 사생활이나 자기결정권을 이야기할 수 없고, 직업이나 노동으로도 볼 수 없다는 것이다. 그래서 또 다른 국제기구인 유네스코에서는 오히려 '성매매는 인권침해다. 이를 국제적으로 금지해야 한다'는 입장을 밝히기도 했다. 성매매를 합법화해야 한다는 앰네스티의 입장과는 정반대인 셈이다.

하지만 아이러니하게도 두 국제기구가 지향하는 목적은 같다. 결국 어떤 경우든 '여성을 보호해야 된다'는 건데, 출발점이 반대인 것이다. 이번에 헌재로 간 성매매특별법을 두고 양 진영이 첨예하게 맞붙는 것도 이와 비슷한 이유에서다.

그런데 한 가지 짚고 넘어가야 할 점은, 성매매특별법을 시행한 지난 10년 동안 성매매가 과연 줄어들었나 하는 부분이다. 2015년 4월 일반인을 대상으로 한 설문조사 결과 70%가 '줄지 않았다'고 봤고, 여성가족부의 집계에서도 성매매에 종사하는 여성 수는 오히려 증가했다. 그래서 이번에 위헌 결정이 나든 합헌 결정이 나든, 혹은 어떤 새로운 정책이 나오든, 결국 같은 상황이 벌어질 수 있다는 우려가 나온다. 성매매 문제를 근본적으로 해결하기 위해선 헌재 결정 자체보다 그 이후를 잘 준비하는 게 중요하다는 목소리에 귀 기울일 필요가 있다.

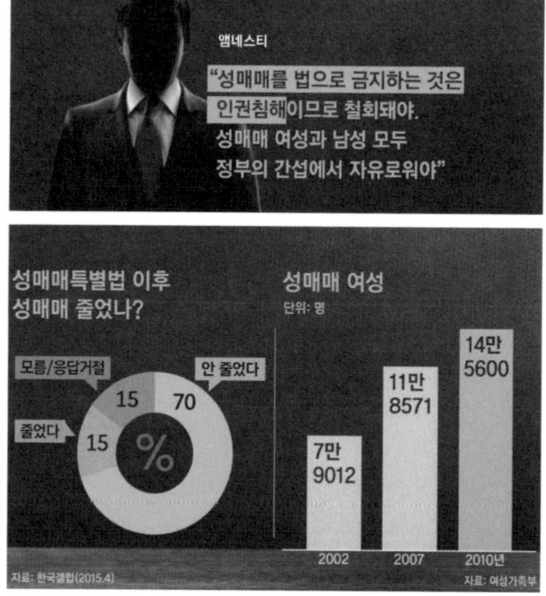

F A C T C H E C K

경비원 최저임금 안 주고, 살림살이 좀 나아지셨습니까?

최저임금은 '자본주의의 마지막 양심'으로 불린다.
공급과 수요 원리에 따라 냉정하게 평가되는 임금시장에서
그나마 최저임금선을 정해놓음으로써
저임금 노동자들이 바닥까지 떨어지는 일을 막아준다.

1989년 600원으로 시작한 한국의 최저임금은
2016년 6030원에 도달했다.
1000% 상승한 결과지만, 여전히 부족하다는 지적이 많다.

그런데 이 최저임금을 2014년까지 적용받지 못했던 직종이 있다.
경비 · 단속 노동자, 일명 '경비원'들이다.
그동안 최저임금의 70%, 90% 하는 식으로 받아왔던 이들에게
2015년부터 본격적인 최저임금제가 적용되기 시작했다.
그런데 적용하는 과정에 엄청난 논란을 거쳐야 했다.

최저임금을 적용하면 관리비 부담이 높아져서
대량 해고를 피할 수 없을 것이란 얘기가 나왔다.
대체 경비원의 노동은 무엇이 다르길래, 어떤 사정이 있길래
남들 받는 최저임금을 받지 못했던 것일까?

내년부터 경비원 최저임금 100% 적용

관리비 오르니 경비원 숫자 줄이겠다?

아파트 경비비, 대체 얼마나 오르기에?

한동안 경비원들 이야기가 언론 지면과 온라인을 뜨겁게 달궜다. 아파트 주민이 경비원을 폭행하고 심한 모욕을 가한 끝에 수치심을 느낀 경비원이 자살한 사건 때문이었다. 그들이 철저히 '을'로 살며 겪어야 했던 온갖 모멸감과 부당한 대우들이 새로이 화제가 되면서 쏟아져 나왔고, 이 문제를 해결해야 한다는 사회적 목소리가 높아지기도 했다.

이런 와중에 또 화제가 된 것은 2014년에도 여전히 최저임금의 90%만을 받고 있는 경비노동자들의 현실이었다. 이들이 드디어 2015년부터 최저임금제 100%를 적용받게 됐는데, 또 다른 문제가 제기됐다. "임금을 올리게 되면 그만큼 경비원을 해고할 수밖에 없다. 대량 해고가 발생할 것"이라는 주장 때문이었다.

실제로 경비노동자에게 처음으로 최저임금의 70%가 적용됐던 2007년과 90%가 적용된 2012년에도 해고가 문제가 된 일이 있었다. 노사정위원회 조사에 따르면 2007년부터 4년간 CCTV 설치가 18.5% 늘었고, 반대로 경비원 수는 5.1% 줄었다. 경비원들의 처우를 개선해주려고 최저임금 기준을 높였더니, 오히려 대량 해고를 키우는 '최저임금의 딜레마'에 빠진 것이다.

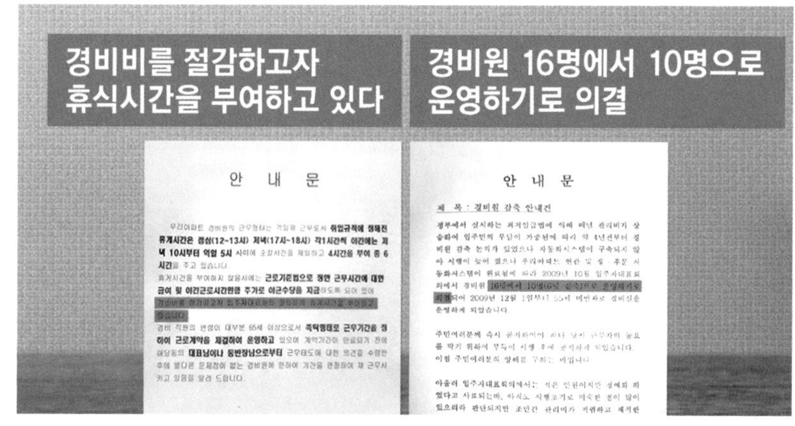

일부 아파트 단지에서는 경비원 임금 인상에 대비하기 위해 일종의 '변칙'을 동원하기도 했는데, 근무시간 중간에 휴식시간을 설정해 근로시간을 줄이는 방식으로 임금 인상을 억제한 것이다. 이 방법은 최저임금제가 최초 적용된 2007년에도 악명을 떨친 바 있다.

휴식시간을 부여하면 복지 혜택을 늘리는 것처럼 보이지만, 사실 휴식시간이라고 해서 집에 갈 수 있는 것도 아니고, 따로 휴게공간이 마련되어 있는 것도 아니니 결국 경비실에 있어야 한다. 행여 다른 장소에 가 있게 되면 주민들의 민원이 생길 수도 있으니 그것도 쉽지 않다. 결국 명목만 휴식시간일 뿐, 경비원들 입장에서는 일하는 시간만 늘어나는 결과가 된다.

입주민들 입장에서는 늘어나는 관리비 때문에 어쩔 수 없다는 입장이었다. 전국아파트입주자대표회의의 조사에서도 최저임금 100% 적용 시에 20% 이상의 아파트 단지들이 자동화 시스템으로 바꾸거나 인원을 줄이겠다고 말할 정도였다.

아파트 입주민들의 이런 입장 때문에 경비원들의 최저임금 100% 적용은 계속 늦춰졌다. 휴게시간 문제나 해고 걱정으로 오히려 경비원들 스스로 임금 인상을 늦춰달라고 나서기도 했다. 최저임금법 시행령이 개정되면서 2007년부터 경비노동자에게도 당연히 적용되어야 할 최저임금이 70%로 낮춰졌고, 2008년 80%, 2012년 90%로 올렸다. 원래 2012년부터 100% 지급하기로 돼 있었는데, 그나마 3년을 늦춘 결과다.

최저임금 100% 적용 얼마나 관리비 부담이 늘어나나

그렇다면 최저임금 100%를 적용하면 대체 얼마나 관리비 부담이 늘어날까? CCTV 같은 자동화 시스템으로 바꾸는 게 아파트 입주민들 입장에서 더 유리할까?

일단 경비원 최저임금이 2015년에 100%로 오르면 세대당 내야 하는 경비비가 얼마나 오르는지, 2011년 당시 진보신당이 내놓은 정책보고서에 나온 계산식을 참고해 계산해 봤다. 임금을 90%에서 100%로 높이고 최저임금 상승률 7.1%를 적용하는 방식이었다. 아파트 관리비는 공동주택관리정보시스템(www.k-apt.go.kr)에서 누구나 확인할 수 있다.

상대적으로 관리비가 비싼 강남 3구 아파트들의 경우, 비용 증가가 많은 곳은 가구당 한 달 1만 8000원 이상 더 내야 하는 곳도 있었다. 하지만 대단지의 경우는 4000~5000원 정도 더 내면 되는 걸로 조사됐고, 평균은 9200원 정도로 예상됐다.

상대적으로 관리비가 저렴한 강북의 경우는 인상되는 관리비도 적었다.

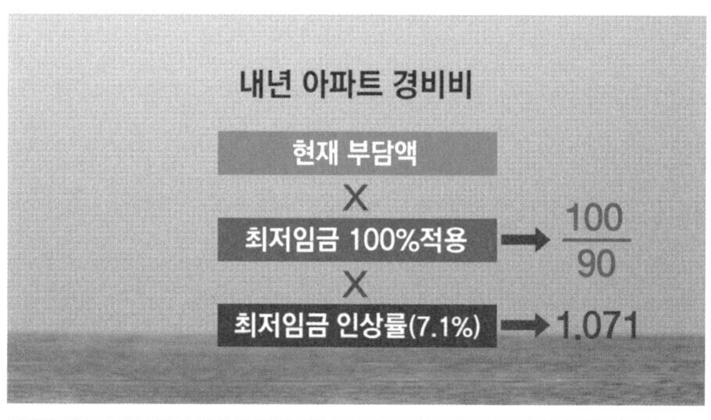

아파트 경비비 내년에 얼마나 내나

강북		현재 부담액	추가 부담액
	A아파트	4만4309원	+ 8419원
	B아파트	2만8300원	+ 5377원
	C아파트	1만6202원	+ 3078원
	⋮		
		10곳 평균	5218원

자료: 국토부

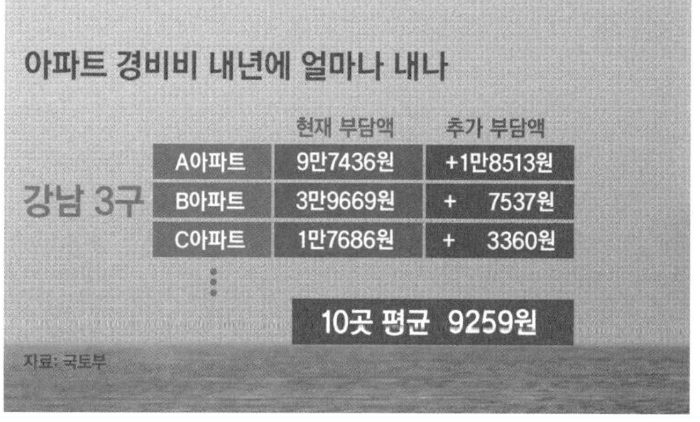

적게는 3000~4000원으로, 평균 5200원 정도 더 내는 걸로 예상됐다.

그리고 충남 아산시에서 경비원과 무인경비 시스템 사이의 비용 차이를 비교한 자료에 따르면, 무인경비 시스템 도입 시 비용은 다소 줄어드는 걸로 나타났다. 비용 절감효과는 약 1.2배로, 20% 정도 효과가 있다는 분석이었다.

무인경비 시스템보다 효율적인 경비원

그러나 이 결과는 단순히 경비 업무만 놓고 봤을 때의 이야기다. 경비원들은 경비 업무만 하는 것이 아니다. 택배와 우편물 수령, 겨울철 제설작업에 화단 정리, 쓰레기 분리수거, 주차 관리에 이르기까지 각종 생활편의나 시설관리 업무가 전부 경비원 업무에 포함돼 있다. 만약 경비원을 고용하지 않으면 이 업무들이 또 다른 비용으로 바뀌게 된다는 게 전문가들의 지적이었다.

관련 연구를 수행했던 선문대 행정학과 하재룡 교수는 이런 부가적인 업무들이 아파트 복지의 많은 부분을 차지하는데, 이것을 간과하면 안 된다고 지적했다. 실제 이런 부분들을 경제적 편익으로 계산해 보면 오히려 유인

경비원 무슨 일 하나?

경비	순찰, CCTV
생활 편의	택배 전달, 행사 안내
기타	제설, 배수로 관리, 분리수거

시스템이 더 경제적으로 우월한 시스템이라는 것이 하 교수의 설명이었다. 이 부분을 비용으로 계산했을 때는 경비원 고용 시 편익이 무인경비 시스템의 2배 이상이었다.

경제적 편익에 대한 계산을 꼼꼼히 하는 것은 당연히 중요한 문제다. 하지만, 때로는 눈앞의 작은 이익이 큰 혜택을 가리기도 한다. 감시카메라가 눈을 치워주거나 주차 관리를 해주는 것은 아니기 때문이다.

FACT CHECK

외동 아이는 사회성이 떨어진다고?

"덮어 놓고 낳다 보면 거지꼴을 못 면한다"
"딸아들 구별 말고 둘만 낳아 잘 기르자"
1980년대까지 출산 억제 정책의 선봉에 섰던 유명 표어들이다.
그러나 2000년대 들어 급격히 떨어진 출산율 때문에
국가경쟁력까지 흔들리는 위기에 처하자,
이번에는 각종 출산 정책과 캠페인이 쏟아져 나온다.

문제는 '번지수를 잘못 찾은' 캠페인들이다.
특히 둘 이상 자녀의 출산을 장려한다는 목적이 앞서다 보니
외동아이들을 상대적으로 폄하하는 듯한 포스터가 등장해
엉뚱한 논란을 일으키기도 했다.

외동 아이는 이기적이고 사교성이 부족하기 쉽다는
우리 사회의 오래된 편견을 고스란히 노출시킨 포스터.
정부 후원 공모전에서 상을 받기까지 했다는데,
무슨 과학적 근거라도 있는 것일까?

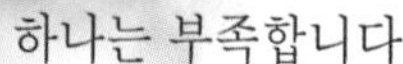
하나는 부족합니다
외동이에게는 형제가 없기 때문에 사회성이나 인간적 발달이
느리고 가정에서는 무엇이든지 마음대로 이루어 보았으므로
자기 중심적이 되기쉽습니다.

청소년기의 형제 수와 친구 관계
Good for Nothing?
Number of Siblings and Friendship
Nominations Among Adolescents
더글러스 다우니
Douglas B. Downey
오하이오주립대
THE OHIO STATE UNIVERSITY

Q 외동이면 사회성 떨어진다?

"외동아들이나 외동딸은 사교성이 별로 없다." "왠지 이기적이고 자기중심적일 것 같다." 흔히들 이야기하는 외동아이에 대한 편견이다. 급격한 출산율 하락으로 자식을 낳더라도 한 자녀에 그치는 경우가 많아지면서, '예의 없는 외동아이'에 대한 이야기들도 따라서 증가하는 분위기다.

그런데 정부가 출산율 제고를 위해 다양한 정책과 캠페인들을 펼치던 와중에, 자녀를 많이 갖자는 취지가 지나쳐 이런 외동에 대한 편견을 고스란히 담은 포스터(265쪽 참조)가 공식석상에 등장했다.

포스터에는 '하나는 부족합니다'라는 문구 아래 두 종류의 새싹이 대비되어 보인다. 왼쪽의 이파리 하나짜리 싹은 시들시들하고, 오른쪽 두 개짜리 싹은 파릇파릇하고 싱싱한 모습이다. 배경 역시 왼쪽은 어두운 회색톤, 오른쪽은 밝고 맑은 푸른빛을 띠고 있다.

아이를 하나만 가질 경우 생길 수 있는 우려를 둘일 경우와 대비시켜 보여주려는 목적이었는데, 문제는 주제의식이 너무 나가버렸다는 것이다. '하나는 부족합니다' 문구 외에도 '외동아이에게는 형제가 없기 때문에 사회성이나 인간적 발달이 느리고 또 자기중심적이 되기 쉽다'는 등의 내용들이 적혀 있다. 하나밖에 없는 아이는 뭔가 '문제 있는 아이'인 것처럼 표현한 것이다.

그런데 더욱 문제는 이 포스터가 정부기관 주최 공모전에서 수상을 했다는 점이다. 2014년 5월 출산 장려를 위한 포스터 공모전에서 금상을 수상했고, 경복궁 전시관에 전시까지 됐다. 당시 대회의 주최는 한국생산성본부였는데, 생산성본부는 산업통상자원부 산하기관이다. 당시 대회를 정부가 주최하고 정부가 수상작을 선정했던 셈이다. 실제로 후원 기관에 산업통상자원부는 물론, 교육부와 보건복지부도 들어가 있다. 뒤늦게 문제가 되자 2015년, 생산성본부에서는 부랴부랴 상을 취소하고 사과까지 했다.

그렇다면 정부까지 인정한 외동에 대한 이런 고정관념, '형제가 없기 때문에 사회성이 떨어진다'는 내용은 과학적으로 근거가 있는 것일까?

형제가 없기 때문에 사회성이 떨어진다?

이런 논란은 한국에만 있는 것이 아니다. 이미 국내외적으로 연구가 많이 돼 있었다. 미국 오하이오 주립대의 더글러스 다우니 교수팀이 2010년 발표한 논문(인트로 참조)에 따르면, 미국에서 7학년부터 12학년까지 중·고등 학생들을 지켜보니 '또래들 사이에서 얼마나 인기가 있느냐' 하는 건 형제가 있건 없건 별 상관없었다. 다만 외동일 경우 유아 때부터 유치원까지는 다소 사회성이 부족한 모습을 보이기도 했는데, 이후 계속 학교를 다니면서 대부분 이를 잘 극복했다는 것이다. 학교의 본래 기능인 '사회성 습득' 과정을 자연스럽게 거쳐간 것으로 볼 수 있다.

포스터에 적힌 두 번째 문구, '인간적인 발달이 느릴 수 있다'는 편견도 마찬가지다. 미국 텍사스대의 토니 팔보 교수가 관련 연구를 진행했다. 리더십과 성숙도, 사회성 등 16가지 항목에서 외동아이와 형제가 있는 아이를 비교해 봤는데, 둘 간의 점수 차이가 없었다. 오히려 국내 연구를 보면 성취 동기나 자존감 면에선 외동 자녀의 점수가 더 높았다는 연구 결과도 있다.

오히려 외동 자녀가 형제 있는 아이들보다 더 좋은 성과를 낼 수 있다는 연구도 있다. UCLA 연구팀에선 '자원 희석 모델'을 제시했는데, 부모의 시간이나 감정적·육체적 에너지, 관심 등을 가정에서 활용할 수 있는 '자원'으로 본다고 하면, 이런 자원들은 형제 수가 적을수록 집중되기 때문이다. 상대적으로 많은 자원을 제공받은 쪽이 유리하다는 논리다.

물론 반대의 경우에 대한 연구도 많이 있다. 특히 산아 제한으로 아이를 적게 낳게 된 중국 같은 경우, 일명 '소황제' 문제가 얽혀 있어 연구가 많이 진행됐다. 외동인 청소년들이 심각한 심리적인 문제를 겪고 있다는 연구 결과도 있고, 외톨이인 아이들 중에 외동인 비율이 높다는 연구 결과도 있었다.

하지만 외동아이에 대한 저술을 주로 해 온 로렌 샌들러는 "그동안 진행된 500여 건의 연구 결과를 보면, 외동이나 형제 있는 아이나 결국 다 똑같다"고 밝혔다.

어떤 아이가 좀 이기적이고 의존적이라면, 그건 외동이냐 아니냐의 문제가 아니라 부모의 양육 태도에 달렸다는 게 대부분 학계의 결론이다. 결국 문제의 포스터는 근거가 명확하지 않은 편견을 더욱 강화하는 데 일조하는 '나쁜 홍보'였던 것이다.

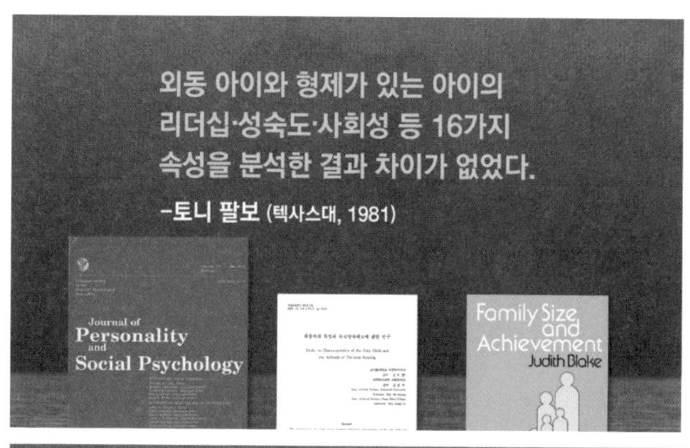
외동 아이와 형제가 있는 아이의
리더십·성숙도·사회성 등 16가지
속성을 분석한 결과 차이가 없었다.
-토니 팔보 (텍사스대, 1981)
Journal of
Personality
and
Social Psychology
Family Size
and
Achievement
Judith Blake

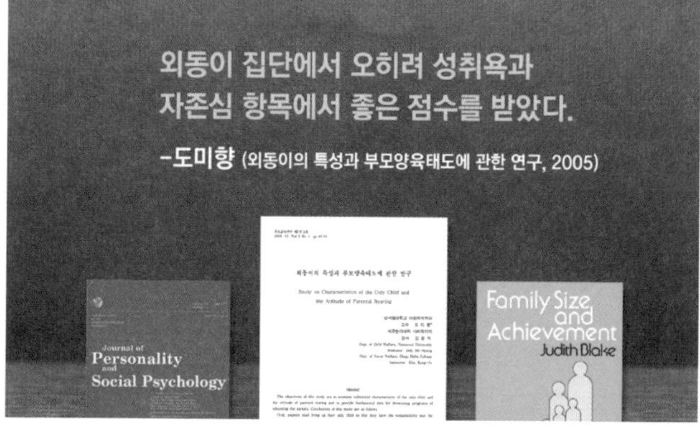
외동이 집단에서 오히려 성취욕과
자존심 항목에서 좋은 점수를 받았다.
-도미향 (외동이의 특성과 부모양육태도에 관한 연구, 2005)
Journal of
Personality
and
Social Psychology
Family Size
and
Achievement
Judith Blake

부모의 시간·에너지·관심 등의 자원은
형제가 적을수록 집중된다. -자원희석모델
-주디스 블레이크 (UCLA, 1992)
Journal of
Personality
and
Social Psychology
Family Size
and
Achievement
Judith Blake

부모가 아닌, 정부가 해결해주어야 하는 문제

그동안 정부는 출산 장려를 위해 "정부가 출산을 책임지겠다", "여성은 마음 놓고 일해라" 이런 이야기들을 많이 내놨다. 그런데 정작 그동안 진행된 정책들을 보면 과연 그런 의지가 실제로 있는지 의심스럽다. 2015년 연말정산부터 다자녀에 대한 추가 공제 혜택이 없어졌고, 자녀 교육비 공제도 축소됐다. 저소득층에 대한 분유, 기저귀 지원 예산도 깎였다.

이런 상황에서 '첫애가 잘못 자랄 수 있으니 하나 더 낳으라'는 협박조의 포스터와, 여기에 정부가 잘했다고 상을 주는 모습을 보며 과연 아이를 더 갖겠다는 생각하는 부모들이 늘어날지 의문이다. 네거티브가 아닌 포지티브, 그러니까 아이를 낳으면 어떤 지원들을 해줄 수 있는지 고민이 필요한 시점에, 책임을 부모에게 떠넘긴다는 인상을 받을 수밖에 없기 때문이다.

세상을 바꾼 외동들은 역사를 통틀어 수없이 많다. 김구, 박지성, 손연

재, 스티브 잡스, 루스벨트, 레오나르도 다빈치 등 모두가 다 외둥이들이었다. 정부가 금상을 줬던 포스터처럼 이들을 두고 누런 외떡잎이었다고 할 순 없지 않은가.

F A C T C H E C K

제주 흑돼지는 천연기념물, 이제 못 먹나

제주도의 명물 흑돼지.

과거 '똥돼지'라는 별칭으로도 불리며
제주도민들의 삶과 함께했던 흑돼지.

하지만 남획과 축산 환경의 변화로
순수 혈통이 사라질 위기에 처하면서
문화재청은 흑돼지를 천연기념물로 지정했다.

진돗개나 황새, 반달가슴곰처럼
천연기념물이라고 하면 국가가 반출까지 통제하며
엄격하게 관리하는 대상인데….

그렇다면 많은 이들이 즐겨 먹던 흑돼지 고기,
이제 먹을 수 없게 되는 걸까?

제주도 명물 '흑돼지'

문화재청, 천연기념물 지정 예고

천연기념물 된 흑돼지
먹어도 되나?

제주도에 가 보면 가장 흔하게 볼 수 있는 식당 중 하나가 '제주흑돼지' 고깃집이다. 제주의 명물로 자리 잡으면서 요즘은 서울의 마트에서도 제주흑돼지 고기를 살 수 있게 됐다. 그런데 그런 제주흑돼지가 2015년 1월 문화재보호법 규정에 의한 지정 예고 후 최종 심사를 거쳐 3월 천연기념물로 지정됐다.

미식가들은 술렁였다. 쫄깃한 육질에 '맛있는' 스토리까지 가지고 있는 제주흑돼지를 이제 더 이상 맛볼 수 없게 되는 것 아니냐는 위기감이었다. 기존에 천연기념물로 잘 알려진 황조롱이나 반달가슴곰을 잡아먹는다는 것은 상상하기 어려운 일이니 말이다. 그에 대한 해답을 알기 위해 제주흑돼지의 역사에 대해 먼저 짚어봤다.

제주도에서 흑돼지를 길렀다는 최초의 기록은 중국 진나라 문헌인《삼국지 위지 동이전》(285년)에 나온다. 주호, 그러니까 제주 사람들이 가죽옷을 입고 소나 돼지 기르기를 좋아했다는 내용이 적혀 있다. 가축용 돼지는 만주에 있던 게 고구려를 통해 한반도로 들어와 전국에 퍼졌는데, 제주도에서는 질병에 강하고, 환경에도 잘 적응하는 흑돼지가 살아남은 것으로 추정된다.

이처럼 제주도에서 흑돼지의 유서는 깊지만 일제 강점기와 근대화를

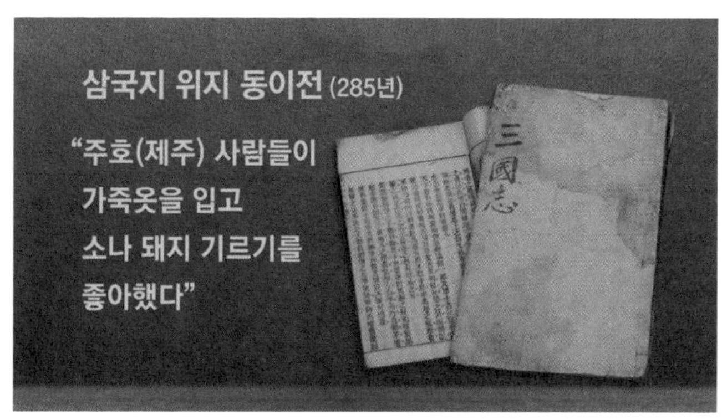

거치며 위기를 맞는다. 번식과 생장이 빠른 외래종이 들어오면서 순수 흑돼지의 개체 수가 급감한 것이다. 제주흑돼지에 대한 천연기념물 지정 작업이 진행된 것도 순수 혈통의 개체가 완전히 사라질 수 있다는 위기감에서였다.

제주흑돼지, 더 이상 맛볼 수 없는 걸까?

현재 제주도 내 농가에서 키우고 있는 흑돼지 개체 수는 8만여 마리. 하지만 이 8만여 마리가 모두 순수 흑돼지는 아니다. 순수 흑돼지는 제주 축산진흥원에서 관리하고 있고 270여 마리에 불과하다. 순수 흑돼지는 일반 돼지에 비해 상대적으로 몸집도 작고 새끼도 적게 낳는다. 이 때문에 1908년부터 번식과 생장이 빠른 요크셔나 버크셔 같은 외래종과의 교배가 시작됐다. 대형화, 보급화의 목적으로 혈통이 섞이게 것이다.

그러다 80년대 들어 축산진흥원에서 순수 혈통의 흑돼지를 찾아내는 작업에 돌입했다. 1986년 성산일출봉 옆 우도에서 순수 흑돼지 수컷 1마리,

암컷 4마리를 찾아내는 데 성공했다. 그리고 수컷의 이름을 '김문'이라고 지었다. 지금 축산진흥원에 있는 270여 마리의 흑돼지들은 모두 '김문의 후예'인 셈이다. 이번에 천연기념물 지정의 영광을 안은 흑돼지들은 바로 270여 마리다. 천연기념물은 함부로 유통하거나 먹을 수 없다. 따라서 이들 직속 '김문의 후예'는 먹을 수 없지만 축산진흥원 밖에서 유통되는 일반 흑돼지들은 여전히 일반 소비자들이 먹는 데 아무 문제가 없는 것이다.

천연기념물이 되는 흑돼지 어떻게 관리할까?

천연기념물로 지정되는 기준은 동물마다 각각 다르다. 수달 같은 경우는 전국 어디에 있는 개체든 모두 천연기념물이다. 서식 환경이 파괴되고 멸종 위기에 처해 있기 때문이다. 반면 진돗개의 경우엔 지역을 기준으로 삼는다. 전라남도 진도 안에 있을 때만 천연기념물이다. 흑돼지의 경우도 진돗개와 마찬가지로 제주 축산진흥원에서 관리하는 개체만 천연기념물이 된다. 진도에

있던 진돗개가 서울에 오면 더 이상 천연기념물이 아닌 것처럼 흑돼지도 축산진흥원 밖을 나가면 천연기념물의 지위를 잃게 된다. 말하자면 '속지주의'가 적용되는 셈이다.

그런데 지금은 270여 마리에 불과한 천연기념물 흑돼지들도 시간이 지나고 교배를 거듭하면 수천 마리로 불어날 것이다. 그렇다면 과연 이들을 어떻게 다 관리할 수 있을 것인가? 제주 축산진흥원은 문화재청과의 협의 하에 적정 관리 개체 수를 정해 관리할 계획이라고 했다. 500마리 혹은 1000마리 정도의 기준을 정해, 기준을 넘는 잉여 마리 수에 대해서는 일반 농가에 분양해 키울 수 있게 하겠다는 것이다.

앞서 이야기했듯 일반 농가에 분양하면 축산진흥원 밖을 나가는 것이니 이 흑돼지들은 더 이상 천연기념물이 아니다. 그러면 먹을 수도 있게 된다. 더 맛이 있을지는 모르겠지만 머지않아 일반 소비자들도 순수 혈통의 제주흑돼지를 맛볼 수 있게 되는 것이다.

F A C T C H E C K

운전면허 난이도와 사고율의 상관관계

"시험을 시작하겠습니다.
5초 내에 우측 방향지시등을 켜주세요.
와이퍼를 작동시키세요.
50m 거리를 20km 이내의 속도로 주행해야 합니다.
시험이 모두 종료되었습니다.
축하합니다. 합격입니다."

2011년 정부의 운전면허 간소화 조치로
역대 최고로 쉬워진 운전면허시험.

중국에서까지 '원정 시험'을
보러 올 정도라는 말이 있을 정도다.

하지만 운전면허 간소화 뒤
오히려 교통사고는 줄었다고 한다.

'초보면허'가 쏟아지는데도 사고가 줄어들었다는 주장,
정말 근거가 있는 걸까?

운전면허 난이도와
사고율의 상관관계를 파헤친다.

운전면허 신규 취득자 자료: 경찰청

83만명

132만명

운전면허 시험 간소화 이후, 교통사고 줄었다? 진실은?

쉽고 간소해진 운전면허 시험은 계속 논란의 대상이었다. 시험이 너무 쉬워 교통안전에도 문제가 있는 것 아니냐는 지적이 꾸준히 제기됐다. 그래서 다시 시험을 어렵게 해야 한다는 목소리가 높던 중에, 운전면허시험 간소화 조치 이후 오히려 교통사고율이 떨어졌다는 통계가 나왔다. 당초 여론 때문에 시험 난이도를 조절하려고 했던 경찰청은 다시 고민에 빠지고 말았다. 도대체 면허시험 난이도와 교통사고율의 상관관계는 어떻게 되는 것일까? 상관관계가 있기는 있는 것일까?

운전면허 간소화 후 사고율, 사망자 수 모두 감소

운전면허 장내 기능시험이 쉬워진 것은 2011년 6월 10일이다. 방향전환 코스, 곡선 코스, 굴절 코스 등 11개 항목이던 시험을 '정차 상태에서의 기기 조작', 즉 와이퍼를 움직이거나 깜빡이를 켜는 것과 '운행 상태에서의 기기 조작', 즉 정차를 한다든지 또 차를 움직이게 하는 것 등 크게 2종류로 확 줄인 것이다.

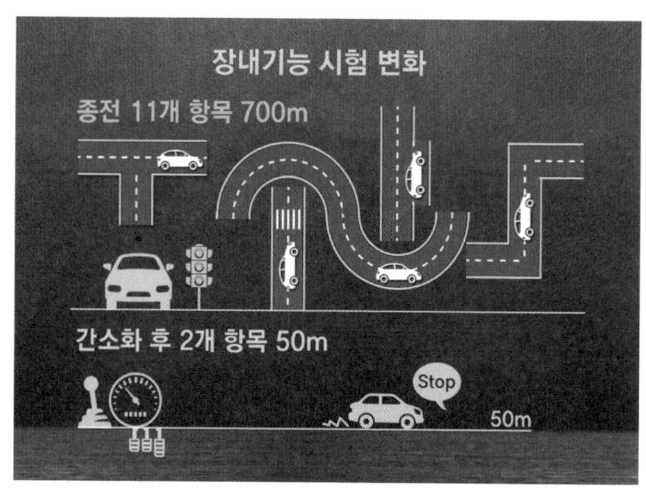

과거에는 여러 코스를 다 지나가고 나면 700m 정도 운행을 해야 했는데, 이제 장내 기능시험을 다 치르고 나면 움직인 거리가 50m에 불과하다. 보통 교통사고가 얼마나 많이 나느냐를 따질 때는 1만 명당 사고비율을 본다. 운전면허시험 간소화 시행 한 해 전 초보운전자(운전면허 취득 후 만 1년이 안 된 사람들) 사고율은 1만 명당 79.6명이었다. 그런데 이게 간소화 시행 후 1년 동안 61명 정도로 줄었고, 그다음 해에는 이보다 조금 더 줄었다. 사망자 수도 줄어서 통계상으로만 보면 운전면허시험이 쉬워진 뒤 사고가 준 건 일단 맞다.

합격자 많아져 통계의 분모 커졌다?

하지만 상식적으로 보자면 선뜻 이해하기 힘든 대목이다. 시험이 쉬워져 운전면허 취득이 쉬워졌더니 갑자기 더 안전운전이라도 하게 됐다는 말인가? 그래서 통계를 잘 뜯어봐야 한다는 지적이 나왔다.

우선 염두에 둘 것은 이 기간 동안의 전반적인 사고율이다. 전체 사고율을 보면 운전면허 간소화 시행 전인 2011년 1만 대당 101대 정도였던 것이 2013년에는 93대까지 줄었다. 어떤 이유에서든지 전체적인 트렌드 자체가 이렇게 감소세이니 초보운전자 사고율도 덩달아 내려갔다고 생각해 볼 수 있는 것이다. 물론 신규 면허자들의 사고율이 줄었기 때문에 전체 운전자 사고율도 끌어내린 것 아니냐는 반박도 가능하다. 하지만 전체 운전자 수 대비 신

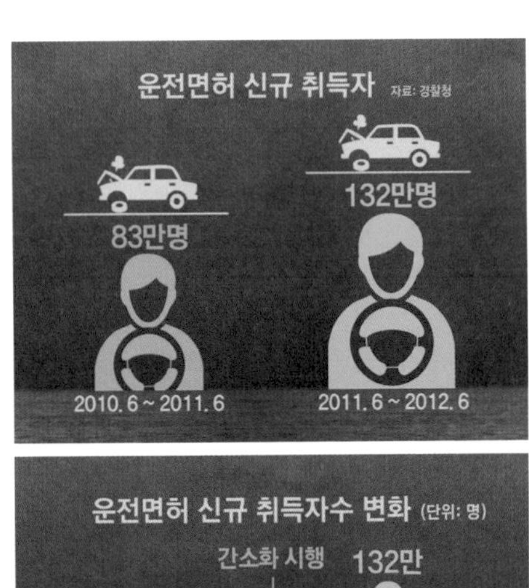

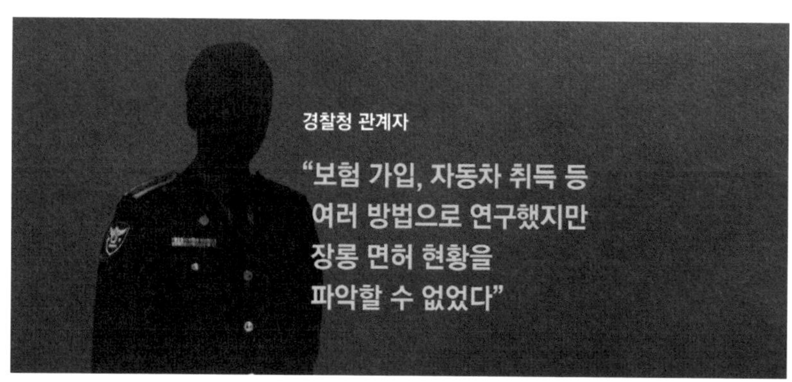

규 면허취득자의 수는 워낙 적기 때문에 그것으로 영향을 줄 가능성은 낮다.

그렇다 하더라도 신규 면허취득자들의 사고율이 간소화 시행 이후 급격하게 준 것에 대해서는 무언가 더 설명이 필요해 보인다. 전체 운전자들의 사고율이 줄어든 추세에 비해 초보운전자들의 사고율 감소세는 훨씬 더 급격했기 때문이다. 이 부분에 대해서는 통계의 함정을 지적하는 전문가들이 많았다. 김도경 서울시립대 교통공학과 교수는 "간소화 조치 이후 합격한 초보운전자들이 실제로 다 운전을 하고 다니느냐 아니냐에 따라 결과가 달라질 수 있다"고 봤다. 간소화 조치 이후 훨씬 더 많은 사람들이 면허를 땄는데 실제 운전을 하지 않고 이른바 '장롱면허'로 두고 있다면 교통사고 발생 비율이 상대적으로 작을 수밖에 없다는 설명이다.

실제 간소화 이전에 한 해 동안 면허증을 새로 딴 사람들은 83만 명 수준이다. 하지만 간소화 이후 1년 동안엔 132만 명으로 무려 60% 가까이 늘었다. 이처럼 사고율을 따지는 분모가 커졌으니 사고율도 순 설로 나오는 게 아니냐는 것이다.

쉬운 면허냐 어려운 면허냐보다 더 중요한 것은?

그렇다면 관건은 간소화 조치 이후 신규 면허취득자들이 실제 얼마나 차를 구입해 끌고 나왔느냐 하는 부분이다. 운전면허 간소화와 신규 취득자 사고율의 관계를 밝히기 위해 장롱면허가 얼마나 되는지 밝혀야 하는 것이다. 그 수치를 찾아내기 위해서 경찰도 참 많이 연구를 하고 다각도로 알아봤지만 정확한 수치를 파악하는 데는 어려움이 많았다고 한다.

보험 신규 가입자 수를 통해 알아볼 수도 있겠지만 가족보험에 가입할 경우 누가 초보운전자인지 파악하기 힘들다. 또 자동차 취득 숫자를 통해 짐작하는 방법도 있지만 초보의 경우 중고차를 사는 경우도 많기 때문에 이 역시 정확한 파악이 안 된다.

일단 경찰 측은 "꼭 면허시험이 쉬워졌다고만 볼 수는 없다. 기능시험 대신 주행시험을 좀 까다롭게 한 게 사고율을 낮추는 데 기여한 것 같다"는 입장이다. 하지만 이 역시 검증이 된 내용은 아니다.

쉬운 면허시험이 맞는 것이냐, 어려운 게 맞는 것이냐에 대해선 전문가들 의견도 조금씩 엇갈렸다. 하지만 일단 다음과 같은 내용에는 대체로 의견이 모였다. 설재훈 한국교통연구원 선임연구위원의 말이다.

"면허 딸 때보다 면허를 딴 뒤에 어떻게 관리하느냐가 문제입니다. 선진국에서는 이 부분을 굉장히 엄격하게 관리합니다. 면허증을 주는 건 기본적인 운전하는 기술만 좀 인정이 됐다는 것이지, 그 사람이 안전운전을 할 수 있는 전반적인 자세가 되었다는 것은 아직 인정이 안 된 상태입니다."

유럽의 경우 예비면허에서 정식면허로 넘어갈 때 조건을 굉장히 까다롭게 하거나 벌점을 엄격하게 매기는 등의 사후 관리를 철저히 한다. 독일·아이슬란드 등에서 교통사고 사망률이 낮게 나오는 중요한 이유로 꼽힌다.

발생률뿐 아니라 사망자 수로도 악명 높은 대한민국 교통사고. 운전면허시험의 난이도에만 초점을 맞출 게 아니라 사후 관리까지 포함한 폭넓은 면허제도를 마련하는 방안도 검토해 봐야 한다는 지적에 귀 기울일 필요가 있다.

F A C T C H E C K

유승준,
한국에 돌아올 수 있을까?

'가위', '나나나', '열정' 등등 …
지금도 멜로디를 들으면 금세 가사가 떠오를 정도로 유명했던,
1990년대를 휩쓸었던 가수 유승준의 노래들이다.

한때는 가장 사랑받는 '국민가수'였지만
이제는 온 국민의 미움을 받는 밉상이 되어버린 유승준.
병역 회피를 위해 한국 국적을 포기했다는 혐의 때문에
그는 한국 입국 자체가 거부되고 있는 요주의 인물이다.

그런 유승준이 2002년 입국 거부 이후 13년 만에
한국 팬들을 대상으로 한 인터넷 방송에 나섰다.
각 매체에서는 이번에야말로 유승준이 국내 복귀를 시도할지,
그 시도는 과연 성공할 수 있을지 관심을 보였다.

과연 '미국인' 유승준은 한국에 돌아올 수 있을까?

13년째 입국금지 유승준,
귀국 추진?

가수 유승준은 1990년대를 대표하는 가수였다. '가위', '나나나' 등을 위시한 앨범들은 100만 장에 육박하는 판매 기록을 세웠고, 각종 연예프로그램을 넘나들며 '아름다운 청년'이라는 별명을 얻을 만큼 대중적인 사랑을 받았다.

그의 인기에는 공개석상에서 밝힌 병역의무에 대한 소신도 작용했다. 군대는 당연히 거쳐야 할 과정이고 자신은 반드시 군대에 가겠다고 여러 차례 강조했다. 2001년 8월 신체검사에서 보충역 판정을 받은 뒤 "받아들여야 되고, 병무청에서 결정된 사항을 따르겠다"고 다시 한 번 밝혀 화제가 되기도 했다.

그러나 인기 절정에 있던 2002년, 유승준은 입대 직전 돌연 한국 국적을 포기해 엄청난 비난에 직면했다. 잠깐 일본 공연 다녀오겠다면서 병무청에 돌아오겠다는 각서까지 썼는데, 출국한 뒤 미국으로 건너가 미국 시민권을 취득하고 온 것이다.

'미국 시민'이 되어 다시 인천공항에 돌아온 유승준은 그러나 한국에 입국하지 못했다. 병무청이 유씨를 '병역 회피 목적에 의한 국적 포기자'라고 판단해 입국을 금지시켰기 때문이다. 출입국관리법 11조 '대한민국의 이익

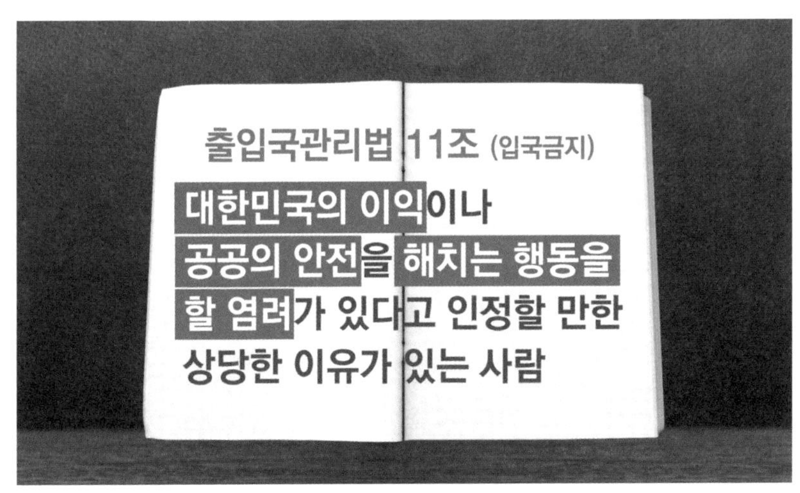

이나 공공의 안전을 해치는 행동을 할 염려가 있는 사람'은 입국을 금지할 수 있다는 조항을 가지고 법무부에 요청해 유씨를 돌아오지 못하게 한 것이다.

그렇게 다시 비행기를 타고 미국으로 돌아갔던 게 벌써 13년 전. 최근 유씨가 인터넷 방송을 통해 국내 팬들과의 '대화'를 시도하면서 그의 귀국 이야기가 다시 도마에 올랐다. 76년생 유승준은 이제 우리 나이로 마흔 살이 되었다.

유승준의 귀국 이야기가 본격적으로 나온 건 2014년이었다. 병역의무가 면제되는 만 38세가 되면서 입국 금지가 해제될 수 있다는 관측이 나왔기 때문이다. 하지만 이 이야기는 병무청과 법무부의 단호한 부정으로 단순 해프닝에 그쳤다. 그러다 유씨가 이번에 홍콩에서 한 인터넷 미디어와 인터뷰를 하자, 법무부가 입국 허용을 검토하고 있다는 루머가 다시 등장한 것이다.

입국 금지 당시 "유씨를 보면서 병역 기피자가 늘 수 있다. 그러니 공공의 안전을 해칠 수 있는 사람이다"라는 게 병무청의 판단이었다. 때문에 "이제 더 이상 공공의 안전을 해치지 않을 것 같다"고 판단하면 귀국이 가능할 수도 있는 상황. 그렇게 되려면 절차상으로 처음 입국 금지를 신청했던 병무청의 마음이 바뀌어야 하는데 병무청의 입장은 확고했다.

"유승준이란 사람은 13년 전에 대한민국 국적을 상실한 미국인이에요. 한국 사람이 아니에요. 13년 전에 우리나라 국민들에게 그렇게 마음의 상처를 주고 대한민국이란 나라를 버리고 미국인이 됐으면 미국인으로 조용히 살아가야지… 대한민국 국민들을 어떻게 마음속으로 생각하는지 스티븐 유가 이해가 안 돼요." 병무청 김용두 부대변인의 말이다. 2014년에 귀국 이야기가 나왔을 때 "입국 금지 해제는 전혀 검토하고 있지 않다"고 못 박았는데, 병무청 입장은 여전히 바뀌지 않은 상황이었다.

병무청의 판단이 너무 과하다 생각한다면, 유승준이 정면 돌파를 시도할 가능성도 배제할 수 없다. 다시 입국을 시도하다가 또 거부당하면 행정소송을 낼 수 있다. 법적 절차를 거친다면 유승준은 입국 승인을 받을 수 있을까?

법조계의 의견은 확연하게 갈렸다. "13년간 충분히 제재를 받았다는 판단으로 입국 금지가 풀릴 수도 있다"는 의견이 있었던 반면, "출입국 관리에 있어서는 법원이 행정부 판단을 존중하는 편이다", "국민 법감정상 입국 금지 해제는 안 될 것"이라는 의견도 많았다. 결정적으로, 진짜 국내 활동을 염

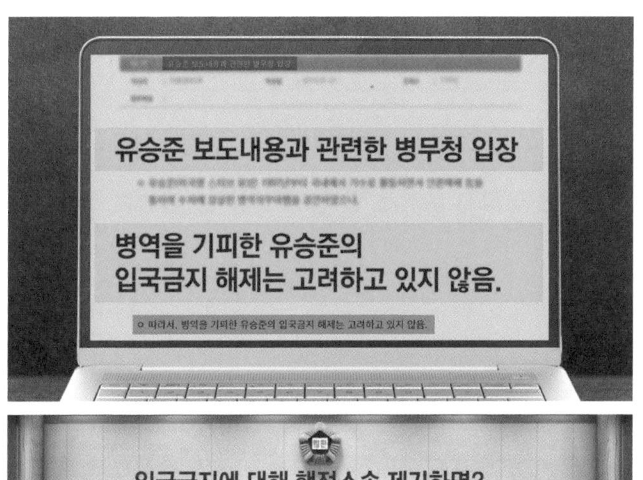
유승준 보도내용과 관련한 병무청 입장
병역을 기피한 유승준의
입국금지 해제는 고려하고 있지 않음.
ㅇ 따라서, 병역을 기피한 유승준의 입국금지 해제는 고려하고 있지 않음.

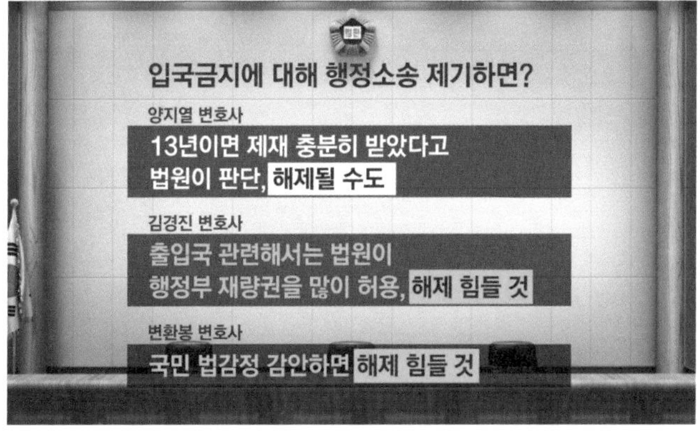
입국금지에 대해 행정소송 제기하면?
양지열 변호사
13년이면 제재 충분히 받았다고
법원이 판단, 해제될 수도
김경진 변호사
출입국 관련해서는 법원이
행정부 재량권을 많이 허용, 해제 힘들 것
변환봉 변호사
국민 법감정 감안하면 해제 힘들 것

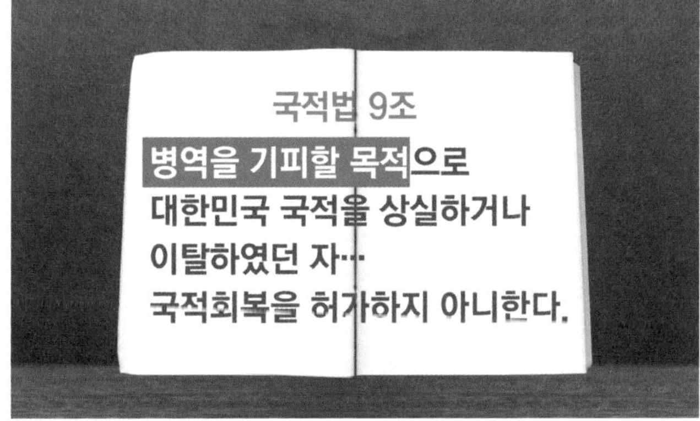
국적법 9조
병역을 기피할 목적으로
대한민국 국적을 상실하거나
이탈하였던 자…
국적회복을 허가하지 아니한다.

두에 둔다면 연예인인 유승준이 소송까지 가진 않을 거라는 전망이 대부분이었다.

매해 한국 국적 포기로 병역의무 피하는 남성이 3000명

정면돌파를 통해 입국심사대를 통과하는 게 현실적으로 어렵다면, 한국 국적을 다시 획득해서 돌아오는 방법은 어떨까? 이 역시 절차상으로만 보면 가능하긴 하다. 하지만 국적법 9조가 가장 중요한 변수다. 법무부 장관이 국적 회복을 허가하지 않는 대상 중에 "병역을 기피할 목적으로 대한민국 국적을 상실하였거나 이탈하였던 자"가 명시되어 있기 때문이다. 병무청이나 법무부의 판단에 따르면 유승준은 이 항목에 해당하니 국적 재취득 역시 어려워 보인다.

따라서 여러모로 따져 본 결과 유승준이 한국에 다시 들어오기는 거의 불가능하다는 결론이 나온다. 그만큼 한국은 병역 기피 의혹이 있는 사람에게 냉정한 사회다. 그러나 짚고 넘어갈 문제는 이런 냉정한 조치가 제대로 적용되지 않는 빈틈이 여전히 존재한다는 점이다.

매해 유승준처럼 한국 국적을 포기해 병역의무를 피하는 남성이 3000명 정도 나오고 있는데, 이후 시간이 흘러 다시 국적을 회복하는 사람들은 매해 900명에서 1200명 정도로, 이 역시 매해 증가하는 추세를 보이고 있다. 일단 병역을 피한 뒤, 다시 한국 국적을 얻어 국내에 들어와 경제활동을 하는 사람들이 상당할 것이란 추측이 가능한 대목이다.

특히 고위 공직자의 자제들 중에 이런 사람들이 많았는데, 2013년 당시

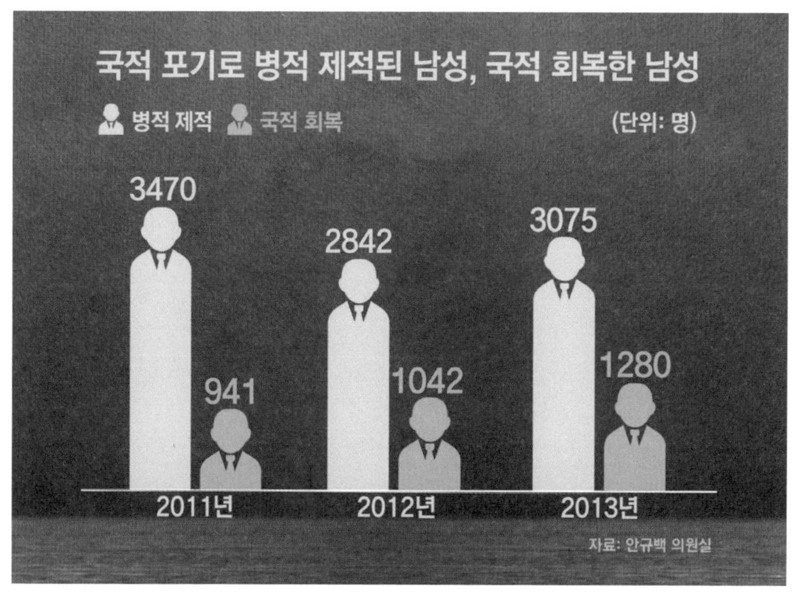

청와대 수석비서관을 비롯해 박근혜 정부 고위 공무원 15명의 자제 중 무려 16명이 한국 국적을 포기하고 병역을 면제받은 것으로 드러나 논란이 되기도 했다. 공공의 감시를 받는 고위 공직자들의 경우가 이러할진대, 그 바깥에는 더 많은 사각지대가 있을 것이라는 우려가 들 수밖에 없다.

병역 문제는 모든 한국 국민에게 있어서 가장 민감한 이슈 중 하나다. 유승준 문제가 불거질 때마다 개인을 비난하는 데서 그칠 것이 아니라, 정작 중요한 관리를 병무청이나 정부가 잘 하고 있는지 '체크'해 볼 일이다.

5장

머리와 마음을 채우기 위해 알아야 할 것들

×

상식 체크

FACT CHECK

크리스마스 캐럴을 빼앗아간 저작권 사용료?

"흰 눈 사이로~ 썰매를 타고~ 달리는 기분~"
연말을 앞둔 크리스마스 시즌이 되면 떠오르는 크리스마스 캐럴.
거리마다 가득한 화려한 장식들과 함께
흥겨운 연말 분위기를 내는 상징이었다.

그런데 언젠가부터 거리에서 캐럴이 사라졌다.
상점가마다 야외 스피커를 통해
경쟁적으로 틀어대던 흥겨운 리듬이 잘 들리지 않는다.

오랜 불경기와 팍팍한 현실을 반영하는 것 같다는
안타까운 목소리들이 온라인에서 넘쳐날 때,
일부 언론이 '캐럴 실종'의 범인을 지목했다.
캐럴의 비싼 저작권 사용료 때문에
중소 규모 매장들이 틀지 못한다는 내용이었다.

가난한 지갑 사정에 따라 마음까지 가난해진 것일까?
소복한 눈을 밟으며 캐럴 소리를 따라 연말을 즐기는,
따뜻한 연말연시 풍경은 음악 저작권을 따라 사라진 것일까?

2014.12.15 ~ 2014.12.21

자료: 멜론

크리스마스 캐롤 뜸해…저작권 문제 `대두`

크리스마스인데 캐롤이 안 들려…

길거리에 캐롤 없는 이유는?

사라진 캐럴 저작권료가 뭔지··

캐롤 사라진 유통가... 음원사용료 부담

연말만 되면 "크리스마스 분위기가 안 난다"는 이야기가 꾸준히 나오고 있다. 경기 침체와 더불어 예년보다 캐럴이 잘 들리지 않는 것도 크리스마스 분위기가 나지 않는 이유로 꼽힌다. 한 여성 전문 포털에서 2013년 설문조사를 진행한 결과, 크리스마스 분위기를 느끼지 못하는 이유로 '침체된 사회 및 가정 경제'(42.9%), '바쁜 개인 사정'(15.2%) 다음으로 '거리에 크리스마스 캐럴이 들리지 않아서'(14.4%)가 꼽혔다.

캐럴 소리가 사라진 이유는 무엇일까? 엄격해진 저작권료 때문이라는 분석이 일부 언론을 통해 나왔다. 실제 2000년대 이후 저작권 관련 규정들이 상당히 강화됐다. 그래서 현행 저작권법에 따르면 매장에서 음악을 틀거나 공연할 때 매장 성격, 규모 등에 따라 저작권자들에게 비용을 지불하도록 하고 있다. 물론 캐럴뿐만 아니라 모든 음악에 똑같이 적용된다.

음식점이나 의류매장 등에서 모든 저작권자들에게 지급하기 어렵기 때문에 한국음악저작권협회에 돈을 내는 형태가 일반적이다. 그러면 그 돈이 가수 등 저작권자에게 분배되는 것이다.

실제 2013년 연말에 모 백화점이 이런 과정 없이 음악을 틀었다가 소송이 걸려, 2억 원 넘는 돈을 음반산업협회 측에 배상하라는 판결이 나온 일도 있었다.

이런 상황 탓에 '길거리 상점이나 심지어 백화점에서도 비용 부담 때문에 캐럴을 틀지 않는다', '캐럴이 거리에서 사라진 것은 저작권료 때문'이라는 분석이 나오게 된 것이다.

그러나 캐럴과 관련된 이런 주장은 반은 맞고 반은 틀린 것이었다. 실제 연말을 맞은 백화점 매장을 방문해 보니, 분명히 캐럴이 흘러 나오고 있었다. 백화점에서는 캐럴을 틀지 않을 정도의 비용적인 문제는 없다고 했다.

'사라진 캐럴'의 진짜 이유는 과태료 때문?

문화체육관광부에서 승인한 저작권 관련 규정에 따르면, 저작권료는 영업장 면적에 따라 매겨진다. 백화점처럼 5만㎡(약 1만 5000평) 이상 되는 초대형 매장이라 할지라도 한 달에 130만 원만 내면 캐럴을 포함한 모든 노래를 마음껏 틀 수 있다. 막대한 규모의 마케팅 비용을 사용하는 백화점에서 굳이 이 돈을 아끼려고 캐럴을 틀지 않을 이유는 없는 것이다.

인터뷰를 한 롯데백화점 홍보팀 이진효 과장의 얘기를 들어봐도, 비용 때문에 캐럴을 줄인다는 얘기는 전혀 사실이 아니라고 한다. 백화점은 성탄절에 임박할수록 캐럴이 많이 나오도록 음악 구성 비율을 높여 놓기 때문에 크리스마스이브쯤 되면 거의 종일 캐럴이 흘러나온다.

그렇다면 규모가 작은 중소업체들의 경우는 어떨까? 실제로 '연밀 분위기'를 만드는 거리의 캐럴은 거리 상점들 담당인데, 거리에서 캐럴이 잘 들리

지 않는다는 이야기는 꽤 오래전부터 있어왔다.

그런데 명동 거리에 직접 나가서 취재해 본 결과, 저작권료가 주원인은 결코 아니었다. 저작권 사용료 징수 기준에 따르면, 저작권 사용료는 영업면적 3000㎡(약 900평) 이상의 매장부터 월 8만 원의 사용료를 받기 시작한다. 카페나 식당 등 업태에 따라 기준이 조금씩 다르긴 하지만, 어쨌든 소규모 점포 주인들은 뭘 틀어도 저작권 고민을 하지 않아도 된다.

명동상가번영회에 직접 들어본 결과 '사라진 캐럴'의 이유는 따로 있었다. 정부의 에너지 절약 시책에 따라 문을 닫고 영업을 하기 때문에, 매장 안의 음악소리가 밖으로 흘러나오지 않는다는 것이다. 예전에는 손님의 출입이 쉽도록 상점 문을 열어 놓고, 난방을 강하게 한 상태에서 음악을 틀었기 때문에 그 소리가 바깥에까지 들렸다. 하지만 단속 강화로 과태료 부담이 생기면서 그런 가게들이 거의 없어졌다.

또 강화된 소음 기준 때문에 예전처럼 외부 스피커를 크게 틀 수도 없다. 생활소음 규제 기준에 따라 옥외에 설치한 스피커의 소음 기준은 주간 65데시벨(dB), 야간 60dB 이하다. 집중력에 도움 된다고 알려진 카페의 '백색소

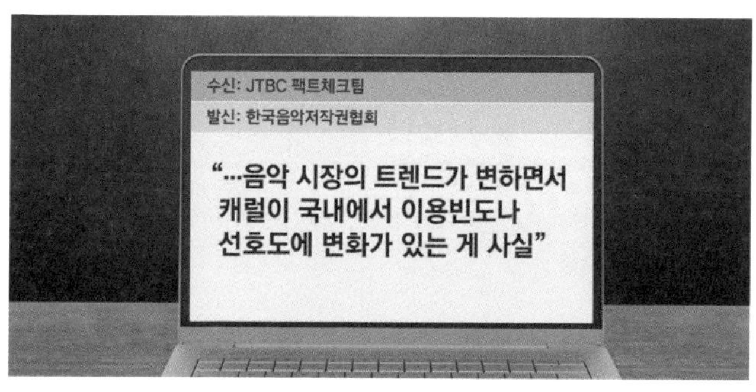

음'이 50~70dB이니까 상당히 까다로운 기준인 셈이다.

현장의 상인들은 캐럴 자체의 효과가 예전만 못하다는 이야기도 했다. 예전처럼 캐럴을 틀어놓는다고 손님이 더 들어오는 것도 아니고, 오히려 최신 대중가요가 매출에 더 영향을 미친다는 게 상인들의 대체적 인식이었다.

한국음악저작권협회는 음악시장 트렌드가 변하면서 캐럴에 대한 선호도 역시 줄어들었다고 보고 있다. 예전에는 크리스마스 시즌마다 쏟아지던 특집 캐럴 음반 발매도 줄었고, 크리스마스를 전후한 음원차트 순위를 봐도 10위권에 캐럴이 한 곡도 없었다. 임진모 대중음악 평론가 역시 "캐럴이 갖는 상업성의 후퇴는 우리뿐만 아니라 미국 등 세계 음악시장 전체의 트렌드"라고 분석했다.

경기도 좋지 않고 사는 것도 팍팍하고, 크리스마스가 더 이상 그렇게 즐겁지만은 않아서 사람들이 굳이 캐럴을 찾지 않는다는 이야기다. 거리에서 크리스마스 캐럴이 들려오지 않았던 이유는, 저작권료가 아니라 사람들의 가난한 마음 때문이었던 셈이다.

F A C T C H E C K

질소를 샀더니 과자가 따라왔다?

과자봉지를 뜯으면 김 새는 소리가 난다.
과자의 파손을 막기 위해 주입한 질소가 새어나오기 때문이다.
하지만 한국 과자에서는 김 새는 게 하나 더 있다.
바로 소비자들의 마음이다.
기대했던 것보다 과자의 양이 너무 적기 때문이다.

"질소를 샀더니 과자가 덤이다"라는 조롱이 나온 게 어제오늘 일도 아니다.
가격은 그대론데 크기는 점점 작아지는 아이스크림이라든지,
점점 더 날씬해지는 막대형 과자라든지,
다양한 형태의 눈속임이 등장하다 보니
한국 특산물이 '질소과자'라는 비아냥이 나올 정도다.

급기야 과자봉지를 묶어서 뗏목을 만들고,
그걸로 한강을 건너겠다는 대학생들까지 나왔다.
한강을 건너는 과자봉지.
마냥 웃을 수만은 없는 광경을 보면서도
제과업체들은 여전히 질소 포장의 중요성을 강조한다.
엄청난 양의 질소로 보호해줘야 할 만큼,
한국 과자들은 유독 잘 부스러지는 재질인 걸까?

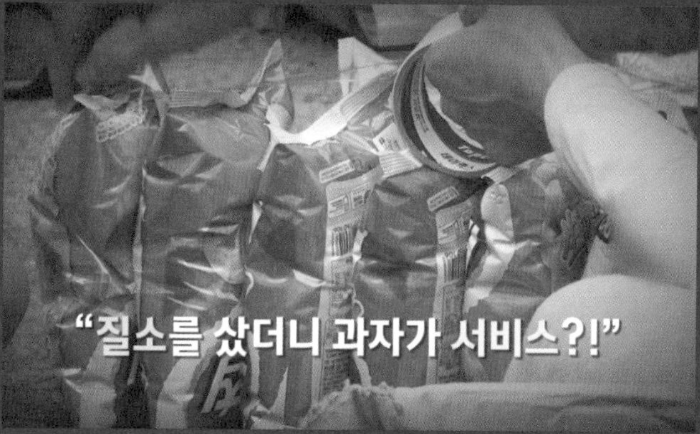

"질소를 샀더니 과자가 서비스?!"

한강에 뜬 '과자 뗏목'

국산과자 질소포장,
과대포장인가?

"과자봉지의 진짜 주인은 누구인가?" 한국에서 유독 논란이 많은 과자 과대 포장 문제 때문에 생긴 엉뚱한 질문이다. 과자를 사서 봉지를 뜯어보면 정작 과자는 얼마 들어 있지 않고, 유통과정에서 생기는 충격으로부터 과자를 보호한다는 질소가 봉투의 대부분을 차지하고 있는 경우가 많기 때문이다. 이런 기묘한 상술을 두고 '질소과자'라는 용어까지 생겼을 정도다.

급기야 질소과자를 패러디하기 위해 일단의 대학생들이 깜짝 이벤트를 벌였다. 질소가 부력이 높아 물에 잘 뜬다는 점에 착안해 '과자봉지 뗏목'을 만들어 한강을 건너겠다고 공언한 것이다. 2014년 9월, 이 대학생들은 일부 시민 기부를 받아 구입한 160개의 과자봉지를 테이프와 랩으로 꽁꽁 싸매 뗏목을 만들었다. 이 뗏목은 잠실에서 뚝섬까지 폭이 약 900m 정도 되는 한강을 가로질러 건넜다. 이들은 간단한 카누용 노를 사용한 것 외에는 정말 과자봉지만으로 강을 건넜다. 이 장면은 유튜브를 통해 중계됐고, JTBC 등 뉴스를 통해서도 소개돼 화제가 되었다. 우스꽝스럽지만 마냥 웃을 수만은 없는 씁쓸한 이벤트를 계기로 다시 한 번 국내 생산 과자에 포함된 질소의 양이 적절한지 논란이 불거졌다. 그런데 이 문제는 사실 어제오늘 제기된 것이 아니다.

심지어 소방재난본부에서는 구명튜브 대용품으로 대용량 과자봉지를 제시한 적이 있었다. 물에 빠졌는데 구명튜브가 없으면 과자봉지를 던져주라는 내용인데, 실제로 소방재난본부에서 이 과자봉지를 이용한 구조 시범을 보여 화제가 되기도 했다. 한국 과자는 구조용과 비상식량 겸용으로 쓸 수 있다는 우스갯소리가 단순한 인터넷 유머가 아니었던 것이다.

채우는 것 자체보다, 필요 이상으로 채우는 것

제과업계에서는 과자를 만들 때 질소 포장이 꼭 필요하다는 입장을 여전히 고수하고 있다. 가장 잘 알려져 있는 질소 투입의 1차적 목적은, 운반이나 유통과정에서 과자가 부스러지는 것을 막는 것이다. 그러나 소비자의 건강을 위해서도 질소 투입이 중요하다고 업체들은 강조한다.

스낵을 튀길 때 해바라기씨 기름이나 들기름 등을 사용하는데, 이 기름들은 트랜스지방에 비해 건강에 좋은 불포화지방으로 알려져 있다. 하지만 일단 공기에 노출되면 산화돼서 유해물질인 과산화지질로 바뀐다. 그런데 과자 안을 질소로 채우면 이 같은 화학반응을 막을 수 있다는 게 업체들의 설명이다. 실제로 질소는 공기 구성 중 5분의 4를 차지하는 기체로, 과자와 특별한 화학적 반응을 하지 않기 때문에 해롭지 않다는 게 전문가들의 분석이다. 그러니까 질소를 채우는 것 자체는 상관 없지만, 필요 이상으로 너무 많이 채우는 게 문제인 것이다.

사실 과자제품 포장에는 명확한 법적 기준이 있다. 자원 재활용과 포장

폐기물 억제 차원에서 환경부는 지난 1994년부터 과자를 포함한 음식류, 화장품, 세제, 잡화 등에 대한 포장 방법을 규제하고 있다. 환경부의 '제품의 포장재질 포장방법에 관한 기준 등에 관한 규칙'에 따르면 스낵류 제품의 경우 제품 포장을 할 때 35% 이상 공기가 들어가면 안 된다. 초콜릿이나 크래커 같은 제과류의 경우 빈 공강의 비율이 20%를 넘어선 안 되며, 포장 횟수도 2차 이내로 제한된다. 까도까도 또 포장을 까야 하는 러시아 마트료시카 인형 같은 포장들은 모두 규정을 위반한 것이다.

그러면 시중의 질소포장 과자들은 이 기준을 지키고 있는지 실제 과자를 사서 확인 실험을 해봤다. 국가기술표준원의 자문을 받아 과자제품과 같은 체적의 통을 제작한 뒤 과자를 부었다. 앞서 말한 규칙대로 과자를 통에 담았을 때 빈 공간이 35%를 넘으면 안 되는데, 대부분 제품에서 빈 공간이 35% 표시선을 훌쩍 넘어갔다. 실험과정이 과학적 기준을 완벽하게 갖춘 것은 아니었지만, 공간의 차이가 워낙 컸기 때문에 제품들이 기준을 지키지 않은 것은 명확했다. 과자봉지에 질소가 너무 많다는 불만은 소비자들의 '느낌적인 느낌'만은 아니었던 것이다.

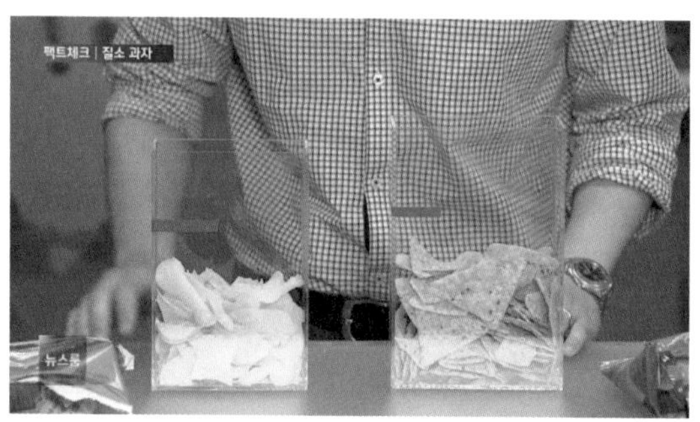

비판여론을 의식한 업체들의 행보는?

규정이 있는데도 제과업체들이 기준을 제대로 지키지 않는 이유는 간단했다. 과대포장 자체는 형사처벌 대상이 아니고, 적발돼도 300만 원 이하의 과태료만 부과되는 등 처벌이 가볍기 때문이다. 과자를 이런 식으로 팔아서 얻는 이익이 과태료보다 압도적으로 많기 때문에 업체들이 규정을 무시한다는 이야기는 자문을 했던 국가기술표준원의 담당관과 법률 전문가들도 공감했다.

물론 최근 비판여론을 의식한 업체들이 조금씩 내용물을 늘리고 있는 모습이다. 국산 과자를 버리고 수입 과자로 갈아타는 '소비자의 역습'까지 늘면서, 국내 업체들이 이제서야 변화의 모습을 보이는 것이다. 업체들의 노력이 질소의 양만큼이나 '빵빵하게' 따라와야 할 이유다.

F A C T C H E C K

아기들이 먹는 분유에 나트륨이 과다하다고?

과다한 나트륨 섭취는
고혈압, 위암의 원인으로 지목된다.

그런데 아기들이 먹는 분유에
나트륨이 기준치 넘게 들어 있다?

시중 거의 모든 제품이 그렇다고
한 의원이 국감에서 폭로했다.

세 살 버릇 여든 간다는데
한국인이 짜게 먹는 습관을
정말 분유 때문인 걸까?

시중 제품이 다 그렇다면
수입분유를 먹여야 하는 걸까?

부모들의 걱정은 깊어만 가는데
나트륨 분유의 진실은?

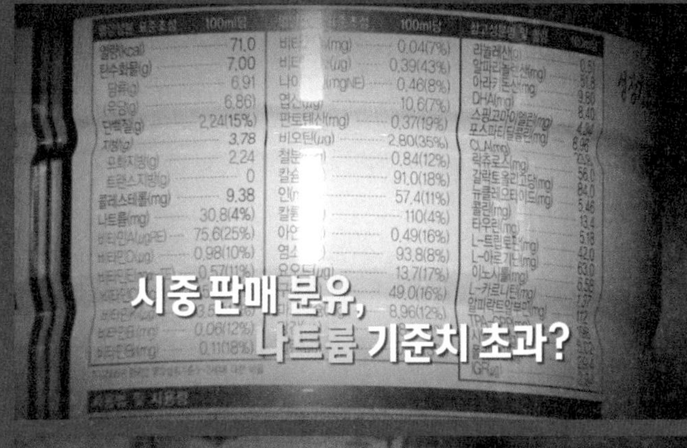

'나트륨 분유' 논란
커지는 엄마들의 불안

짜게 먹는 세 살 버릇,
여든까지?

식품 안전과 관련된 내용은 워낙 국민들의 관심사이다 보니 국정감사의 단골메뉴다. 2014년 국정감사장에서도 먹거리와 관련한 고발이 많았는데 그중 가장 눈길을 끈 것은 아기들이 먹는 분유에 나트륨이 기준치 넘게 들어 있다는 내용이었다. 어렸을 때부터 나트륨이 많이 들어 있는 분유를 먹다 보니 나이 들어서까지 짜게 먹는 습관이 몸에 배게 되고 건강을 해친다는 주장이 나온 것. 실제 그렇다면 이만저만 심각한 일이 아니다.

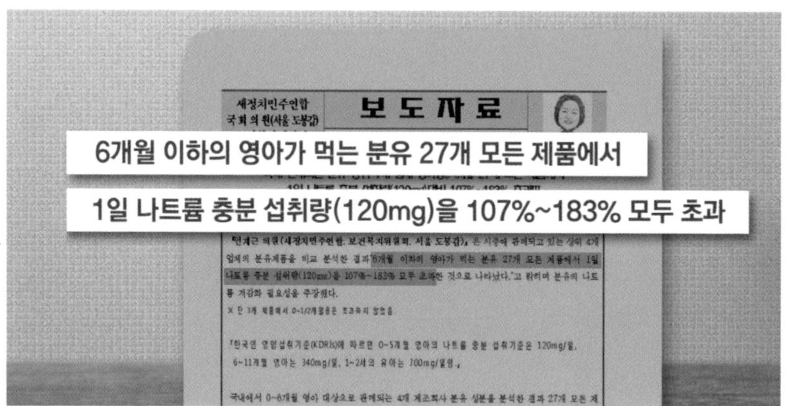

시중 27개 제품에서 나트륨 과다?

해당 자료는 국회 보건복지위원회 인재근 의원실에서 나온 것이었다. 시중에 판매되고 있는 분유제품들을 조사해 봤더니 6개월 이하의 영아가 먹는 분유제품들에 하루 충분 섭취량을 초과하는 나트륨이 들어 있었다고 했다. 시중 4개 제조회사의 27개 제품이 대상이었으니 거의 대부분의 제품을 조사한 셈이다.

적게는 107%에서 많게는 183%까지, 어느 정도 차이는 있지만 거의 모든 제품에서 충분 섭취량보다 많은 나트륨이 포함돼 있다고 밝혔다. 과다한 나트륨 섭취가 고혈압이나 위암 같은 질병의 원인이 될 수 있다는 점은 이미 잘 알려진 사실이다. 결국 영아 때부터 이렇게 자극적인 분유 맛에 길들여진다면 식습관 개선이 상당히 어렵게 된다는 주장이었던 것이다.

업계 "나트륨은 모유에도 있는 필수 성분"

당장 분유업계와 관련 학계에선 강력하게 반발하고 나섰다. 나트륨은 모유에도 포함되어 있는 필수 영양성분이라는 것이다. 시중에 팔리는 6개월 이하 영아용 분유의 나트륨 함량은 100㎖당 17~22㎎ 수준. 여러 논문을 확인해 보니 수유기간에 따라 조금씩 달라지지만 실제 모유에도 13~32㎎ 정도까지 나트륨이 들어 있는 것을 확인할 수 있었다. 모유에 들어 있는 나트륨의 양과 분유에 들어 있는 양이 크게 차이가 나지 않는 것이다.

그럼에도 불구하고 나트륨이 워낙 안 좋다고들 하니 아이들 입장에선

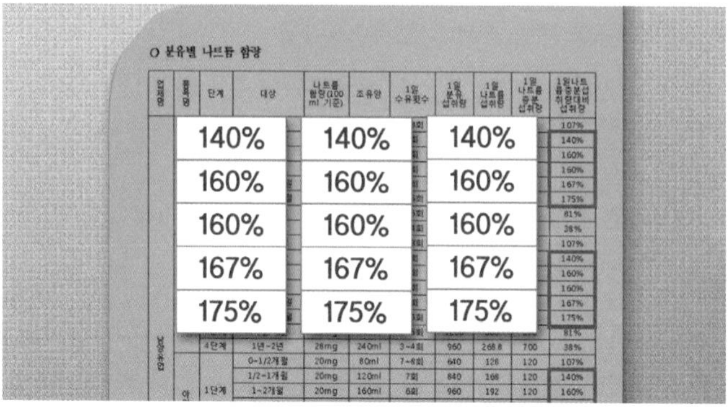

○ 분유별 나트륨 함량

140%	140%	140%
160%	160%	160%
160%	160%	160%
167%	167%	167%
175%	175%	175%

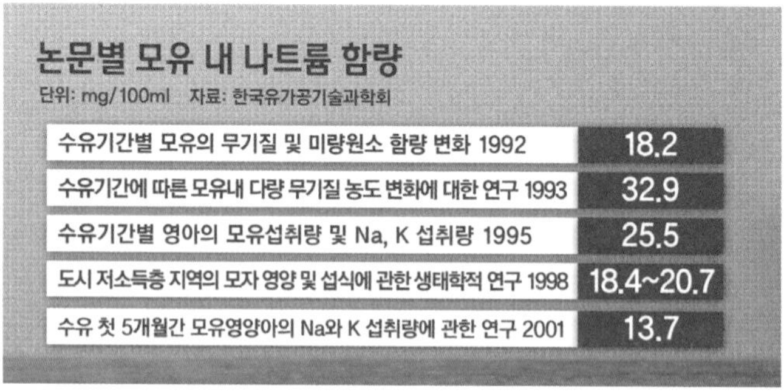

논문별 모유 내 나트륨 함량

단위: mg/100ml 자료: 한국유가공기술과학회

논문	함량
수유기간별 모유의 무기질 및 미량원소 함량 변화 1992	18.2
수유기간에 따른 모유내 다량 무기질 농도 변화에 대한 연구 1993	32.9
수유기간별 영아의 모유섭취량 및 Na, K 섭취량 1995	25.5
도시 저소득층 지역의 모자 영양 및 섭식에 관한 생태학적 연구 1998	18.4~20.7
수유 첫 5개월간 모유영양아의 Na와 K 섭취량에 관한 연구 2001	13.7

되도록 적게 먹는 게 좋지 않겠느냐는 반론이 나올 수도 있다. 하지만 이는 나트륨을 과다하게 섭취했을 때의 문제이지 어느 정도의 나트륨은 생존에 꼭 필요한 영양성분이라는 게 전문가들의 이야기였다. 오히려 아기에게는 성인보다 필수 나트륨 섭취가 중요하다는 의견도 있었다.

박승용 한국유가공기술과학회 회장은 "만약 '소디움(나트륨)이 인체에 필요 없다'라고 한다면 뭐 하러 우리 인체 구성 물질로 들어있겠느냐"면서 "일정한 나트륨 필요량은 있다"고 말했다.

상한 섭취량과 충분 섭취량의 차이

요즘 부모들 사이에 인기가 많은 외국 제품들의 나트륨 함량은 어떨까? 성분 표기를 보니 뉴질랜드산 C제품은 나트륨 함량이 24.5㎎, 독일 A제품은 17㎎, 미국 E제품은 27㎎, 프랑스 N제품은 18.2㎎이었다. 국산 분유의 경우 나트륨 함량이 17~22㎎이라고 했으니 외국 제품도 거의 비슷한 수준임을 확인할 수 있었다.

하지만 인 의원실의 자료에 따르면 우리 분유의 나트륨 함량은 거의 모두 기준치를 넘긴 것으로 돼 있었다. 그렇다면 기준치 자체가 잘못된 것은 아닌지 생각해 볼 필요가 있었다. 보통 우리가 영양소 섭취 기준을 이야기할 때 쓰는 기준은 평균 필요량과 권장 섭취량, 충분 섭취량, 상한 섭취량 등 4가지다. 이 중 '보통 이 수준보다 많이 먹으면 안 좋다'라고 판단할 때 쓰는 게 상한 섭취량이고, 충분 섭취량은 건강한 사람들이 보통 섭취하는 양의 중앙값, 말 그대로 건강을 유지하기 위해서는 이 정도는 먹어야 한다는 뜻이다.

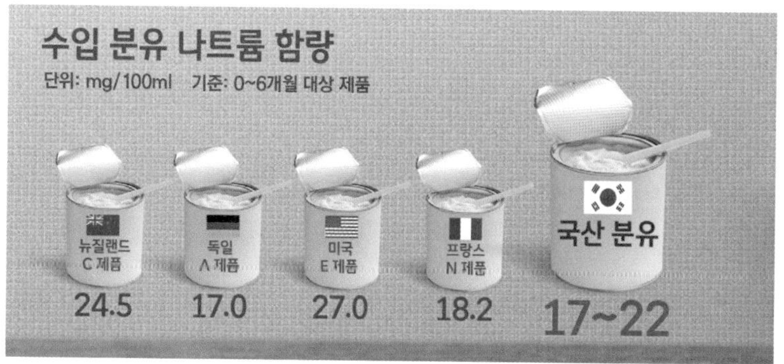

우리나라에서 나트륨의 경우는 이 4개 중 WHO 방식에 따라 충분 섭취량을 기준으로 한다. 인 의원실 역시 이를 기준으로 조사를 진행했는데 현재 한국영양학회에서 규정하고 있는 6개월 이하 영아의 하루 나트륨 충분섭취량 기준은 120㎎이다. 미국 국립연구회의(NRC)에서 영아들이 하루 이 정도의 나트륨은 섭취해야 한다고 제시한 수치가 115~350㎎으로 우리와 크게 다르지 않다. 앞서 이야기한 국내 분유업체의 나트륨 함량은 100㎖당 17~22㎎이다. 하루에 7~8회 정도 수유를 한다고 가정하면 하루 나트륨 섭취량은 제품에 따라 다르지만 최소 108㎎에서 210㎎에 달한다는 게 인 의원실의 분석이었다.

물론 일일 섭취량으로 환산했을 때 200㎎이 넘는 일부 제품의 경우 충분섭취량 기준에 비해 과도하다는 느낌을 받을 수 있다. 하지만 처음 보도자료에 나왔던 것처럼 '거의 모든 제품이 나트륨 과다' 수준은 아닌 것이다. 결

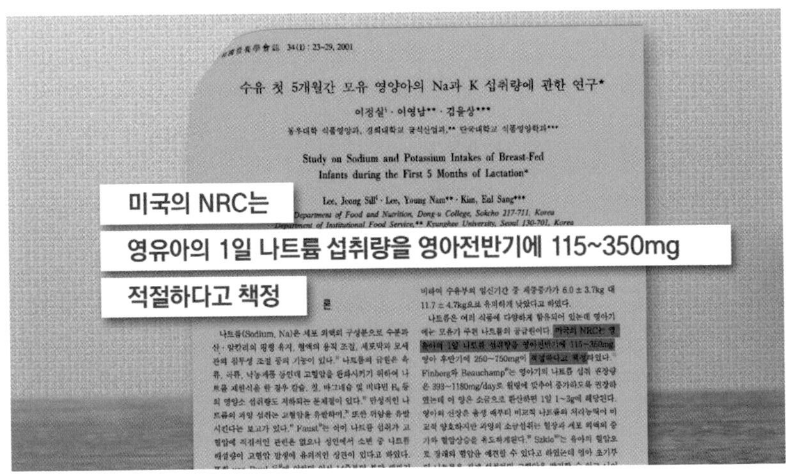

국 많은 육아카페에 글이 오르며 부모들을 충격에 빠뜨렸던 '나트륨 덩어리 국내 분유 논란'은 기준에 대한 명확한 이해 없이 문제 제기가 되면서 빚어진 해프닝이었다.

F A C T C H E C K

하루 세 잔 이상 우유를 마시면 건강이 위험하다?

건강과 관련된 기사들,
그중에서도 음식과 관련된 기사들은
한국에서 특히 인기가 높다.

그러다 보니 인터넷 매체들을 통해서
"○○이 바로 만병통치약"이라거나
"△△ 잘못 먹으면 큰일 난다"는 등
극단적인 기사들이 쏟아진다.

커피, 와인, 돼지고기, 그리고 이제는 우유까지.
어린이 성장과 뼈 발달에 좋은 줄만 알았던 우유도
하루 석 잔 이상은 위험하다?

친숙한 식품들에게 경고를 보내는
이런 연구 결과들은
과연 얼마나 신빙성이 있는 걸까?

"우유 마시면 뼈가 튼튼해진다"

하지만
사실이 아닐 수도 있다?

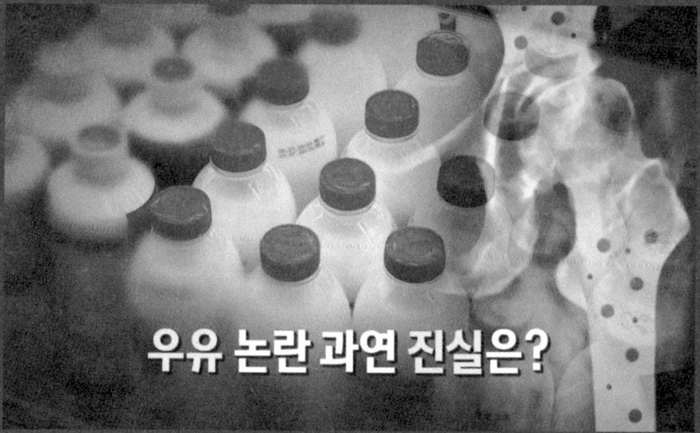

우유 논란 과연 진실은?

"하루에 우유 석 잔 이상 마시면 조기 사망 위험 두 배"

"하루 우유 석 잔 이상, 과하면 심장병 유발"

2014년 11월, 충격적인 기사 제목들이 온라인을 도배했다. '우유를 과다섭취하면 사망 위험이 높아진다'는 내용을 담은 논문이 해외에서 발표된 것이다. 오랜 세월 동안 인류와 함께해온 친숙한 식품인 우유. 일각에서는 '완전식품'이라는 칭송까지 듣는 우유가 사실은 위험한 음식이라는 얘기는

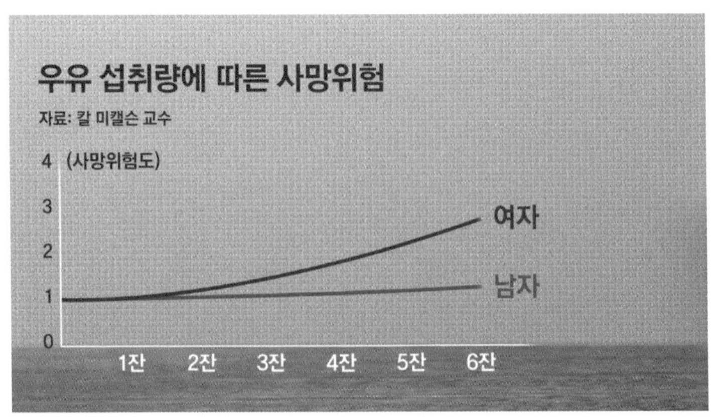

분명 충격적이었다.

문제의 논문은 스웨덴 웁살라 대학의 칼 미캘슨 교수팀이 연구한 내용이다. 20년 동안 여성 6만 1000명, 11년 동안 남성 4만 5000명을 추적 조사한 결과, 남자의 경우는 큰 차이가 없었지만 여자의 경우엔 하루 3잔 이상의 우유를 마시는 사람의 심장병 사망 위험이 높게 나타났다. 6잔 이상을 마시는 사람은 두 배가 넘어서기도 했다.

갈락토스의 비밀

연구진이 주목한 원인 물질은 갈락토스였다. 갈락토스는 유당의 일종으로, 특히 영유아기에 뇌의 발육에 중요한 역할을 하는 필수영양소로 알려져 있다. 하지만 갈락토스를 포함한 유당도 결국은 당의 일종이기 때문에 과도하게 섭취할 경우 건강에 위험을 초래할 수 있다는 게 연구진의 주장이었다. 일부 동물실험에서 갈락토스가 체내 화학물질의 불균형이나 염증을 일으킨 적이 있기 때문에 심장병이나 골다공증을 주의해야 한다는 것이다.

하지만 인류가 우유를 한두 해 마신 것도 아니고, 거의 인류 역사와 함께 우유의 역사가 시작됐는데 갑자기 우유가 사망률을 높인다고 하니 당황스러울 수밖에 없다. 연구진이 주목한 갈락토스가 실제 인체에 유해한지 여부는 아직 확인되지 않았다.

논문을 발표한 칼 미캘슨 교수도 이 연구는 "시작에 불과하다"고 스스로 한계를 분명히 했다. JTBC 팩트체크팀과 주고받은 이메일에서 "하나의 연구만으로 우유의 권장섭취량을 바꿔서는 안 된다. 다양한 조건에서 추가 연구가 필요하다"고 했다.

그렇다면 연구자 스스로가 한계를 분명하게 인식하고 있는 연구 결과가 어떻게 이렇게 큰 논란을 부르게 되었을까? 거기에는 국내 언론매체들의 '호들갑'이 한몫하고 있었는데, 처음 소식을 전한 해외 매체들과 비교해 보면 차이가 뚜렷하게 드러난다.

가장 먼저 보도한 영국의 〈인디펜던스〉는 기사의 절반 이상을 할애해 이 논문에 대한 반박과 한계를 지적하고 있다. "연구 결과가 음식의 권장섭취량을 바꾸도록 할 만큼 확실한 것은 아니다"라는 연구자 칼 미켈슨 교수의

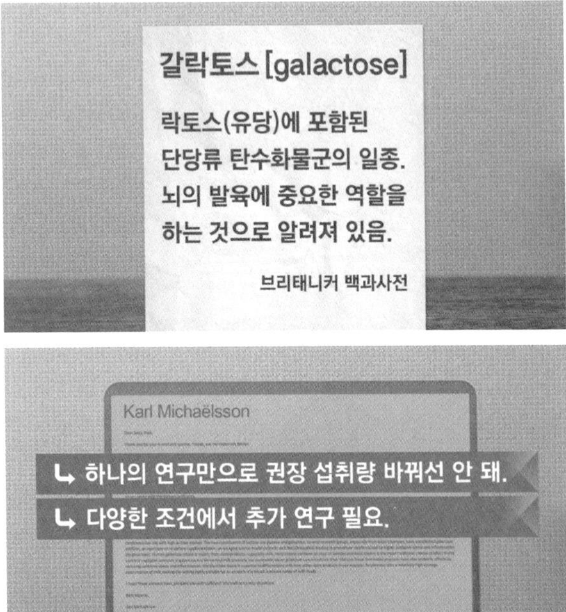

인터뷰를 함께 실었으며, "단 한 번의 연구로 모든 사람에게 일괄 적용해서는 안 된다"라는 또 다른 전문가들의 의견도 함께 담았다. 이 연구를 바라보는 다양한 관점과 해석을 제공해 독자들이 파악할 수 있도록 한 것이다. 한국에서 이 내용을 받아 옮긴 매체들이 좀 더 면밀한 검증을 거쳤더라면 극심한 혼란을 초래하진 않았을 것이다.

우유에 대한 올바른 평가는?

그렇다면 지금까지처럼 우유를 마셔도 안전한 걸까? 전문가들은 공통적으로 '문제없다'는 점을 분명히 했다. 논문을 발표한 칼 미캘슨 교수부터 한국의 경우는 하루 평균 한 잔도 마시지 않는다는 점을 들어 "우유 섭취량이 압도적으로 많은 스웨덴과 한국을 직접적으로 비교하기는 어렵다"고 했다. 그러면서 "한국 사람들이 자신의 연구 때문에 우유를 먹지 않게 되는 걸 원치 않는다"고 전했다. 전북대 식품영양학과 김숙배 교수는 "우유가 좋지 않다는 논문의 신뢰도는 명확하지 않지만, 우유가 좋다는 논문은 이미 충분히 많이 축적돼 있다"고 강조했다. 우유가 주는 이득이 단점보다 훨씬 많고, 특히 성장기에는 우유가 주는 칼슘 때문에라도 반드시 필요하다는 것이다.

물론 우유뿐 아니라 우리가 일상적으로 접하는 각종 음식물들에 조금이라도 의심스러운 구석이 있으면 자세히 연구하고 밝혀야 한다. 그리고 언론매체들은 이 소식을 상세히 전해야 할 의무가 있다. 그러나 때로는 섣부르고 도발적인 연구, 어설프고 검증되지 않은 보도가 무책임한 상황을 만드는 경우도 있다. 연구자들과 언론매체 모두가 주의를 기울여야 할 대목이다.

F A C T C H E C K

골칫덩이 새집증후군에 만병통치약이 존재하는가

'100% 효과'라는 단어는 '팩트체크'가 가장 주목하는 단어다.
그런 지나친 장담의 이면에는
미묘한 빈틈이 숨어 있을 가능성이 높기 때문이다.

'피톤치드가 새집증후군을 완벽하게 제거한다'는 광고 문구에
주목하게 된 것도 마찬가지 이유였다.
그렇게 완벽하다면, 당연히 모두가 그 사실을 알고
정부나 기관이 적극 나서서 홍보를 해줘야 마땅하지 않은가.
그렇지 않다면, 그것은 과장된 이야기일 가능성이 있는 것이다.

아파트라는 주거 형태에 익숙한 한국인들 입장에서
새집증후군은 가장 두려운 문제점 가운데 하나다.

그렇다면 새집증후군을 해결해 준다는 피톤치드도
중요하게 검증을 받을 필요가 있었다.
'100% 완벽하다'는 그 효과는, 과연 진실일까?

가을 이사철 고민거리 새집증후군

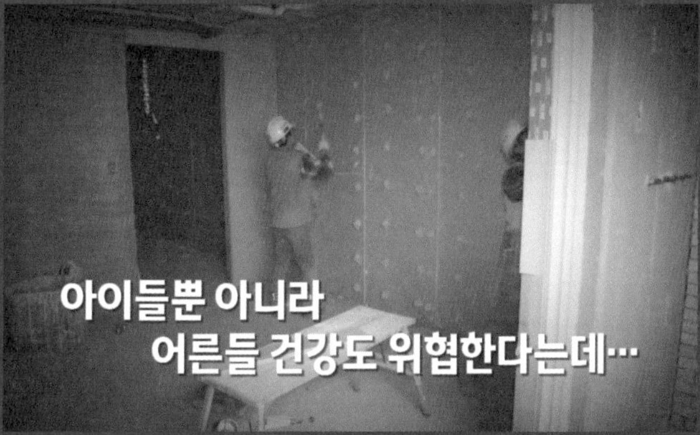

아이들뿐 아니라
어른들 건강도 위협한다는데…

새집증후군,
피톤치드가 '완벽제거' 한다?

이사철마다 인터넷 포털의 실시간 검색어 순위에 오르내리는 '새집증후군' 문제. 건강에 미치는 각종 악영향들이 워낙 잘 알려져 있어 새집증후군을 없애기 위한 각종 민간요법부터 전문업체까지, 온갖 다양한 방법들이 동원된다. 최근에는 새집증후군을 완벽하게 없애준다는 '피톤치드' 관련 제품들이 인터넷을 통해 많이 팔리고, 직접 시공을 해주는 업체들도 우후죽순 생겨났다. 그런데 100% 제거라는 단어가 오히려 의문을 들게 한다. 피톤치드는 과연 그만큼 효과가 있는 것일까.

실제 인터넷에 피톤치드, 새집증후군이라고 검색하면 셀 수 없을 정도로 많은 상품들이 나온다. 관련 업체들은 4인 가족 기준인 105㎡(32평) 집에 이 제품을 뿌리려면 16ℓ가 필요하다고 하는데, 가격은 16만 원 정도로 결코 만만하지 않다. 업체를 통해 시공하면 비용은 더 비싸지는데, 공임까지 포함해서 20만 원을 훌쩍 넘는 경우도 있다.

물론 가격이 좀 비싸더라도 효과가 확실하다면 비용을 치를 수도 있다. 그런데 문제는 이런 효과가 불투명한 경우다. 피톤치드와 관련된 이야기들도 상당 부분 명확하지 않았다.

물만 넣어도 포름알데히드가 줄어든다고?

관련 업체들의 인터넷 홍보 페이지에는 자신들의 피톤치드 제품과 관련된 시험성적서들이 올라와 있었다. 피톤치드가 함유된 해당 제품을 화학물질로 오염된 밀폐용기에 주입했더니 시간이 지날수록 포름알데히드 등 유해가스 농도가 눈에 띄게 떨어졌다는 내용이다. 포름알데히드는 새집증후군을 유발하는 대표적인 유해가스다.

소비자들이 이런 시험성적서를 보면 피톤치드가 새집증후군에 효과가 있다는 결과로 알 수밖에 없고, 업체들 역시 그런 식으로 홍보에 활용하고 있다. 하지만 사실 이 시험성적서가 그런 효과를 보장하지 못한다는 게 문제다. 건설환경시험연구원 등 시험기관 전문가들은 시험의 내용을 잘 살펴야 한다고 지적했다. 해당 시험처럼 좁고 밀폐된 공간에 특정 물질을 주입했을 경우, 아무 거나 넣어도 가스가 줄어드는 효과가 있다는 것이다. 밀폐된

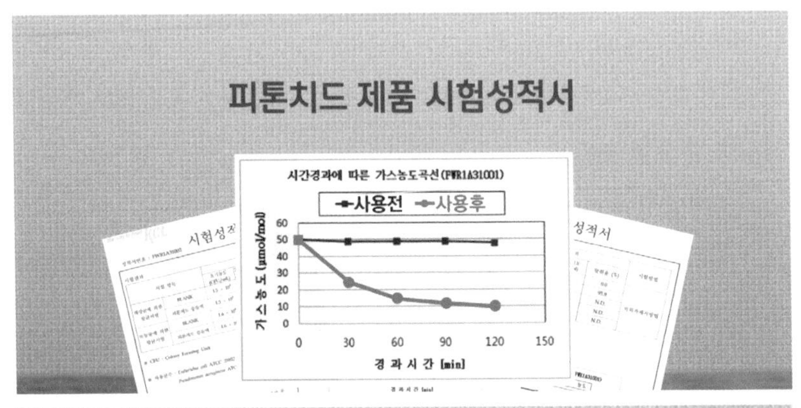
피톤치드 제품 시험성적서
시간경과에 따른 가스농도곡선(FWR1A31001)
사용전
사용후
가스농도 (μmol/mol)
60
50
40
30
20
10
0
0
30
60
90
120
150
경과시간 [min]
시험성적서
성적서

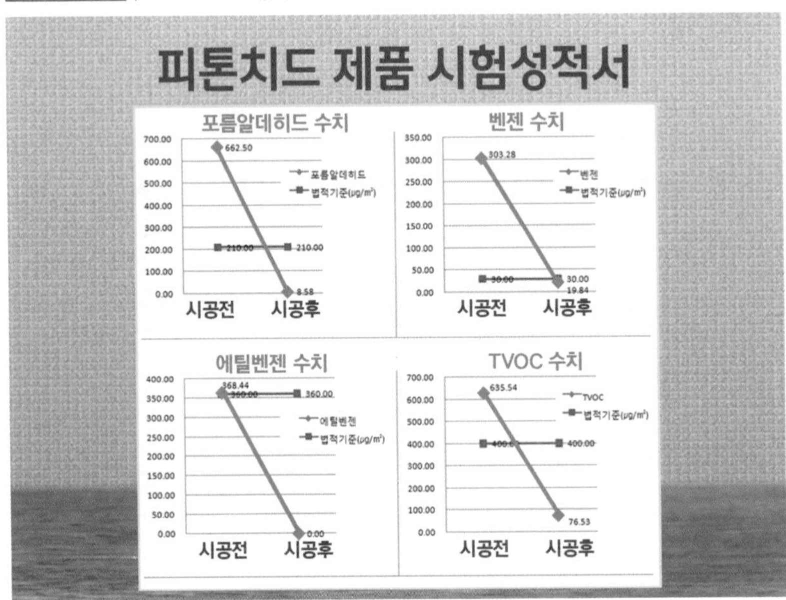
피톤치드 제품 시험성적서
포름알데히드 수치
662.50
210.00
210.00
8.58
포름알데히드
법적기준(μg/m³)
시공전
시공후
벤젠 수치
303.28
30.00
30.00
19.84
벤젠
법적기준(μg/m³)
시공전
시공후
에틸벤젠 수치
368.44
360.00
360.00
0.00
에틸벤젠
법적기준(μg/m³)
시공전
시공후
TVOC 수치
635.54
400.00
400.00
76.53
TVOC
법적기준(μg/m³)
시공전
시공후

공간에서는 심지어 물만 집어넣어도 포름알데히드가 줄어든다는 설명이었다. 때문에 이런 방식의 시험은 피톤치드의 효과를 검증하는 데 큰 의미가 없는 것이었다.

실제 새집증후군이 발생하는 집 안 환경에서도 마찬가지였다. 포름알데히드, 벤젠, 에틸벤젠 등 유해가스들은 휘발성이기 때문에 시간이 지나면 자연히 날아가게 된다. 집은 기본적으로 완전 밀폐된 공간이 아니기 때문에 자연적으로 화학물질들이 없어지는 걸 고려하지 않은 실험이었던 것이다. 따라서 유해가스가 줄어든 게 피톤치드 약품 덕분이라고 100% 단정할 수 없다는 게 시험소 관계자의 설명이었다. 시험성적서의 '드라마틱한 그래프'에는 '드라마틱한 비밀'이 숨어 있었던 셈이다.

관련 내용들을 종합 취재한 결과, 피톤치드가 확실하게 새집증후군을 유발하는 화학물질들을 없애준다고 증명된 명확한 시험 결과는 없었다.

물론 피톤치드 효과에는 일정 부분 맞는 내용도 있다. 새집증후군을 유발하는 물질은 크게 세 가지인데, 포름알데히드 같은 화학물질, 방사성물질, 그리고 곰팡이 같은 생물적 오염물질이다. 천연자원연구원의 최철웅 책임연구원에 따르면, 피톤치드는 이 가운데 생물적 오염물질에만 효과가 있다. 그동안 연구된 피톤치드의 효능은 주로 살균이나 항균, 냄새 제거, 벌레 쫓는 효과 등으로, 새집증후군의 주요인으로 꼽히는 화학적 오염물질에는 피톤치드가 특별한 영향을 미치지 못한다.

피톤치드에 대해 오랫동안 연구한 송기영 바이오피톤 대표는 새집증후군의 본질적인 부분을 잘 생각해 봐야 한다고 조언했다. 새집증후군은 휘발성 유해물질·유기화합물의 가스양이 많아져서 거기에 장기간 노출된 사람한테 일어나는 증상이다. 실리콘이나 공업용 본드 등을 사용하면서 해당 접합부 안쪽에 피막이 형성되고, 가스 물질이나 고체·액체 등이 그 안에 갇히게 된 결과로 유해물질이 생겼다는 것이다. 업계 관계자이기도 한 송기영 대표조차 "유해가스가 배출되는 데는 시간이 걸리는데, 그 위에 향을 계속 뿌린다고 해서 그 새집증후군이 없어지지 않는다"고 강조했다. 일부 전문가는 유해물질이 쌓여 있는 위에 향을 덧뿌리면 오히려 상태를 악화시킬 수 있다는 주장을 하기도 했다.

새집증후군을 해결하는 가장 간단한 방법

그렇다면 어떻게 해야 할까? 사실 화학물질에 의해 생기는 새집증후군의 해결 방법은 간단했다. 전문가들은 이구동성으로 '환기'가 가장 좋은 해결책이라고 말한다. 미국 환경보호국의 새집증후군 관련 자료에는 환기와 공기 순환을 강조하고 있다. 창문을 활짝 열고 오랫동안 유지함으로써 자연스럽게 가스를 밖으로 빼내라는 것이다.

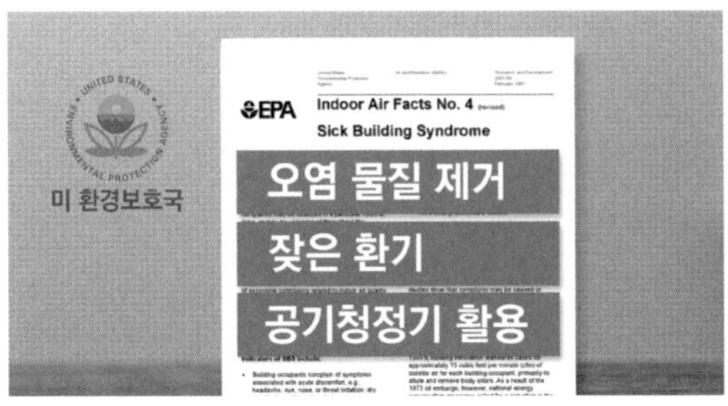

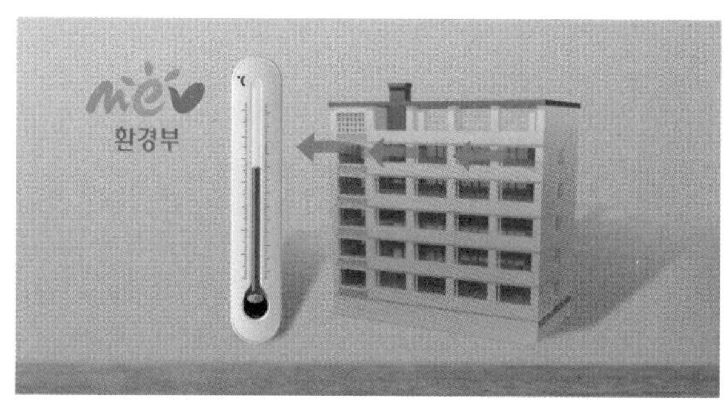

우리 환경부는 여기에 더해서 '베이크 아웃(bake out)'이라는 방법을 추천한다. 빵을 굽듯이 불을 때서 집을 굽는(베이크) 방식이 베이크 아웃이다. 문과 창문을 모두 닫고 실내온도를 30~40도로 높여 5~6시간 이상 유지한 뒤, 창을 열어 환기를 여러 차례 반복해 오염물질을 제거하는 방법이다. 새집에 입주하기 전 2~3일 정도만 베이크 아웃을 해도 새집증후군을 상당히 줄일 수 있다고 한다.

언제나 문제의 해결책은 교묘하게 비틀어놓은 문서나 과대광고에 있는 것이 아니라, 간단한 과학적 사실과 실행 방식에 있다.

F A C T C H E C K

카페가 도서관보다 공부가 잘 된다고?

2000년대 초반 큰 인기를 끌었던
미국 드라마 〈섹스 앤 더 시티〉의 주인공은
항상 스타벅스 카페에 가서 칼럼을 쓴다.
이 장면은 멋진 프리랜서의 모습으로 묘사되기도 했지만,
동시에 '겉멋'이라는 비아냥도 많이 들었다.

최근 들어 한국에서도 이런 모습이 부쩍 늘었다.
그러다 보니 카페에 가서 공부를 해야 더 잘 된다는 대학생과
엉뚱한 소리 말라는 학부모들 사이 논쟁이 벌어지기도 한다.

그런데 이 논쟁에 대한 연구는 사실 많이 나와 있었다.
논쟁을 풀어낼 열쇠는 '백색소음'이라는 특이한 개념으로,
소리 관련 학계에서는 이미 오래된 주제이기도 했다.

생산성과 허영심 사이, 과연 무엇이 진실일까.

A카페
강남교보타워
CS카페
신사동가로수길
S카페
홍대갤러리
카페에서 공부 더 잘 될까?
86.1
Q 카페에서 공부하면 더 잘 되나?

종종 도서관에 가는 것보다 카페에 가서 공부를 하거나 일을 하는 편이 더 집중이 잘 된다고 말하는 사람들이 있다. 그러나 이건 대충 놀면서 하려고 핑계를 대는 것이거나, 허영심으로 하는 말이라고 비웃는 사람들도 많다. 하지만 카페에서 들리는 소음이 오히려 집중력을 높인다는 연구 결과도 있다. 물론 이런 연구 결과도 나올 때마다 온라인상에서 논란이 되지만 말이다.

최근 카페에서 공부를 하거나 업무를 하는 사람들이 부쩍 많아졌다. 그러면서 다른 손님, 혹은 카페 주인과의 마찰도 잦아졌다. "카페에서 집중이 잘 된다"는 이야기. 단지 겉멋일까, 아니면 과학적인 전략인 것일까?

백색소음의 긍정적 효과

시카고 대학의 소비자연구저널에 따르면, 카페 소음처럼 인간의 귀로 들을 수 있는 같은 양의 음성 주파수들을 합친 것을 '백색소음'이라고 한다. 특히 중간 정도의 백색소음은 창의성을 향상시킨다고 한다. 한국산업심리학회에서도 비슷한 연구 결과가 나왔는데, 이런 백색소음이 집중력과 기억력은 높

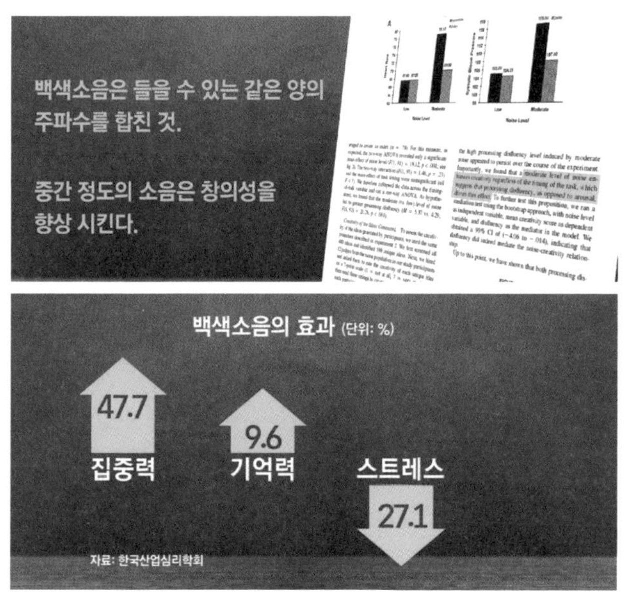

여주고, 스트레스는 낮춰준다는 내용이다.

시카고대 논문에서 분석한 중간 정도 소음은 50~70dB이었는데, 팩트체크 팀은 연구자료에 나온 기준에 맞춰 직접 서울 시내 카페에 가서 소음을 측정하고 약간의 학습을 진행해 봤다. 그 결과 서울 부암동의 상당히 조용한 카페가 40~50dB 정도, 서소문 쪽의 카페는 60~70dB 정도, 학생들이 많이 모이는 종로의 좀 시끄러운 카페가 80dB 이상으로 나왔다. 실제 이 실험에 참여한 JTBC 인턴기자는 너무 조용한 것보다는 약간 소음이 있었던 중간 정도 카페가 집중이 더 잘 되고, 가장 시끄러웠던 종로 카페는 다소 산만했다고 밝혔다. 시카고대의 연구 논문 역시 80dB을 넘는 곳에서는 백색소음이라노 오히려 집중력에 방해가 된다고 한다.

얼핏 생각하면 달그락거리는 소리가 귀에 거슬릴 수도 있을 것 같은데, 왜 집중력에 도움이 된다는 것일까? 그 이유를 추적하려면 왜 백색소음이라고 부르는지부터 알아볼 필요가 있다. 소리 전문가인 숭실대 배명진 소리공학연구소장은 여러 색의 빛이 모여서 만들어진 '백색광선'을 떠올리면 쉽다고 설명했다. 소리 역시 빛과 마찬가지로 모든 음역을 모아 놓으면 음역들이 합쳐져 의미가 없어지는 '하얀 상태', 즉 백색소음이 된다는 것이다. 그렇게 되면 소음 자체가 무의미한 소리가 돼서 집중력을 빼앗기지 않고 오히려 편안함을 느낄 수 있게 된다.

백색소음이 워낙 유명세를 타다 보니, 이런 소리만 일부러 들려주는 웹사이트나 스마트폰 애플리케이션이 개발되기도 했다. 홍대의 모 카페, 강남 교보타워의 모 카페, 가로수길의 모 카페 하는 식으로, 유명한 몇 군데 카페의 소음을 직접 들려주는 방식이다. 하지만 다른 장소의 백색소음이라고 해서 각각 다른 효과를 내는 것은 아니다. 배명진 소장 역시 "백색소음 간의 차이는 없다. 다만 미리 어디의 소리인지 알려주고 들려줬을 때는 차이가 생길 수 있다"고 했다. 서울대 열람실에서 녹음한 거라고 하면 왠지 더 공부가 잘 되는 것 같은 '플라시보 효과'가 있을 수 있다고 했다. 사람의 마음이 만들어낸 심리적 효과에 가깝다는 것이다.

심리적 요인과 환경적 변수가 집중력을 좌우한다

그렇다면, '음악을 들어야 공부가 더 잘 된다'는 주장은 어떨까. 이는 근거가 없다는 것이 전문가들 이야기였다. 음악은 카페의 백색소음과는 달리 '의미값'을 가지고 있는 소리다. 특히 음악이 가진 리듬감 때문에 음색에도 차이가 발생하는데, 이로 인해 백색소음처럼 음파들이 뭉치지 않고 따로따로 귀에 들어온다. 음악을 들으면 적막감은 해소할 수 있을지 몰라도 집중력 자체는 떨어진다. 특히 가사가 들리는 음악은 집중력에 치명적이라는 설명이다.

백색소음은 카페에만 있는 것은 아니다. 자연에서 들을 수 있는 폭포나 냇물 소리도 비슷한 음파의 백색소음이고, 재미있는 것은 학교에서 쉬는 시간에 나는 소리도 일종의 백색소음으로 볼 수 있다는 점이다. 지나치게 시끄럽지만 않다면, 쉬는 시간에 오히려 공부가 더 잘 된다고 했던 학창 시절 친구들 이야기가 영 틀린 말은 아닌 것이다.

결국 과학적으로 보면 카페에서 공부한다, 작업한다는 이야기가 단지 겉멋만은 아니라고 할 수 있다. 하지만 여기에는 여러 심리적 요인이 결부돼 있고, 또 카페에서 혼자 하느냐, 혹은 누구와 함께 하느냐 같은 환경적인 변수도 있다. 사법시험을 준비할 때 총정리를 버스 맨 뒷자리에 앉아서 했다는 어떤 변호사의 '도시전설'도 괜한 허풍이 아닐 수 있지만, 그렇다고 카페가 절로 공부를 해주지는 않는다. 결국 하는 사람에게 달린 것이다.

F A C T C H E C K

항공기,
안심하고 탈 수 있을까?

우크라이나 상공 여객기 격추,
말레이시아 항공 여객기 실종,
알프스에서 독일 여객기 추락.

2014년에는 유달리
대형 항공기 사고가 많았다.

지구상의 가장 안전한
운송수단이라고 했던 항공기.
하지만 한 번 사고가 나면
피해자가 수백 명에 이른다.

최근 유독 대형 사고가
몰리는 이유가 따로 있는 걸까?

항공기는 여전히 안심하고
탈 수 있는 운송수단인 걸까?

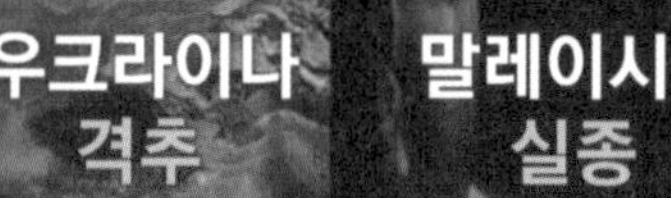
우크라이나
격추
말레이시아
실종

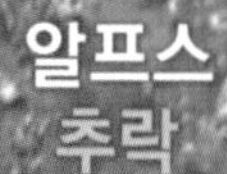
알프스
추락

Q 가장 안전한 운송수단은?

잇따른 사고들…
항공기 여전히 안전한 걸까?

2014년에는 유독 대형 항공기 사고가 많이 터졌다. 3월 말레이시아항공이 그 신호탄이었다. 말레이시아 수도 쿠알라룸푸르를 떠나 중국 베이징으로 가던 MH370편이 갑자기 레이더에서 사라진 것이다. 바다에 추락한 것으로 추정됐지만 시신 한 구, 잔해 한 점 발견되지 않으면서 미스터리 속으로 빠져들었다. 그러다 1년이 훨씬 지난 2015년 7월 인도양 레위니옹 섬에서 발견된 파편을 프랑스 검찰이 해당 사고기의 잔해로 확인했다. 하지만 여전히 실종자들의 행방은 오리무중이며 탑승객 239명 전원이 사실상 사망한 것으로 추정만 하고 있다.

2014년 7월 발생한 사고 역시 말레이시아항공이었다. 분쟁 중인 우크라이나 상공을 지나다 지대공미사일에 격추돼 298명 전원이 사망했다. 또 같은 달에 대만 푸싱항공이 공항 인근에서 추락해 승객 상당수가 목숨을 잃었다. 알제리항공도 말리 북부에서 떨어져 116명 전원이 사망했고, 또 2014년 말에는 에어아시아가 인도네시아 자바해에 추락해 역시 전원 사망했다.

독일 저먼윙스가 프랑스 남부 알프스에 추락한 것은 2015년 3월이었다. 부조종사가 고의로 비행기를 추락시키면서 150명 전원 사망했다. 이렇게 1년 남짓한 기간 동안 큰 추락만 6건, 비행기 사고로 1000여 명이 목숨을 잃었다.

유난히 항공기 사고 많았던 2014년

항공기추락기록사무국(ACRO)의 자료에 따르면 항공기 사고로 죽거나 다친 사람들의 숫자가 2012년 800명, 2013년 459명이었는데 2014년에 갑자기 1328명이나 됐다. 확실히 유별난 해였다고 볼 수 있는 대목이다. 하지만 40년 이상 장기적인 관점에서 보면 또 다르다. 영국 경제주간지 〈이코노미스트〉는 1970년부터 2012년까지의 전 세계 항공기 이용 승객 수의 변화와 사고 사상자 수를 집계했다. 1970년 전 세계 항공기 탑승객이 4억 명 정도였는데 당시

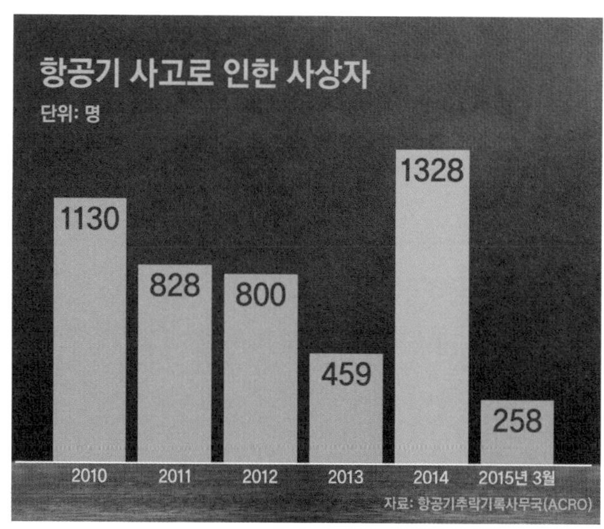

한 해 비행기 사고로 죽거나 다친 사람이 1500명이나 됐다. 그런데 2012년에는 돼선 28억 명이 비행기를 탔는데 사상자는 500명 이하였다. 그렇기 때문에 "항공기는 다른 교통수단보다 안전하며, 자동차보다 180배 안전하다"는 게 〈이코노미스트〉의 이야기였다.

여행객 수 대비 버스가 가장 안전

그렇다면 최근에만 반짝 사고율이 높아진 것일 뿐, 항공기는 여전히 가장 안전한 교통수단이라는 결론을 낼 수 있을까? 여러 기준으로 볼 때 꼭 그렇지 않을 수 있다는 게 일부 전문가들의 지적이다. 일단 〈이코노미스트〉가 이야기한 안전의 기준은 이동거리 대비다.

영국의 〈모던레일웨이〉라는 교통 잡지에서 여러 기준별로 안전도를 조사해 봤는데, 항공기가 10억㎞를 갈 때 사고로 인한 사망자는 0.05명, 버스가 0.4명, 철도가 0.6명으로 여행거리별로 볼 때는 비행기가 가장 안전한 것이 맞았다.

하지만 기준을 여행시간으로 바꾸면, 버스가 가장 안전하고 그다음이 기차, 비행기는 3위다. 이걸 또 여행객 숫자 대비 사망자 수로 보면 버스, 기차, 자동차 순이고, 항공기는 순위가 더 떨어진다.

그렇다면 어떤 기준이 현실을 가장 잘 반영한다고 볼 수 있을까. 박성식 한국교통대 항공운항학과 교수는 "항공사나 철도회사나 각자 유리한 쪽의 기준을 가져올 수밖에 없다"면서 "다만 운송수단별로 공식 집계가 가능한 것이 주행거리이기 때문에 이를 주로 쓴다"고 설명했다.

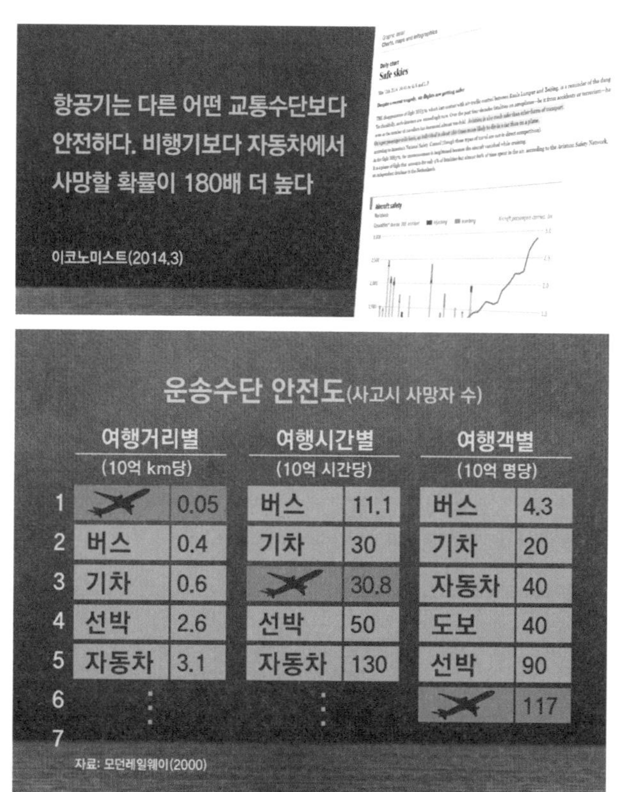

	여행거리별 (10억 km당)		여행시간별 (10억 시간당)		여행객별 (10억 명당)	
1		0.05	버스	11.1	버스	4.3
2	버스	0.4	기차	30	기차	20
3	기차	0.6		30.8	자동차	40
4	선박	2.6	선박	50	도보	40
5	자동차	3.1	자동차	130	선박	90
6	⋮		⋮			117
7						

저가항공사가 더 사고가 잦다?

한편 저먼윙스는 루프트한자 소속의 저가항공사였다. 전 세계적으로 저가항공사는 계속 늘어나는 추세이고 우리나라도 마찬가지다. 기내 서비스를 줄이고 정비, 운영의 효율화를 통해 값을 낮춘 게 저가항공사다. 그러다 보니 안전성에 문제가 있는 것 아니냐는 지적도 꾸준히 제기됐다. 박성식 교수 역시 “저가항공사는 새 비행기가 아니라 보통 기령이 10년 이상 된 기종을 사용하는 경우가 많고 자체 정비 능력을 갖춘 곳도 많지 않은 데다, 부기장의 숙련도 문제도 제기돼 왔다”고 지적했다.

그래도 국내 저가항공사는 외국에 비해 나은 편이라는 평가도 있었다. 2008년부터 5년간 항공사별 사고와 준사고 건수를 보면 아시아나가 11건, 대한항공이 8건, 에어부산과 제주항공이 각각 2건으로 저가항공사의 사고 건수가 대형 항공사에 비해 많지 않다는 보도들이 나왔다. 하지만 이는 통계적으로 더 뜯어볼 필요가 있다.

아무래도 대형 항공사는 저가항공사보다 운항 횟수가 많을 수밖에 없는데, 이를 기준으로 다시 따져 보면 1만 운항 횟수당 사고 건수는 대형 항공사가 0.17건, 저가항공사가 0.63건으로 4배 가까이 차이가 났다. 그러니 국내 저가항공사 역시 안전에 더 신경을 써야 한다는 점을 지적할 수 있는 대목이다.

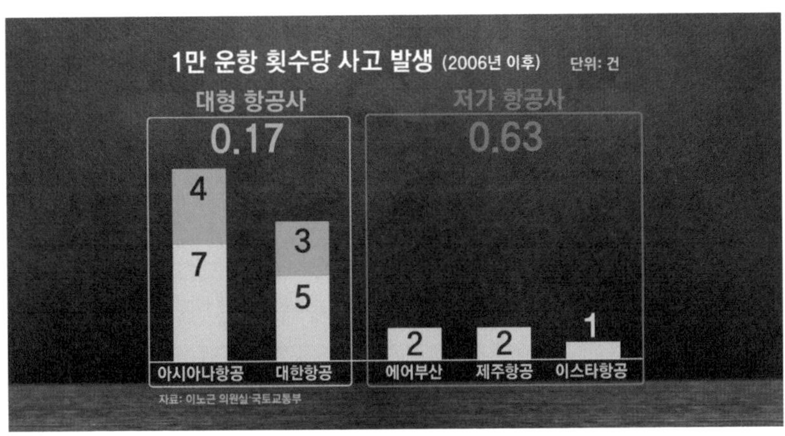

그래도 여행시간과 거리로 비교하면 여전히 비행기

이런 알려지지 않았던 정보들이 있기는 하지만 그렇다고 '비행기는 위험한 운송수단'이라는 결론을 낼 수는 없다. 위에서 소개한 내용은 다른 시각으로 봤을 때의 가능성을 이야기한 것일 뿐, 결국 여행시간과 거리 등 다른 요소를 모두 감안하면 비행기가 여전히 안전한 운송수단이라는 건 대부분 전문가들이 인정하는 바였다.

하지만 동시에 최근 비행기 사고가 유독 많았던 것도 사실이다. 많은 이용객들이 불안해하는 것도 당연한 만큼, 항공사들 입장에선 승객을 안심시키기 위한 더 많은 노력이 필요한 시점이다.

F A C T C H E C K

'쐬주' 아닌 소주, 도수 낮아지면 가격도 내려야 할까?

알코올 도수 30도가 넘는 '두꺼비'가 주류를 이루던 시절,
소주는 '쐬주'라고 부르는 게 더 어울렸다.
독한 술기운이 목으로 타 넘어간 뒤,
캬~ 하는 효과음이 절로 터져나오게 하던 그 술의 이름은 '쐬주'였다.

그러나 요즘은 더 이상 '쐬주'가 아니라 '순한 소주'가 대세다.
도수가 20도 이하로 떨어지더니, 급기야 14도짜리 소주까지 나왔다.
상대적으로 술이 약한 사람들도 소주를 즐길 수 있게 되었지만,
그만큼 애주가들의 불만도 높아졌다.

애주가들의 불만은 가격 쪽으로 방향을 틀고 있다.
도수가 낮아지면 물의 양이 많아지는 것 아니냐,
그렇다면 그만큼 가격을 낮춰야 한다는 것이다.

떨어지는 알코올 도수. 그러나 떨어지지 않는 소주 가격.
그저 주류업체들이 뻔뻔하기 때문인 걸까?

이제는 14도 소주까지 등장

알코올 도수 낮아지는데…
소주값도 내려갈까?

급기야 14도짜리 소주까지 나왔다. 알코올 도수가 20도 아래로 떨어졌다고 화제가 된 지 몇 년 되지도 않았는데 벌써 6도나 내려갔다. 주당들은 "이 땅의 주도가 무너졌다"고 너스레를 떨지만, 그보다 좀 더 현실적인 항의를 하는 사람들도 있다. 도수가 떨어진 만큼 알코올이 덜 들어가니 소주 가격도 내려야 하지 않느냐는 것이다.

35도에서 14도까지, 와인에 가까워진 소주

소주가 공장을 통해 본격적으로 생산된 1924년에는 알코올 도수가 35도였다. 소주의 대표상품 격인 진로소주의 초창기 버전이었는데, 당시에는 거의 중국 고량주 수준에 가까운 독주를 즐겼다. 그러다 1973년 진로소주가 25도로 도수를 내렸고, 상당히 오랜 기간 이 도수가 유지되면서 '소주 하면 25도'라는 인식이 자리 잡았다.

그러다 90년대 말부터 업체 간에 저도주 경쟁이 붙으면서 도수가 점점 낮아지기 시작했다. 2000년대 중반에는 20도의 벽이 깨졌고, 2014년에는 거

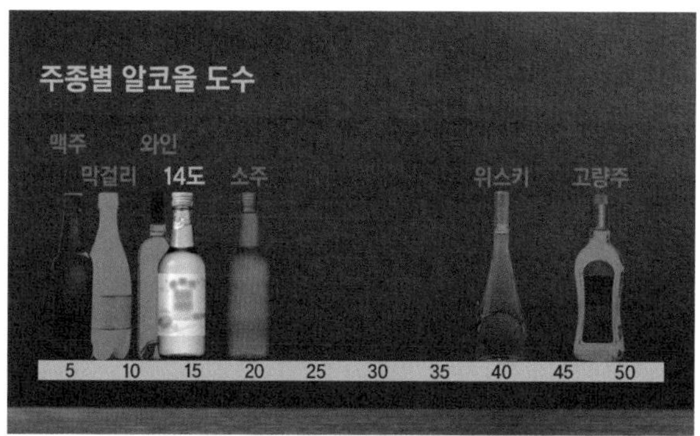

의 모든 브랜드에서 17도짜리 저도주 소주를 내놨다. 저도주 경쟁은 2015년 14도 소주에까지 이르렀다. 와인이 12~14도 정도인 걸 생각하면, 소주가 거의 와인급에 가까워진 셈이다.

법적으로 소주에 대한 도수 규정이 따로 있는 것은 아니다. 다만 국내에서는 맥주가 5도, 와인이 12~14도, 소주가 20도 안팎, 위스키가 40도 정도라고 보는 시각이 지배적이었는데, 14도짜리라고 하면 소주의 암묵적인 범위를 벗어난 것이다.

이 때문에 14도 소주를 출시한 업체 측에선 이를 '과즙이 들어가 있는

혼합 알코올음료(리큐르)'로 등록했다. "14도짜리는 리큐르지 소주가 아니다"라는 입장이었다. 하지만 실상은 그런 주장이 좀 면구스럽다. 브랜드도 기존 소주 명칭을 그대로 쓰고 있고, 병도 360㎖짜리 기존 소주병을 사용하기 때문에 소비자가 보기엔 그냥 '더 순한 소주가 나왔다'고 인식할 수밖에 없다.

소주 값이 안 내리는 이유

그렇다면 소주에 들어가는 주정이 줄어든 만큼 가격도 내려야 할까? 커피전문점에서도 커피원액 샷을 추가로 넣으면 500원을 더 받는 걸 생각하면 일리가 있어 보인다. 뜨거운 물에 에스프레소 샷을 넣어 아메리카노를 만들듯이, 소주도 주정이라고 하는 알코올 원액을 물에 섞어서 만들기 때문이다.

하지만 제조사인 롯데주류 측은 단순히 도수가 낮아져서 주정 사용이 줄었기 때문에 가격을 인하할 수 있는 구조는 아니라고 항변한다. 소주의 원

가에는 주정 이외에도 용기 가격, 물류·마케팅 비용 등 다양한 요소들이 종합적으로 감안되기 때문이란다. 그렇다면 실제로 소주 원가에서 주정이 차지하는 비중은 어느 정도일까? 업계에서 정확하게 공개하지 않아 기존 정보를 바탕으로 직접 추산해 보는 수밖에 없었다.

19.5도짜리 소주를 대형마트에서 파는 가격이 1100원 정도인데, 실제 공장 출고가는 950원 정도였다. 이 중에 53%가 주세·교육세 같은 세금이고, 주정 가격은 약 123원, 13% 정도를 차지한다. 이를 제외한 나머지 34%가 병값, 병마개 값, 첨가물 및 유통비용 등이다.

이 비율에 따르면, 도수가 1도 낮아질 때 주정 값은 병당 6원 정도 줄어든다. 그러니까 20도짜리 소주와 14도짜리 소주는 한 병당 36원 정도 원가 차이가 있다고 볼 수 있다. 보기에 따라서는 많다고 할 수 없는 액수이기 때문에 주류업체에서도 가격을 내릴 이유가 되기 어렵다는 입장이었다. 그뿐만 아니라 신제품 개발비, 추가적인 첨가물 등을 감안하면 새로운 저도 소주에서는 가격 인하 요인이 없다는 게 업체 측 설명이었다.

그런데 한 해 국내에서 팔리는 전체 소주의 양을 따져보면 그렇게 간단한 문제는 아니다. 1년에 약 30억 병이 팔리는데, 성인 한 사람당 1년에 80병 이상, 90병 가까이 소주를 소비하고 있는 셈이다. 규모가 워낙 크다 보니까, 만약 모든 제품이 알코올 도수를 1도씩 낮춘다고 하면 전체로는 180억 원, 2도씩 낮추면 360억 원의 원가 절감효과가 발생한다. 이렇게 보면 결코 작은 규모라고 보기는 어렵다.

게다가 도수가 낮아지면 제조사 입장에서는 또 다른 효과도 있다. 도수가 낮아진 만큼 취하는 데 더 많은 양의 소주가 필요하게 된다. 그러니 한 병

마실 것 두 병 마시게 되고, 소주 판매량도 자연스레 늘게 된다는 분석이 눈에 띄었다.

식품산업을 담당하는 코리아에셋투자증권 안진철 연구원은 도수를 낮추면서 주정·소주시장은 자꾸 커져왔다는 점을 들었다. "도수를 낮춤으로써 시장이 커지고 해외 수출까지 되었다"면서, "여성들도 이제는 소주 마시는 데 부담이 없어졌기 때문에 업체의 실적 개선에 당연히 반영이 된다"고 했다. 제조 원가보다 더 중요한 포인트가 있었던 것이다.

소주 먹는 법도 모두 매출과 연관이 있다고?

주류업계는 그렇지 않아도 '비밀이 많다'는 인식이 강한 산업 분야다. 한동안 소주 맨 윗부분은 불순물이 있기 때문에 털어내고 마셔야 된다는 소문 역시 주류업계가 만든 음모론이란 이야기가 있을 정도였다. 모두가 다 털어내다 보니까 돌려 마시는 잔 수가 안 맞아서 한 병 더 시키게 되고, 그래서 매출이 엄청나게 늘어났다는 것이다. 이런 와중에 도수를 낮추는 등 업체 간 경쟁이 치열해질수록 오히려 소비자가 아닌 업체들이 더 득을 보는 독과점구조를 소비자들은 고운 시선으로 보기 힘들다.

게다가 정부와 정치권에서는 국민 건강 증진 차원에서 주류 가격을 인상해야 한다는 논의도 끊이지 않고 나오고 있다. 소주 도수가 낮아져도 소주 가격은 내리기 힘든 상황에서 서민들의 한숨 나오는 이야기만 늘어나고 있다고 할까. 이래저래 14도짜리 소주 마시고 '캬~' 하는 시원한 감탄을 터뜨리기 힘든 시절이다.

F A C T C H E C K

산모의 체질, 동서양이 다르다?

출산 후 10시간도 안 돼
모습을 드러낸 영국 미들턴 왕세손비.

"믿을 수 없는 일이다."
"나이 들어 고생할 거다."
"역시 서양인은 체질이 다르다."

심지어…
"서양 아기가 머리가 작아서 그렇다"는
이야기까지 나왔다.

대한민국 육아카페 게시판을 혼돈에 빠뜨린
영국 왕세손비의 출산 10시간 만의 외출.

정말 서양 산모와 동양 산모는
체질적으로 다른 것일까?

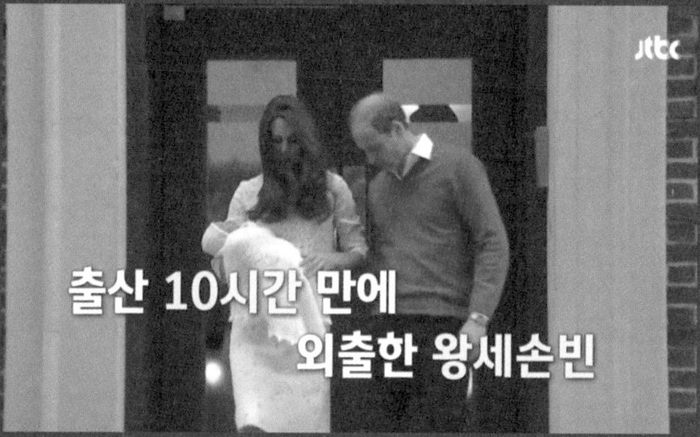

출산 10시간 만에
외출한 왕세손빈

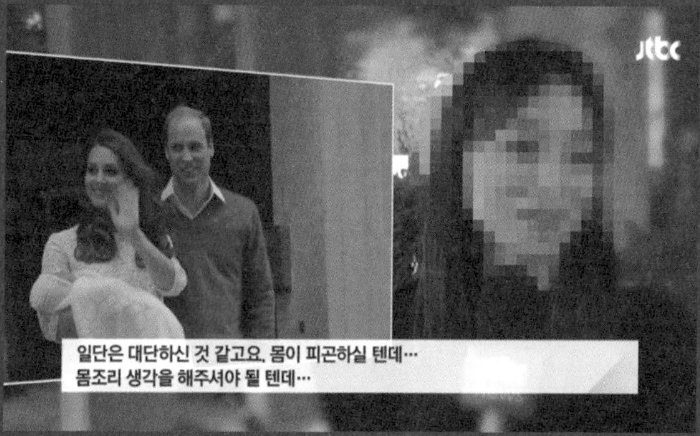

일단은 대단하신 것 같고요. 몸이 피곤하실 텐데…
몸조리 생각을 해주셔야 될 텐데…

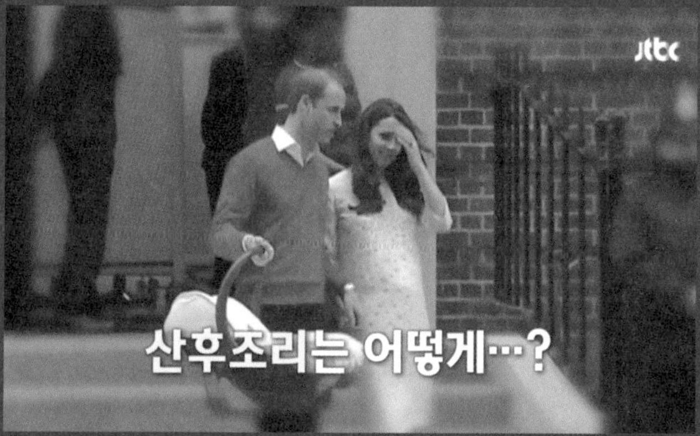

산후조리는 어떻게…?

2015년 5월 3일. 영국 왕실에서 25년 만에 공주가 태어났다. 출산 후 10시간 만에 아기를 안고 등장한 케이트 미들턴 왕세손비의 모습은 전 세계적으로 화제였지만 한국에서는 또 다른 면으로 더 큰 화제가 됐다. '어떻게 산모가 출산한 지 얼마 되지도 않아 저렇게 하이힐을 신고 나타났는가', 또 '어떻게 산모가 한 손으로 아기를 번쩍 들 수 있는가' 하는 놀라움이었다.

조작 의혹까지 제기한 러시아

이 부분에 대해 의문을 품은 것은 한국뿐이 아니었다. 러시아 네티즌들은 "믿을 수 없다", "아기가 사흘 전에 나왔는데 석연치 않은 이유로 이제 공개한 거 아니냐"는 조작 의혹을 제기했고, 그런 내용이 영국 신문에 실리기도 했다. 일단 이 부분에 대한 의학적인 가능성에 대해서는 대부분 전문가들이 "가능한 일"이라고 답했다. "출산 후 의사들은 하혈이 있는지 없는지 관찰을 하는데 하혈이 없다면 얼마든지 10시간 만에 왕세손비처럼 움직이는 게 가능하다"는 게 대한산부인과의사회 박노준 회장의 이야기였다.

이런 의혹에 대해 영국 왕실도 재빠르게 대응했다. "왕세손비의 미용 전담팀인 '팀 케이트'가 출산 직후 곧장 투입돼 염색도 하고 손톱 정리도 했다. 그 결과 완벽한 매력을 뽐내는 어머니로 변신시켰다"는 보도가 영국 매체를 통해 쏟아져 나왔다.

서양 산모와 한국 산모는 체질적으로 다르다?

그럼에도 불구하고 산후조리 과정 없이 아이를 안고 하이힐을 또각거리며 차에 올라 탄 모습은 한국인들에게 충격을 주기에 충분했다. 육아카페를 중심으로 나온 대표적인 이야기가 "서양 산모는 체질적으로 다르다"는 것과 "서양 아기들은 머리 크기가 작아서 쉽게 나온다"는 것이었다.

이에 대해 묻기 위해 제일병원 산부인과 교수에게 연락을 했더니 대번에 "이런 일이 있을 때마다 단골로 들어오는 질문"이라고 했다. 그래서 확실하게 논란을 마무리 짓기 위해 따로 논문도 찾아보고 준비를 해 놨다고 했다. 하지만 서양 산모와 동양 산모와의 체질적 차이에 대한 연구 결과를 따로 발견하지 못했다는 게 이 병원 이시원 교수의 이야기였다. 그런 것을 연구하는 것 자체가 불가능해 보인다고도 했다.

물론 상식적으로 서양인의 체격 자체가 크기 때문에 골반도 커서 아이를 큰 무리 없이 나을 수 있다고 생각해 볼 순 있다. 하지만 다수의 산부인과 의사들을 취재한 결과 학문적으로 동서양 산모의 체질 차이가 있다는 연구 결과는 없다는 게 대부분의 의견이었다.

서양 아기들이 머리가 더 작다?

아기들의 머리 크기에 관한 논문들은 있었다. 미국에서 캘리포니아 주의 인종별 신생아의 머리 둘레를 재 봤더니 평균적으로 백인 아기가 34.9cm였던 데 비해 중국 아기는 이보다 조금 작은 34.2cm였다. 기타 아시아계는 33.7cm

로 이보다 더 작았다. 한국 아기에 대한 결과가 따로 있었던 것은 아니지만 한국 아기만 특별히 더 크지 않을 것이라고 짐작할 수 있는 대목이다. 2014년 영국 옥스퍼드대에서는 전 세계 임산부 6만 명을 대상으로 대대적인 조사를 했는데 "기존 통념과 달리 신생아의 키와 머리 크기는 인종, 민족성과 상관없이 산모의 건강 상태에 따라 결정된다"는 게 결론이었다.

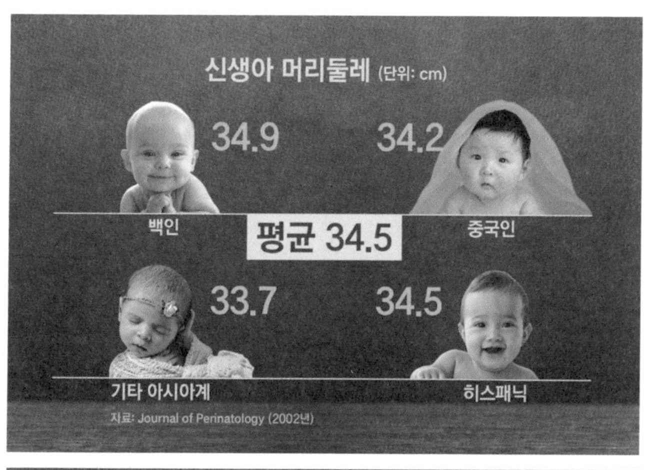

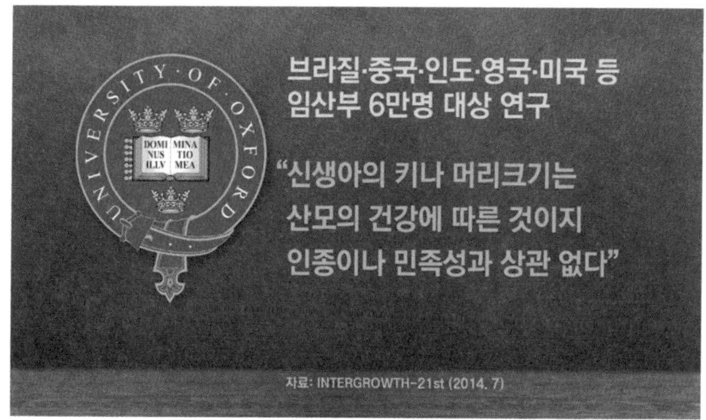

한국에서 유독 '머리 크기'에 대한 관심이 많다 보니 이런 이야기까지 나온 것 같다는 게 의사들의 이야기였다. 물론 성인이 되면서 급속도로 머리가 커지게 됐는지는 몰라도, 적어도 신생아 때는 서양 아기들과 차이가 없다는 것이다.

서양에는 산후조리가 없다?

외국에서 아이를 낳고 온 사람들을 만나 보면 "서양 산모는 낳자마자 찬물에 샤워하고 찬 오렌지주스를 마시더라"는 이야기를 종종 듣는다. 외국 유학 경험이 있는 을지병원 산부인과 서용수 교수는 이런 경향이 사실이라고 말했다. "일단 아기를 낳고 나면 막 뛰어다니는 경우도 있고 찬물로 샤워하고 맨발로 걸어 다니기도 한다. 서양 산모들은 힘이 훨씬 좋은 것 같다"는 게 그의 이야기였다.

그러다 보니 산후조리라는 게 의학적으로 규명된 개념은 아니고, 서양에서도 일반적이지 않다는 것이 적지 않은 의사들의 설명이었다. 심지어 일부 의사들은 산후조리의 필요성 자체를 부인하는 경우도 있었다.

하지만 이 역시 동서양 산모 체질 문제와 마찬가지로 관련 연구가 썩 진행된 게 없어 단정적으로 결론내기 힘든 상황이다. 다만 출산 직후는 상당히 중요한 시기이고 세심한 관리가 필요하다는 점에선 전문가들 의견이 비슷했다. 건국대 산부인과 손인숙 교수는 "산욕기(산모의 몸이 회복되는 기간)를 6주로 잡는 것은 의학적으로 규정된 것"이라며 "일반적으로 아기 낳고 금방 활동하기 쉽지 않기 때문에 완전하게 도움을 받는 게 3주 정도, 또 일상생활에

돌아가기 위해서 조금씩 도움을 받는 시기가 3주 필요하다"고 설명했다. 다만 산모 건강을 위해 지나치게 더운 환경에서 산후조리를 하거나 분만 후 너무 오래 누워만 있으면 오히려 산후우울증에 걸릴 가능성이 높으니 많이 움직이라는 조언도 있었다.

이렇듯 산후조리와 관련해선 논란이 많지만 동서양을 막론하고 많은 연구 결과들이 공통적으로 이야기하는 부분이 있었다. 바로 출산 직후 대접 잘 받고 돌봄을 잘 받는 게 산모의 향후 신체적·정신적 건강에 직결된다는 점, 가족의 따뜻한 관심이 무엇보다 중요한 산후조리라는 점이었다.

F A C T C H E C K

현대과학은 지진을 예측할 수 있는가

2015년 4월 25일, 네팔에서 비극이 벌어졌다.
규모 7.8의 초대형 지진이
히말라야에 위치한 작은 나라를 덮쳤고,
8500여 명이 사망하고 2만 명 가까운 사람이 부상당했다.

지진이 할퀴고 간 네팔에서는
여전히 복구 작업이 진행 중이고,
그들의 비극은 아직 끝나지 않았다.

지진은 강력한 위력 자체도 공포의 대상이지만,
날씨와는 다르게 거의 예측이 불가능하다는 점에서
더욱 두려운 존재다.

그런데 이번 네팔 대지진을 무려 5년 전에 예측했다는 소식이
외신 기사를 통해서 국내에 전해졌다.

'신조차 불가능하다'는 지진 예측을
드디어 현대과학이 해낸 것일까?

그렇다면 이제 네팔 같은 대재앙을 사전에 알고
미리 대처할 수 있게 되는 걸까?

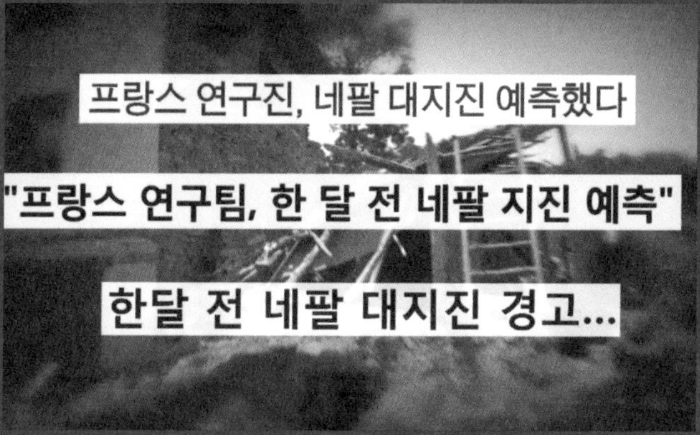

프랑스 연구진, 네팔 대지진 예측했다

"프랑스 연구팀, 한 달 전 네팔 지진 예측"

한달 전 네팔 대지진 경고...

네팔 강진 한 달 전에 이미 예견됐다?

지진은 예측할 수 있는 것인가?

비극은 '예측할 수 없는 미래'에서 온다고 했다. 네팔의 대지진 역시 마찬가지였기에 수많은 사람들이 소중한 목숨을 잃어야 했다. 그런데 이 네팔 강진이 5년 전에 예측됐다는 기사 제목이 국내 포털사이트들을 장식했다.

이번 논란의 시작은 2010년 1월에 발생한 아이티 대지진 때로 거슬러 올라간다. 아이티 다음에 발생할 대규모 지진의 진앙지는 네팔이 될 것이고, 그 규모는 8.0으로 아이티 수준을 넘어설 거라는 영국 연구진의 예측 내용을 AFP가 보도한 거다. 실제 2015년 네팔 대지진 규모가 7.8, 이어진 대형 여진이 7.3 규모였으니 유사하게 맞힌 셈이다.

이뿐만이 아니다. 2년 전인 2013년에는 프랑스 연구진이 아주 큰 규모의 지진이 조만간 네팔에 발생할 것이라는 분석을 내놨다. 또 이번 지진 직후에 나온 BBC 보도에 따르면, 프랑스 원자력청(CEA) 연구소의 로랑 볼랭저 박사가 한 달 전 네팔을 찾아가 지진 발생 장소를 정확히 예측했다고 한다. 거기에 전문가들이 지진 발생 일주일 전에 네팔에 모여서 회의도 했다는 보도가 이어졌다. 이러한 보도 내용만 보면, 이미 상당수 전문가들이 네팔 대지진을 예측하고 있었던 셈이 된다.

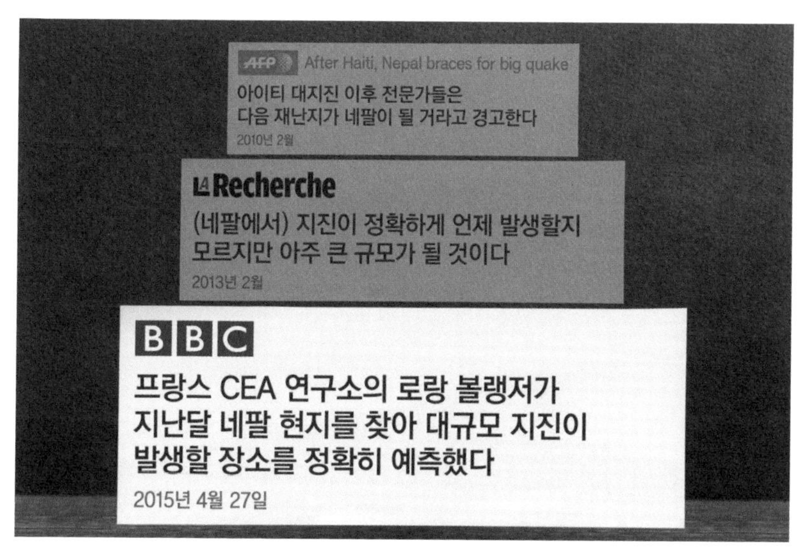

지진은 어떻게 예측하는가

전문가들의 연구가 가능했던 것은 네팔이라는 나라의 지형이 생긴 기원 때문이다. 네팔은 남쪽에서부터 올라온 인도판 지각이 원래 있던 유라시아판과 충돌한 뒤 밑으로 파고들어 가면서 형성됐고, '세계의 지붕'이라는 히말라야 산맥도 이 충돌의 여파로 땅이 솟아오르면서 생겨났다.

이러한 지각운동은 현재도 계속되고 있어서 1년에 4cm씩 바닥을 파고드는데, 최근 이 지역의 단층 조사를 해 보니 그 움직임이 수백 년 동안 딱 멈춘 상태였다고 한다. 이런 현상은 말하자면 '태풍 전 고요'와 같은 상태로, 부러지기 직전에 에너지가 최고로 쌓인 상태를 의미한다. 네팔에서 마지막으로 큰 지진이 일어났던 게 1934년이었는데, 그동안의 패턴을 분석한 결과 이제 '큰 게' 터질 때가 됐다고 판단한 것이다.

그렇게 잘 알고 있었다면, 실제로 언제 지각판이 부러질지, 주민들이 대피할 수 있게 시간 예측도 가능하지 않았을까? 그러나 5년 전에 그런 예측을 했던 프랑스 학자들, 또 한 달 전에 네팔을 찾았다는 프랑스 학자들 역시 정확한 일시까지 알 수는 없었다는 게 전문가들의 설명이었다.

연세대 지구시스템과학과의 홍태경 교수는 "'주기가 그 정도 되고, 이런 식의 주기가 있다'라는 걸 보고한 것일 뿐이다. 과거 관측을 바탕으로 이런 특성이 있다는 걸 알린 정도의 의미다"라고 확대 해석을 경계했다. 대략적으로 지금쯤 한 번 지진이 날 수도 있다는 것이지, 일기예보처럼 정확하게 날짜를 짚어내는 것은 불가능하다는 것이다. 게다가 연구를 진행한 프랑스의 볼랭저 박사는 히말라야 연구 전문가로, 네팔을 수시로 드나들기 때문에 한 달 전 네팔에 가 있었다는 게 큰 의미를 갖는 것도 아니었다.

지진 예측이란 분야가 전혀 없는 것은 아니다. 장기, 중기, 단기로 나눠 '예지'라는 용어를 사용한다. 장기 예지는 프랑스 연구진이 했던 것처럼 과거 패턴을 바탕으로 수십 년 단위 예측을 내놓는 것이고, 중기는 현지 조사를 통해서 한 달부터 몇 년 후까지를 예측하는 정도다. 단기는 일기예보처럼 몇 시간, 며칠 후를 예측하는 건데, 현재 과학기술상으로 장기-중기는 가능하지만 단기 예지는 불가능한 상황이다.

바로 이런 부분에 지진 예측의 어려움이 있다. 한 달 뒤에 대규모 지진이 일어날 걸로 예측했다고 해서 당장 해당 주민들이 모두 짐 싸들고 피난을 가는 건 현실적으로 불가능하기 때문이다. 게다가 그 예측이 틀릴 경우 치러야 될 사회적 비용 역시 무시할 수 없다.

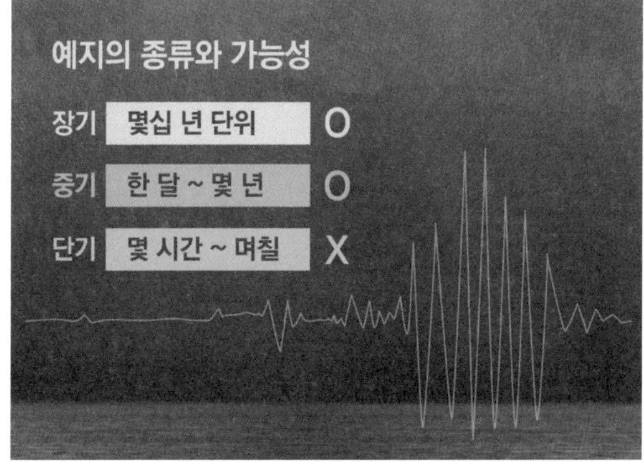

동물들은 대규모 재앙을 어떻게 피해 가는가

그렇다면 동물들의 이상행동을 통해 지진 같은 대규모 재앙이 닥치는 걸 예측할 수 있을까?

이번 네팔 지진 당시에도 지진이 발생하는데 새들이 세끼망게 날아오르는 영상이 유튜브 등을 통해 확산되기도 했다. 일본이나 뉴질랜드 대지진

전에 돌고래들이 육지로 올라와 떼죽음 당하는 일이 있었고, 중국 쓰촨 대지진 때도 두꺼비들의 대이동이 있었다고 해서 화제가 됐었다. 심지어 북한에서는 2005년 평양 대성산 중앙동물원에 있는 앵무새와 말 우리에 '동물 지진 감시초소'를 운영한다고 해 회자될 정도였다.

그러나 이 역시 참고하기에는 한참 부족한 신호다. 한국지질연구원 심진수 박사에 따르면, 동물들의 어떤 메커니즘을 이해할 길이 없다고 정리했다. 새들이 지진 날 때만 날아가는 건지, 수시로 날아다니는 건데 그중에 한 번 지진 났을 때와 겹친 건지, 그런 세부적인 내용들이 모두 밝혀져야 하나의 이론으로 활용할 수 있다는 것이다.

이번에 어느 정도 예측에 성공한 '장기 예지' 방식에 따르면, 아이티와 네팔에 이은 다음 대규모 지진 예상 지역은 두 군데로 좁혀진다. 지난 10년간

전 세계에서 일어난 대규모 지진 발생 지역을 분석한 내용과 과거 발생 패턴을 감안한 결과, 학자들은 터키 이스탄불이나 일본 도쿄 근처 난카이 해구를 유력한 후보로 꼽았다. 특히 난카이 해구에선 앞으로 30년 내에 규모 7 이상의 지진이 발생할 확률이 80% 가까이 된다는 보고도 있었다. 일본 바로 옆에 붙은 우리 입장에서도 긴장되는 예측이다.

외신과 국내 매체를 통해 나온 '네팔 지진 예측' 보도는 좀 과장된 측면이 있었던 것이 사실이다. '미지의 미래'를 두려워하는 인간의 기대와는 달리, 정확한 지진 예측은 아직 불가능하다. 결국 발생했을 때 빠르게 잘 대처하는 게 현재로서는 최선인데, 그런 점에서 한국은 연구가 아직 미흡한 수준이다. 수도권에만 단층 대여섯 개가 지나가는데, 이게 지진 위험이 있는 건지 아닌지에 대한 연구조차 제대로 이뤄지지 못한 상황이다.

지진은 예측할 수 없지만 그렇다고 방심하면 끔찍한 결과를 낳는다는 점, 최근의 대지진들이 보여주는 한 가지 확실한 교훈이다.

F A C T C H E C K

벚꽃 원산지 논란, 진실은 무엇일까

해마다 봄이 되면 어른 아이 할 것 없이
벚꽃의 아름다움에 취한다.

제주 왕벚꽃축제를 시작으로
진해 군항제에서 여의도 윤중제까지
봄은 벚꽃 축제와 함께 시작된다.

봄 하늘을 하얗게 덮는 아름다움의 이면에는
해마다 끊이지 않고 반복되는
한·일 간의 벚꽃 원산지 논란이 존재한다.

여기에 중국까지 가세
벚꽃 종주국을 주장하고 나서고 있다.

과연 벚꽃의 원조는
한중일 어느 나라일까?

봄 축제의 꽃, 벚꽃

벚꽃을 둘러싼
한일 '원조' 논란

진짜 원산지는 어디?

'벚꽃의 원산지가 한국이냐 일본이냐.' 해마다 봄철이면 나오는 논쟁이다. 한국의 벚꽃 명소마다 심어져 있는 벚꽃은 모두 일본산이라는 주장이 있는 한편, 일본이 선물해 해마다 축제가 열리고 있는 미국 워싱턴DC의 벚꽃은 사실 제주도에서 건너간 한국산이라는 이야기도 나왔다. 그러다 2015년에 들어선 중국까지 이 논쟁에 끼어들었다. 그러면서 이제는 과학적 논쟁이 아니라 자존심 싸움으로 번진 모습이다.

원산지 논란이 되는 것은 왕벚나무

벚나무에는 여러 종류가 있다. 우리나라에는 잔털벚나무와 산벚나무 등이 자라고 있는데 이런 벚나무들은 대개 꽃보다 잎이 먼저 난다. 나무 자체도 크지 않은 편인데 잎과 꽃이 섞여 있기 때문에 보기에도 썩 화려하다는 느낌을 주지 못한다.

원산지 논란이 되고 있는 것은 왕벚나무다. 일단 다 자라면 15~20m 정도여서 상대적으로 큰 데다, 꽃이 먼저 흐드러지게 폈다가 한 번에 확 지는

장관이 펼쳐지기 때문에 관상용으로 인기다. 일본에서는 이 왕벚나무의 원산지가 일본 열도이고 한국에 있는 건 일본에서 건너간 것이라고 이야기해왔다. 반면 한국에서는 "원래 우리나라에도 있던 자생종"이라고 맞서고 있다.

왕벚나무와 소메이 요시노

일본에서 종주권을 주장하는 왕벚나무의 일본 이름은 '소메이 요시노'다. 일본 내에서 왕벚나무가 자생하는 곳은 발견된 바 없다. 다만 일본 학계에서는 소메이 요시노가 자국에서 자라는 올벚나무와 오오시마벚나무가 교잡된 것이라는 연구 결과를 내놓았다. 그러니 제주도 벚나무와는 아무 상관이 없다는 이야기다.

반면 한국에서는 1908년 프랑스인 신부가 제주도에서 왕벚나무의 표본을 처음 채집했다. 그리고 현재까지 전 세계적으로 왕벚나무의 자생지가 발견된 곳은 한국뿐이다. 또 일제 강점기인 1933년에는 일본 학자가 "소메이 요시노는 제주도에서 기원했다"는 논문을 내기도 했다. 왕벚나무의 원산지가 일본이 아니라 한국이라는 주장이 나오게 되는 근거다.

전문가들도 제주 왕벚나무와 소메이 요시노는 육안으로는 구분할 수가 없다고 한다. 그러다 보니 각국에서 유전자적인 차이를 분석하기 위한 연구에 들어갔다. 2007년에는 미국 농무부까지 나섰다. 그 당시 결론은 '일단 두 나무가 이런 상당한 유사성에도 불구하고 유전자적으로 서로 다른 종'이라는 것이었다.

그렇다고 논쟁이 모두 다 끝난 게 아니었다. 여전히 일본 내에선 소메이 요시노의 자생지가 발견되지 않았고, 또 다른 종끼리 교잡된 것이다 보니 그 근본에는 결국 제주도 왕벚나무가 있을 수 있다는 주장이 나온다.

중국 "벚꽃은 중국에서 일본으로 건너간 것"

그런데 이런 오랜 논쟁에 중국이 끼어들었다. 2015년 3월 중국 벚꽃산업협회 행사에서 허쭝루 집행주석이 "벚꽃의 역사를 보면 벚꽃의 고향은 중국이

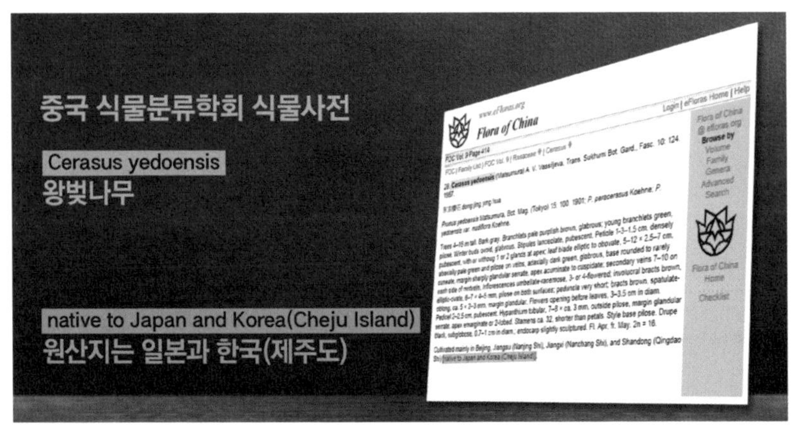

다. 당나라 때 일본으로 건너갔다"는 도발적인 이야기를 꺼낸 것이다.

히말라야 산맥 근처 중국 영토에 있던 벚꽃이 전 세계로 퍼졌다는 건데, 중국 식물학회 이사도 "전 세계 야생 벚나무 중 상당수의 원산지가 중국이다. 지금 한·일 양측이 원산지 논쟁을 벌이고 있는데 둘 다 그럴 자격이 없다"며 이 주장을 거들었다. 사실이라면 그간 종주국 논란을 벌였던 한·일 양국이 머쓱해지는 대목이다.

하지만 관련한 중국 TV의 보도를 확인해 보니 벚꽃산업협회가 이야기하는 꽃들은 왕벚나무가 아니었다. 논쟁이 되고 있던 왕벚나무가 아닌, 그냥 벚꽃 전체 원산지가 중국이라는 이야기였던 것이다. 마치 인류 최초의 화석이 아프리카에서 발견됐다고 해서 우리 모두 사실은 아프리카인이라고 이야기하는 것과 다를 바 없는 주장이다.

팩트체크팀에서 중국 학계에서 운영하는 식물사전을 찾아 봤더니 정작 자신들도 왕벚나무에 대해선 원산지를 일본과 한국(제주도)이라고 표기해 놓고 있었다. 서울대 그린바이오연구원의 최익영 교수는 "아무런 과학적 근거가 없이 얘기하는 건 얼마든지 일반인 차원에선 할 수 있다"면서 "전 세계적으로 왕벚나무의 원산지가 중국이라는 논문이 보고된 적이 없다"고 일축했다. 특히 학계에서 허쭝루 집행주석은 알려지지 않은 인물이며 이와 관련한 전문적인 연구를 얼마나 했는지도 미지수라고 했다.

원산지 논란으로 얻을 실익은?

2011년 나고야 의정서에서는 생물자원 제공 국가와 이익 공유에 대한 합의가 있었다. 특정 식물로 제품을 만들어서 팔았을 때 이익을 얻었다면 원산지 국가에 로열티를 내야 된다는 내용이다. 이 때문에 원산지를 명확하게 하는 게 앞으로 중요할 수 있다는 지적도 있었지만, 현재로서는 원산지 결정으로 딱히 얻을 수 있는 금전적·물질적 이익은 없는 상황이다. 결국은 정서적인 면에서의 경쟁이 펼쳐지고 있는 셈이다.

2014년에는 한 60대 노인이 서울 여의도 윤중로의 벚꽃 6그루를 "왜색문화"라며 베어낸 일이 있었다. 그런데 흔히들 알고 있는 것과 달리 벚꽃은 일본의 나라꽃이 아니다. 일본 왕실은 오히려 국화를 상징으로 쓰고 있으며, 일본에는 나라꽃이 없다. 벚꽃 연구를 진행해 온 전문가들은 "벚나무의 태생을 일본으로 보는 것은 문화적인 문제이며, 우리도 우수한 품종을 개발하는 게 우선"이라고 입을 모았다. "아름다움에 국적이 있겠느냐, 잘 즐기는 나라가 종주국"이라는 것도 다음 벚꽃축제 앞두고 귀 기울여 들을만한 이야기였다.

'진실의 집'을 짓는 마음으로

"팩트체크였습니다, 수고했습니다."

손석희 앵커의 마무리 멘트가 끝나면, 드디어 긴 하루가 끝이 난다.

스튜디오 부조종실에서, 사무실 모니터 앞에서, 퇴근하는 지하철 안에서, 각각 다른 공간에서 방송을 지켜보고 있던 팩트체크 팀원들은 그제야 안도의 한숨을 내쉬며 메신저 창을 통해 서로를 격려하는 인사를 나눈다.

고생하셨어요!

오늘 그 CG 멋졌어요~

트위터 반응 좋은데요!

다들 고생했어. 푹 쉬고 내일 봅시다.

아침부터 밤까지 이어지는 고단한 일정 속에서, '팩트체커'들을 버티게 해주는 건 그렇게 서로를 향한 감사와 격려다. 방송은, 결코 혼자서는 만들 수 없기 때문이다.

200채가 넘는 '진실의 집'을 지으면서

2014년 9월, 팩트체크가 시작되던 무렵과 거의 비슷한 시기부터 경기도 파주에 작은 집을 짓는 작업을 시작했다. 설계부터 준공까지 1년여에 걸친 긴 여정이었다. 그 과정에서 선명하게 배운 것이 있다면, 집을 짓는 데 정말 많은 사람들이 노력을 보탠다는 사실이다. 팩트체크 방송을 만드는 과정과 비슷했다.

설계사들과 함께 고민해서 집의 설계도를 만들고, 도면을 바탕으로 터를 다지고, 철근으로 뼈대를 잡고, 콘크리트를 부어 구조물을 만든다. 단열작업과 방수작업, 벽에 페인트를 칠하는 공정을 거쳐 창문을 붙이고 지붕을 씌운다. 수도와 전기, 보일러 시설도 설치해야 하고, 전기설비 작업과 가구를 짜서 넣는 세부 인테리어까지 수많은 공정이 기다린다. 이 과정에서 어느 한 공정이라도 호흡이 맞지 않으면 집에 문제가 생기고 하자가 발생한다. 자칫하면 모든 걸 처음부터 다시 해야 하는 경우도 있다.

팩트체크를 만드는 과정도 함께 호흡을 맞춰 '팩트의 집'을 만들어 가는 공정이다. 아이템을 찾고, 기사의 흐름을 구성하고, 세부적인 내용을 취재하고, 전문가들의 조언을 들어 녹취하고, 이를 다시 영상과 CG로 구현하고, 마지막에 손석희 앵커와 김필규 기자의 퍼포먼스를 통해 완성한다. 시청자들은 완성된 집 전체의 모양을 보지만, 바닥부터 서까래까지 하나하나 팀원들의 땀과 시간이 스며들어 있다.

아이템을 총괄하고 방송을 책임지는 팀장 김필규 기자, 방송 흐름을 함께 만들고 심층 취재를 담당하는 나를 포함해 박수주·차지혜 작가 등의 우리

작가진, 영상을 고민하고 화면을 구성하는 이진우 PD, CG를 통해 어려운 내용을 정리하는 배장근·이지원 디자이너, 그리고 짧게 스쳐 지나는 인연에 그치지 않고, 세부 자료를 찾아 정리하는 데 큰 힘을 보태준 역대 인턴기자들, 박의연·박윤정·석혜원·김정현·설지연·이진영·하휘준·오지현·임춘한·김민경·김안수(이 중에는 벌써 언론사 시험에 합격해 기자로 활동을 시작한 이들도 있다.).

매일 새로운 문제를 다뤄야 하는 팩트체크는 매일 집 하나를 새로 짓는 여정과도 같다. 날림공사, 부실공사는 절대 허용되지 않는다. 호흡 잘 맞는 팀원들이 함께 머리를 맞대지 않았다면 팩트체크는 벌써 무너져 버렸을 것이다. 그렇게 어느새 200채 넘는 '진실의 집'을 지었다. 저널리즘의 본령이 흔들린다는 걱정이 여기저기서 터져나오는 시기. 정파와 목적을 위해 재단한 제멋대로의 사실이 아니라, 오직 진실만을 향한 노력이 인정받을 수 있는 세상을 위해서, 내일 아침도 팩트체크 팀원들은 새로운 기둥을 세우기 시작할 것이다.

임경빈 방송작가,

'팩트체크' 메인 작가

팩트체크 제작에 참여한 사람들

김필규 기자

임경빈 작가

박수주 작가

차지혜 작가

이진우 피디

배장근 디자이너

이지원 디자이너

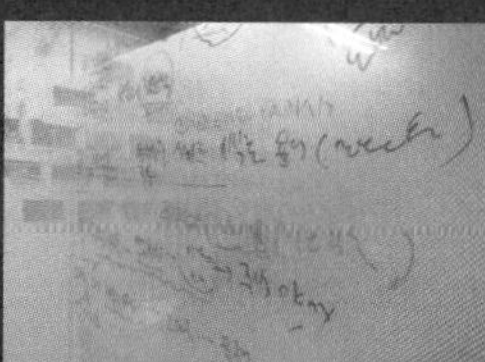

세상을 바로 읽는 진실의 힘
팩트체크

초판 1쇄 2015년 11월 23일
9쇄 2022년 5월 18일

지은이 JTBC 뉴스룸 팩트체크 제작팀

대표이사 겸 발행인 박장희
제작 총괄 이정아
편집장 조한별

디자인 [★]규

발행처 중앙일보에스(주)
주소 (04513) 서울시 중구 서소문로 100(서소문동)
등록 2008년 1월 25일 제2014-000178호
문의 jbooks@joongang.co.kr
홈페이지 jbooks.joins.com
네이버 포스트 post.naver.com/joongangbooks
인스타그램 @j__books

ISBN 978-89-278-0698-1 03300